VENTURE CAPITAL DEVELOPMENT IN CHINA 2011

中国创业风险投资发展报告 2011

主编 王元 张晓原 赵明鹏 副主编 房汉廷 沈文京 李文雷 郭戎

经济管理出版社
ECONOMY & MANAGEMENT PUBLISHING HOUSE

图书在版编目（CIP）数据

中国创业风险投资发展报告. 2011/王元等主编. —北京：经济管理出版社，2011.8

ISBN 978-7-5096-1149-4

Ⅰ. ①中…　Ⅱ. ①王…　Ⅲ. ①风险投资—研究报告—中国—2011　Ⅳ. ①F832.48

中国版本图书馆 CIP 数据核字（2011）第 166352 号

出版发行：经济管理出版社
北京市海淀区北蜂窝 8 号中雅大厦 11 层
电话:(010)51915602　　邮编:100038

印刷：北京印刷集团有限责任公司印刷二厂　　经销：新华书店

责任编辑：陈　力　李晓宪
技术编辑：黄　铄
责任校对：李玉敏

880mm×1230mm/16　　13.75 印张　　426 千字
2011 年 9 月第 1 版　　2011 年 9 月第 1 次印刷

定价：150.00 元

书号：ISBN 978-7-5096-1149-4

中国创业风险投资发展报告 2011

工作指导委员会

编委会

参与和支持单位（排名不分先后）

科学技术部科研条件与财务司
中国科学技术发展战略研究院
科技部火炬高技术产业开发中心
科技部科技经费监督管理服务中心
国家科技风险事业开发中心
商务部外国投资管理司
国家开发银行投资业务局
中国进出口银行业务开发与创新部
中国社会科学院金融研究中心
中国科技金融促进会
中国台湾创业风险投资商业同业公会
亚洲创业基金期刊集团（中国香港）
中国风险投资研究院
《中国科技投资》杂志社
北京清科创业风险投资顾问有限公司
辽宁大学工商管理学院
北京创业投资协会
天津市创业投资协会
上海市创业投资行业协会
河北省科学技术厅
河北石家庄高新技术产业开发区经济发展局
山西省科学技术厅
山西省风险投资协会
山西省高新技术创业中心
内蒙古科技风险基金管理办公室
四川省绵阳高新技术产业开发区
四川成都创业投资协会
四川成都高新创业投资有限公司
重庆市科委
重庆高新区创新中心
重庆市科技创业投资协会
贵州省科学技术厅
贵州省科技风险投资有限公司
贵州高新区
云南省科学技术厅
云南省科技成果转化服务中心
云南省科学技术情报研究院
辽宁省科技创业投资协会
辽宁科技创业投资有限公司
辽宁省沈阳市科学技术局
辽宁省沈阳科技风险开发事业中心
辽宁省大连市生产力促进中心
辽宁省大连高新技术产业园区生产力促进中心
吉林高技术创业服务中心
吉林省长春市科学技术局
黑龙江省科学技术厅
黑龙江省科力高科技产业投资有限公司
哈尔滨市创业投资协会
湖北省科学技术厅
湖北省创业投资同业公会
湖北省高新技术发展促进中心
湖北省武汉市科技局
湖北省襄樊高新技术创业服务中心
河南省科学技术厅
河南省创业投资同业公会
湖南省科学技术厅
湖南省创业投资协会
湖南省科技交流交易中心
山东省科学技术厅
山东省高新技术投资有限公司
山东省青岛市科技局
山东省青岛生产力促进中心
江苏省创业投资协会
江苏省无锡高新区科技局
江苏省常州创业服务中心
江苏省南京高新区管委会科技局
江苏省南京市科技局
浙江省科学技术厅
浙江省风险投资协会
浙江省杭州市科技局
浙江省杭州市生产力促进中心
浙江省宁波市科学技术局
浙江省宁波市科学信息研究院
安徽省科学技术厅
江西省科学技术厅
江西省科技金融促进会
福建省高新技术创业服务中心
福建省厦门市科技局
福建省厦门火炬高技术产业开发区管委会
广东省风险投资促进会
广东省佛山高新区管委会
广东省广州风险投资促进会

广东省珠海国家高新区管委会
广东省珠海高新技术创业服务中心
广东省深圳创投公会
海南省科学技术厅
海南省科技信息研究所
甘肃省科技风险投资公司
甘肃省兰州高科创业投资担保有限公司
宁夏回族自治区科学技术厅
宁夏回族自治区科学技术厅生产力促进中心
宁夏回族自治区科学技术发展战略和信息研究所
陕西省科学技术厅
陕西省创业投资协会
陕西省宝鸡高新区高技术创业服务中心
陕西省杨凌农业高新技术产业示范区管委会
陕西省西安高新技术产业开发区管理委员会
新疆维吾尔自治区科学技术厅
新疆维吾尔自治区科技生产力促进中心
青海省国有科技资产经营管理有限公司
广西壮族自治区科学技术厅
广西壮族自治区科技情报所

目 录

摘要 2010年中国创业风险投资行业发展概况 …… I

Abstract Overview for Development of China Venture Capital in 2010 …… I

1 中国创业风险投资机构与创业风险投资资本 …… 1

1.1 2010年调查概述 …… 1

1.2 中国创业风险投资机构和管理资本 …… 1

1.3 中国创业风险投资的资本来源 …… 5

1.4 中国创业风险投资机构的资本规模及分布 …… 7

1.5 中国创业风险投资累计投资情况 …… 8

2 中国创业风险投资机构的投资分析 …… 9

2.1 中国创业风险投资的行业特征 …… 9

2.1.1 中国创业风险投资的行业分布 …… 9

2.1.2 中国创业风险投资对高新技术产业与传统产业的投资比较 …… 12

2.2 中国创业风险投资的投资阶段 …… 14

2.2.1 中国创业风险投资所处阶段的总体分布 …… 14

2.2.2 中国创业风险投资在主要行业投资项目的阶段分布 …… 16

2.3 中国创业风险投资的投资强度 …… 18

2.3.1 中国创业风险投资强度的变化趋势与行业差异 …… 18

2.3.2 中国创业风险投资机构单项投资规模分布 …… 20

2.3.3 中国创业风险投资的投资策略（联合投资）…… 21

2.4 中国创业风险投资的首轮投资与后续投资 …… 23

2.5 中国创业风险投资机构持股结构 …… 24

2.6 中国创业风险投资项目的特征 …… 25

2.6.1 中国创业风险投资项目的资本规模 …… 25

2.6.2 中国创业风险投资项目的雇员规模 …… 26

2.6.3 中国创业风险投资项目的经营时间 …… 27

3 中国创业风险投资的退出 …… 28

3.1 中国创业风险投资退出的基本情况 …… 28

3.2 中国创业风险投资的退出方式 …… 29

3.2.1 中国创业风险投资的主要退出方式 …… 29

3.2.2 中国创业风险投资的主要 IPO 退出渠道 …… 30

3.3 中国创业风险投资退出项目的行业分布 …… 31

3.4 中国创业风险投资退出项目的地区分布 …… 33
3.5 中国创业风险投资项目的退出效果 …… 35
3.5.1 中国创业风险投资项目退出的总体绩效表现 …… 35
3.5.2 中国创业风险投资不同退出方式的绩效表现 …… 37
3.5.3 中国创业风险投资不同行业退出的绩效表现 …… 38

4 中国创业风险投资的绩效 …… 40

4.1 中国创业风险投资机构的收入 …… 40
4.1.1 中国创业风险投资机构的收入 …… 40
4.1.2 中国创业风险投资机构当年收入的最大来源 …… 40
4.1.3 中国创业风险投资机构的收入来源结构 …… 41
4.1.4 中国不同规模创业风险投资机构的收入特征 …… 42
4.2 中国创业风险投资项目的收益情况 …… 43
4.2.1 中国创业风险投资项目的销售收入 …… 43
4.2.2 中国创业风险投资项目的利润 …… 44
4.2.3 中国创业风险投资项目销售收入与利润的关联 …… 44
4.3 中国创业风险投资项目的总体运行情况 …… 46
4.3.1 中国创业风险投资项目总体运行情况 …… 46
4.3.2 中国创业风险投资项目总体运行趋势 …… 46
4.4 中国创业风险投资机构的总体运行情况评价 …… 47
4.4.1 中国创业风险投资机构对自身发展状况的评价 …… 47
4.4.2 中国创业风险投资机构对全行业发展情况的评价 …… 48
4.4.3 中国创业风险投资机构对 2011 年投资前景的预测 …… 49

5 中国创业风险投资的经营管理 …… 50

5.1 中国创业风险投资的项目来源 …… 50
5.2 中国创业风险投资的决策要素 …… 51
5.3 中国创业风险投资对被投资项目的监管方式 …… 52
5.4 与创业风险投资经营管理有关的人力资源因素 …… 53
5.5 投资效果不理想的主要原因 …… 54
5.6 中国创业风险投资机构的预期持股时间 …… 55
5.7 影响中国创业风险投资经营的外部因素 …… 56

6 中国创业风险投资区域运行情况 …… 57

6.1 创业风险投资机构数量和管理资本的地区分布 …… 57
6.2 各地区创业风险投资机构的规模分布 …… 59

6.3 各地区创业风险投资机构的资本来源 …… 61
6.4 各地区创业风险投资特征 …… 62
6.4.1 各地区创业风险投资的投资强度 …… 62
6.4.2 各地区创业风险投资机构的持股结构 …… 63
6.4.3 各地区创业风险投资项目的所处阶段 …… 65
6.4.4 部分地区创业风险投资对不同行业的投资 …… 67
6.5 各经济区域创业投资活动情况 …… 76
6.5.1 2010 年我国不同区域创业风险投资的投资强度 …… 76
6.5.2 不同经济区域创业风险投资的持股结构 …… 77
6.5.3 不同经济区域创业风险投资项目所处阶段 …… 78
6.5.4 各经济区域创业风险投资项目的行业分布 …… 79
7 外资创业投资机构的运作 …… 83
7.1 外资创业投资项目的行业分布 …… 83
7.2 外资创业投资项目所处阶段 …… 85
7.3 外资创业投资的投资强度 …… 86
7.4 外资创业投资项目状况分析 …… 88
7.4.1 创业投资项目的实收资本 …… 88
7.4.2 创业投资项目的雇员 …… 90
7.5 外资创业投资项目的总体运作状况 …… 92
7.6 影响外资创业投资机构投资决策的因素 …… 94
7.7 外资创业投资机构获取信息的主要渠道 …… 95
7.8 外资创业投资项目的监管模式 …… 96
7.9 与外资创业投资机构经营有关的人力资源因素 …… 97
7.10 外资创业投资机构对行业总体发展环境的评价 …… 98
8 中国创业风险投资发展环境及在中小板、创业板中的表现 …… 100
8.1 中国创业风险投资机构的政策环境 …… 100
8.1.1 中国创业风险投资机构可以享受到的政府扶持政策 …… 100
8.1.2 中国创业风险投资机构税收负担情况 …… 101
8.1.3 中国创业风险投资机构希望的政府激励政策 …… 102
8.2 国家科技计划支持创业风险投资发展 …… 103
8.2.1 国家科技计划对创业风险投资项目的支持情况 …… 103
8.2.2 国家科技计划与创业风险投资项目对接的关键因素 …… 104
8.3 2010 年中国创业风险投资在中小板的特征表现 …… 104

8.4 2010 年中国创业风险投资在创业板的特征表现 …… 106
8.5 中国促进创业风险投资发展的主要政策 …… 107
9 中国创业风险投资引导基金发展情况 …… 110
9.1 中国创业风险投资引导基金发展现状 …… 110
9.2 中国创业风险投资引导基金投资项目的行业分布 …… 112
9.3 中国创业风险投资引导基金投资项目所处阶段 …… 113
9.4 中国创业风险投资引导基金投资项目运作状况 …… 115
附录 1 2010 年中国香港特别行政区私募股权投资回顾 …… 117
附录 2 国外创业风险投资回顾 …… 122
附录 3 关于豁免国有创业投资机构和国有创业投资引导基金国有股转持义务有关问题的通知 …… 137
附录 4 关于印发《科技型中小企业创业投资引导基金股权投资收入收缴暂行办法》的通知 …… 139
附录 5 中国创业风险投资机构名录 …… 141

摘 要

2010年中国创业风险投资行业发展概况

全国创业风险投资调查写作分析组[①]

2011年2~5月，科技部、商务部、国家开发银行联合开展了第9次“全国创业风险投资调查”。该专项统计工作依据《中华人民共和国统计法》的有关规定，组织了全国56个调查机构、147名调查员协同工作。创业投资界各类机构给予了大力的支持与配合，以2010年度财务决算数据（一般在2011年第一季度末才能形成）为基础，通过“中国创业风险投资信息系统”进行网上填报[②]。本文依据调查数据，对我国创业风险投资行业2010年度发展概况的几个重要方面进行了概要性分析。

1. 2010年中国创业风险投资的总体概况

2010年，世界经济复苏的势头更加明显和稳健，主要国家GDP继续呈现出不同程度的回暖，投资者信心重拾，各主要股票市场的表现已经达到或接近危机前的水平，风险投资业亦开始稳步回升。以美国为例，与形势严峻的2008年相比，2010年股票市场IPO的数量从6家大幅上升到72家。新兴经济体，尤其是中国、印度等发展中国家在2010年保持了持续的高速增长，成为带动全球经济复苏的重要力量。伴随着世界经济格局的深度调整，发展中国家在世界经济格局中的地位逐步增加，在经济总量、增长速度、资本流动、出口贸易、产业结构和科技实力等方面，新兴经济体的权重不断增大。

中国作为新兴经济体中表现较为突出的国家，全年GDP持续保持了10.3%的高速增长。由于经济的快速增长，以创业板为代表的资本市场价格高涨，资本流动性更加充裕，同时，中国政府加大了经济结构调整力度与对资本流向的引导。在此背景下，2010年中国创业风险投资业发展迅猛，无论是创业投资机构数量，还是管理资本总量，均出现了大幅提升，达到历史最高水平。2010年，创业风险投资企业（基金）达到720家，较2009年增加144家，增幅25%；创业投资管理资金总量达到2406.6亿元，增幅达49.9%，其中，来自于当年新募基金的资本量为281亿元，通过增资扩股、单笔资金委托管理等方式增加的管理资本占新增资本的69.4%，平均基金规模达到3.3亿元，较2009年增加20.1%（见图1）。

① 全国创业风险投资调查写作分析组成员：郭戎、李希义、董书礼、张俊芳、张明喜、魏世杰、付剑峰、黄福宁等。本摘要执笔人：张俊芳、郭戎。

② 该系统设置了信息核查与校验功能，可实现填报单位、调查员与调查管理员对数据样本的多层级甄别与审核，主要包括：标准化创业风险投资机构，对信托公司、综合性投资公司、产业基金、担保公司等非专业创投机构的样本进行了有效剔除；对创投管理公司与创投企业（基金）进行了分类统计；剔除了基金管理公司与基金间、母基金与子基金间的重复管理资本等。

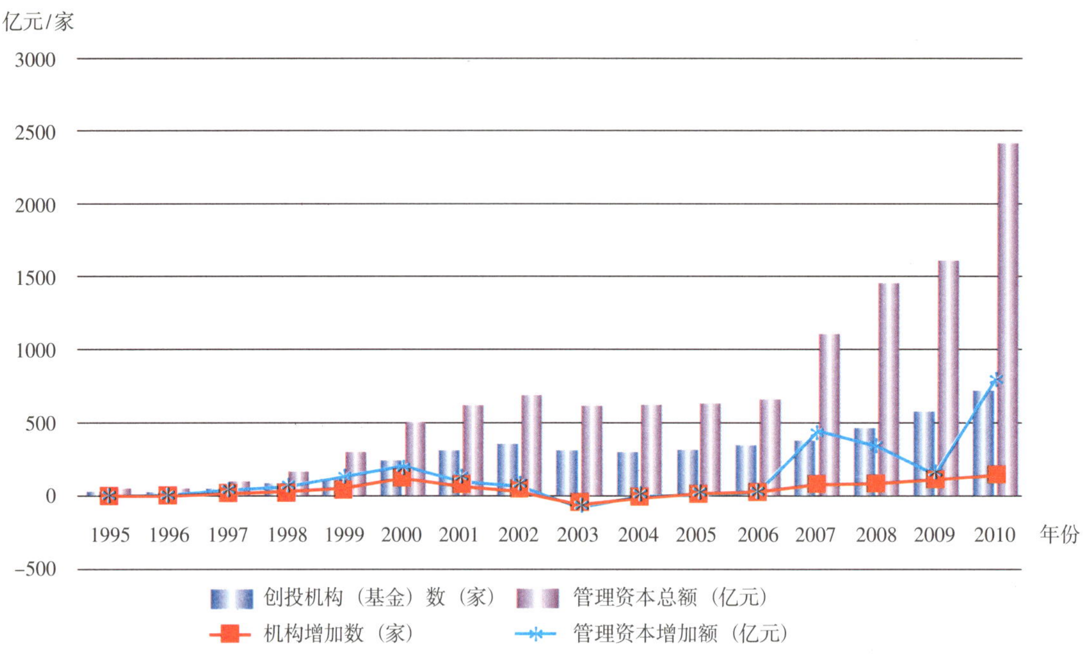

图 1　中国创业风险投资机构数、管理资本总量变化趋势（1995~2010）

从中国创业风险投资的资本来源结构来看（见图 2），2010 年，中国创业风险投资的资本来源仍以未上市公司为主体，占总资本的 33.3%，较 2009 年略有上升；政府出资与国有独资投资机构出资合计占比 37.6%，较 2009 年略有下降，其中，政府公共财政出资比例上升 0.9 个百分点，国有独资投资机构出资比例下降 2.3 个百分点；个人投资所占的比例与非银行金融机构比例均有不同程度的增长。

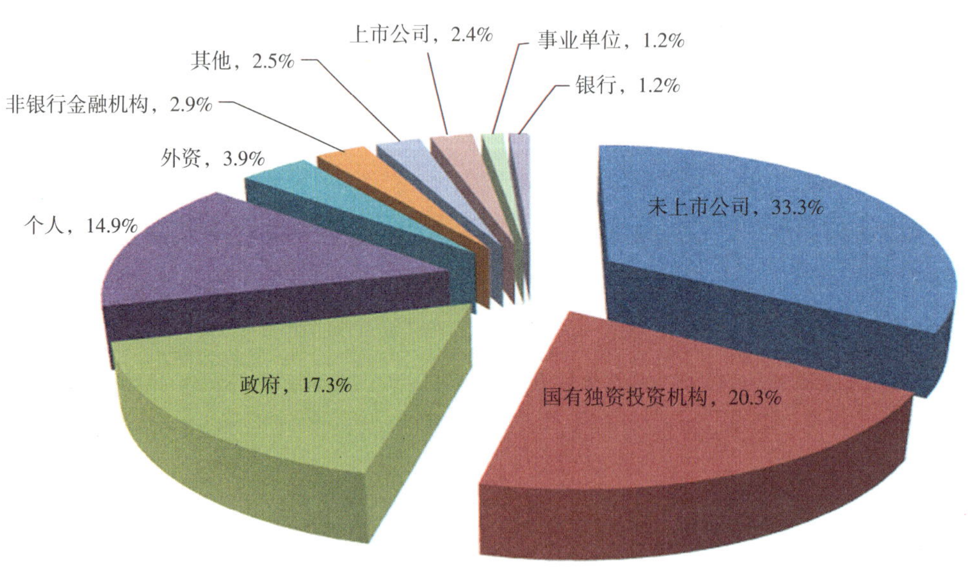

图 2　中国创业风险投资资本来源（2010）

从我国创业投资业内的资本形态来看，近年来，中国创业风险投资机构之间联系的复杂程度和关联程度日益增加，主要表现出以下特征：一是，政府引导基金力度加大，加快引致了社会资本进入创业投资领域。截至2010年底，政府创业风险投资引导基金累计出资234.07亿元，引导基金支持的创业风险投资机构达到170家，引导带动的创业风险投资管理资金规模达924亿元。二是，创业投资机构呈现出伞形化、集团化的发展趋势，一些大型创业投资企业（集团）通过设立母子基金的方式，加大资金杠杆化率。2010年，全国共有61家创业投资企业（集团），通过与地方政府合作或其他投资主体（如大型生产、商贸企业）联合设立子基金278支，总资产规模达到987.6亿元，形成了具有中国特色的创业风险投资资金网络。

2. 2010年中国创业风险投资主要特征分析

2.1 累计投资项目情况

截至2010年底，中国创业风险投资机构累计投资8693项，较2009年增长16.9%，其中投资于高新技术企业（项目）数达5160项，约占投资总数的59.4%；累计总投资额达到1491.3亿元，其中投资高新技术企业（项目）金额为808.8亿元，约占总投资额的54.23%（见表1）。从增加投资金额与投资数量情况判断，与前期相比，创业风险投资业对高新技术企业的投资强度有所加大。

表1 截至2010年底中国创业风险投资累计投资情况

指标类型 / 年份	累计投资项目总数（个）	投资科技企业/项目数（个）	累计投资金额（亿元）	投资科技企业/项目额（亿元）
2009	7435	4737	906.2	405.1
2010	8693	5160	1491.3	808.8

2.2 投资项目的行业分布

2010年，创投机构的投资重点仍主要聚焦于高新技术产业，尤其是在战略性新兴产业领域的布局正在加速。按行业划分，2010年，中国创业风险投资主要集中在其他行业、传统制造业、新材料工业、新能源/高效节能技术和金融服务等五个产业，占总金额的51.2%。前十大产业中，新材料工业、消费产品和服务、医药保健、生物科技等产业发展迅速，新能源/高效节能技术、光电子与光机电一体化则继续保持了2009年的发展态势（见表2）。值得关注的是，近年来创业投资对其他行业的投资跃居首位，主要源于近年来以互联网和现代通讯技术为手段的新兴服务业态的出现难以再采用传统的分类方式界定，如以团购网为代表的电子商务类、动漫创意产业等，这也说明创投投资行业的分类统计标准需要进一步完善和加强。

表2 中国创业风险投资业投资项目的行业分布前十名 单位：%

年份 / 投资行业	2010		2009	
	投资金额	投资项目	投资金额	投资项目
其他行业	15.7	11.7	10.0	9.7
传统制造业	10.1	7.3	11.9	9.4
新材料工业	9.3	10.1	6.4	7.2
新能源/高效节能技术	8.3	7.8	8.5	6.3
金融服务	7.8	4.1	15.2	5.4
消费产品和服务	7.1	4.1	4.3	3.1
医药保健	5.3	5.8	4.9	6.0
光电子与光机电一体化	4.2	6.0	4.1	5.1
农业	4.1	3.2	3.5	2.3
生物科技	3.9	5.6	2.5	5.5

① 资料来源：科技部火炬中心。
② 对高新技术企业投资的累计增加额不能理解为新增投资，有些过去投资的项目可能会在投资后被有关部门认定为高新技术企业或各类科技企业。
③ 所谓的“两高六新”指：成长性高、科技含量高、新经济、新服务、新农业、新材料、新能源与新商业模式。

2.3 投资项目的阶段分布

2010 年，中国创业风险投资机构的投资重心略有后移，对成长（扩张）期的投资金额占比高达 49.2%，对种子期和起步期的投资金额仅占 27.6%，低于 2009 年的 32.7%。尤其是对种子期阶段的投资出现较大下滑，投资金额降低至 10.2%，投资项目仅占 19.9%，回到 2008 年水平。

表 3　中国创业风险投资项目所处阶段的总体分布　单位：%

成长阶段＼年份	2004	2005	2006	2007	2008	2009	2010
种子期	4.5	5.2	30.2	12.7	9.4	19.9	10.2
起步期	12.3	20.0	11.5	8.9	19.0	12.8	17.4
成长（扩张）期	44.8	46.8	39.4	38.2	38.5	45.0	49.2
成熟（过渡）期	38.4	26.3	14.6	35.2	26.5	18.5	20.2
重建期	0.0	1.7	4.3	5.0	6.6	3.7	3.0

2.4 投资项目的地区分布

2010 年，中国创业风险投资机构主要分布在全国 28 个省、直辖市、自治区内，除个别省市之外，风险投资机构已遍布全国。总体上，中国风险投资业的区域发展延续了“东强西弱”的走势，江苏省、浙江省、广东省的投资机构数量与管理资本总量仍位居前三甲，其中，江苏省的管理机构数量和管理资本总量分别占全国的 24.0%、24.8%。值得关注的是，2010 年，湖北省、湖南省、安徽省、四川省和陕西省等中西部地区的创业风险投资业有了不同程度的发展。随着我国创投市场的发展与活跃，创业风险投资已开始由东部沿海地区向中西部地区辐射（见图 3）。

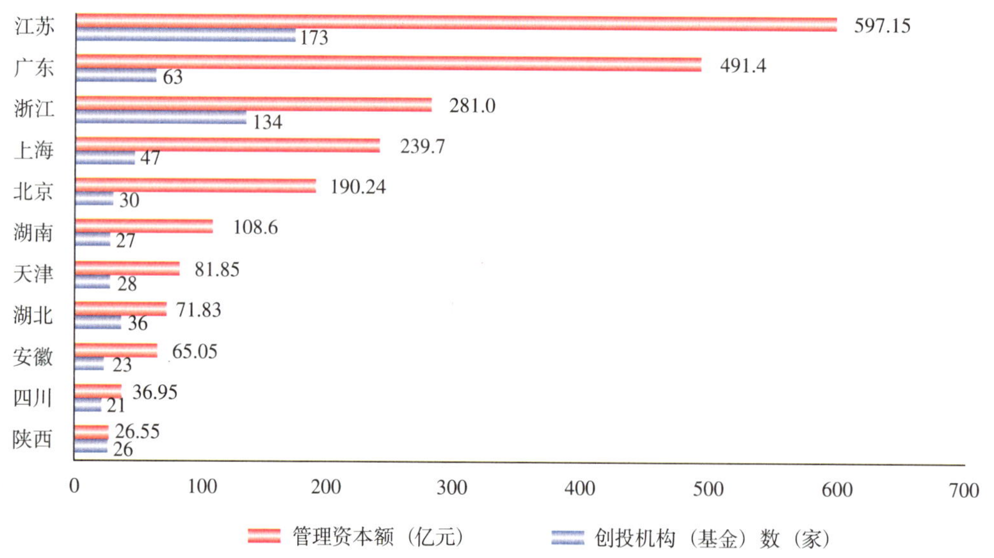

图 3　中国创业风险投资机构地区分布（2010）

2.5 投资项目的退出情况

2010年，我国多层次资本市场进一步完善，投资退出环境明显优化，投资退出渠道进一步拓宽，已初步形成主板、中小板、创业板，以及代办股份转让系统的构架。据统计，2010年，中国风险投资业上市退出（IPO）比例达到历史最高水平，占全部退出项目的29.8%（见表4），其中，44.0%的创投机构选择境内中小板上市退出；37.3%的创投机构通过创业板实现上市退出。可见，我国创业风险投资企业主要以扶持中小企业为主，中小板及创业板成为企业上市退出的主要渠道。受益于IPO项目和并购项目的高回报率，中国创业风险投资业的项目退出平均收益率高达221.9%，远高于2009年全年144.90%的平均水平。

表4 中国创业风险投资的退出方式分布（2004~2010） 单位：%

退出方式 / 年份	上市	收购	回购	清算	其他
2004	12.4	55.3	27.6	4.7	0.0
2005	11.9	44.4	33.3	10.4	0.0
2006	12.7	28.4	30.4	7.8	20.6
2007	24.2	29.0	27.4	5.6	13.7
2008	22.7	23.2	34.8	9.2	10.1
2009	25.3	33.0	35.3	6.3	0.0
2010	29.8	28.6	32.8	6.9	0.0

3. 2010年中国创业风险投资主要营商环境与政策分析

3.1 创业风险投资发展的政策环境不断优化

进入“十二五”时期，中国的VC从回暖快速升温至火热，无论是中央还是地方层面，均加大了对创业风险投资的扶持力度，营造出有利的政策环境。2010年9月，围绕中国战略性新兴产业的发展，国务院出台的《国务院关于加快培育和发展战略性新兴产业的决定》中指出，将加大财税金融等政策扶持力度，引导和鼓励社会资金投入；鼓励金融机构加大信贷支持，发挥多层次资本市场的融资功能，大力发展创业投资和股权投资基金。2010年10月，《中共中央关于制定国民经济和社会发展第十二个五年规划的建议》中指出，要“促进科技和金融结合，培育和发展创业风险投资”。2010年12月，科技部与中国人民银行、银监会、证监会、保监会共同出台的《促进科技和金融结合试点实施方案》，进一步明确了我国创业风险投资发展方向。

地方层面也出台了一系列相关配套政策，通过营造有利的政策与营商环境助推创业风险投资事业发展。如北京市、江苏、浙江、湖北、四川、山东等地区不断创新财政投入方式，通过设立创业投资引导基金、风险补偿金等专项资金的方式，支持创业风险投资机构与科技型中小企业发展；上海、天津、深圳等地纷纷出台发展股权投资基金有关扶持的优惠政策，推动创业风险投资发展；此外，江苏、四川等地还通过搭建科技金融服务平台，为创业风险投资机构和企业提供咨询、信息、辅导等服务，创业风险投资的政策与营商环境不断优化。

3.2 投资于高新技术企业的创业风险投资拥有更广的退出渠道

2010年，我国多层次市场建设进一步加快，动作频出。中国证监会将2011年工作重点定位于“加快建设多层次资本市场体系，扩大直接融资。抓紧启动中关村试点范围扩大工作，加快建设统一监管的全国性场外市场。继续壮大蓝筹市场和中小板市场。研究制定国际板制度规则，全面做好有关技术准备，推进国际板建设”。

目前，我国创业板与中小板市场已成为创业风险投资企业退出与培育高新技术企业的重要聚集地。据统计，2010年，81.3%的创投企业选择在创业板或中小板上市退出。创业板新上市企业117家，其中77家上市公司获得创业风险投资，占比65.8%；77家企业中有72家属于国家重点支持的“高新技术企业”，占比93.5%。中小板新上市企业204家，其中有115家上市公司获得创业风险投资，占比56.4%；115家企业中有100家属于国家重点支持的“高新技术企业”，占比87.0%。此外，截至2010年底，已有131家企业参与了“中关村非上市公司代办转让系统的股份报价转让”试点，已挂牌和通过备案企业89家，已披露信息的企业中，获得VC投资的企业约占40%。

3.3 国有创投发展的困境有所突破

2009 年 8 月国有创业投资机构发展战略研讨会在青岛召开，国家有关部门认真听取了业界意见，此举直接推动了 2010 年 10 月《关于豁免国有创业投资机构和国有创业投资引导基金国有股转持义务有关问题的通知》（以下简称《通知》）政策的出台。该政策规定，经国务院批准，符合条件的国有创业投资机构和国有创业投资引导基金，投资于未上市中小企业形成的国有股，可申请豁免国有股转持义务。《通知》的出台在一定程度上解决了国有创投机构发展的瓶颈问题，助推创业投资全行业的健康良性发展。这项政策的推出也充分说明，创业投资行业和政府部门之间的良性互动关系开始形成。

3.4 外资创投在中国境内的直接投资相继试点

2010 年 1 月，北京市有关部门联合发布《在京设立外商投资股权投资基金管理企业暂行办法》，在中关村国家自主创新示范区试行，鼓励外国投资者设立股权投资基金管理企业。2011 年 1 月，上海市有关部门联合发布了《关于本市开展外商投资股权投资企业试点工作的实施办法》（以下简称《实施办法》），《实施办法》明确了外商投资股权投资管理企业和外商投资股权投资企业在中国境内的业务范围、设立要求等，完善了监督管理机制，并批准获准试点的外商投资股权投资管理企业可直接使用外汇资金对其发起设立的股权投资企业出资。这些政策的实施在一定程度上打开了外资创投在中国境内直接投资的通道，加剧了本土创投的竞争环境。

4. 中国创业风险投资业发展的若干趋势、问题及建议

4.1 创业风险投资重点将进一步聚焦于战略性新兴产业

创业风险投资机构是活跃在产业最前沿的组织模式，统计趋势表明，随着国家“十二五”规划的确立，在国家经济转型和产业升级的背景之下，创投机构的投资重点将进一步聚焦于国家战略性新兴产业。然而目前，部分创投机构对战略性新兴产业发展还缺少认识，通过炒作概念募集资金，将大量资金投资于中后期项目，造成一哄而上的恶性竞争。政府有关部门和地方应加紧制定战略性新兴产业的发展规划与重点，明确具体的产业专项计划，进一步撬动创投机构加大对战略性新兴产业的前期投入和抚育。

4.2 创业风险投资链条将不断延伸，呼唤天使投资

从历年统计数据可以看出，我国创业风险投资后端过于“拥挤”，种子期和起步期的投资依然不足，这在很大程度上源于我国天使投资的严重不足，部分地方创新基金也在功能上由天使基金退化成后补助基金。实际上，天使投资的引导对于国家中小企业发展成长至关重要，而我国现阶段，由于缺乏相关的法律法规、相应的制度安排，以及专业的天使投资人，天使投资严重缺位。天使投资的引导不仅可以充分吸纳现阶段社会民间“游资”的过剩，更有利于扶持我国初创期中小企业的成长，培育战略性新兴产业，保障我国自主创新战略的有效实施。

4.3 创业风险投资行业规范亟待加强，若干关键要素的质量亟须提升

2010 年，伴随着中国创投行业的蓬勃发展与快速扩容，资金来源渠道呈现出多元化发展的态势，各种类型的创业投资者不断涌现，创业投资市场竞争不断升级，未来一段时期，行业内的整合与规范化管理必将是大势所趋。然而，近年来的年度调查均表明，“内部管理水平有限”依然是创业风险投资机构投资效果不理想的首要原因，优秀投资人才依然匮乏，行业内由于激励机制短板而造成的优秀人才流失问题日益凸显。与此同时，我国尚未建立全国性的行业协会，相关规范制度建设仍然落后，缺乏内部规范化管理、有效的信誉体系与监督机制。可以想见，在未来一段时期，建立全国性的行业自律组织，加强机构监管，培育和发展“合格的、长期的投资者”，完善投资机构内部的治理机制与薪酬体系将成为我国创业风险投资业未来健康发展的重要保障。

4.4 尽快启动国有创投制度改革的“攻坚战”

近年来，为规避制度造成的发展障碍，越来越多的国有创投机构开始寻求新的出路，纷纷完成“民营化”的改造，国有创投发展的深层次隐忧日渐突出。国有创投从创建之初，就肩负着弥补我国创业资本市场失灵、抚育科技型中小企业、促进高新技术产业发展、培育新兴产业的重大使命，是推进我国高新技术产业化的中坚力量。然而迄今为止，我国尚未建立符合创业投资运作规律的国有创投资本管理制度和政策体系，把国有创投等同于一般经营性国有资本的做法，不符合创业投资行业的运行规律，从根本上制约了国有创投的发展，需要引起有关政府部门的高度关注，以国有创业投资机构在 2009 年 8 月召开的青岛会议上达成的七点共识为基础，加快探讨新形势下国有创业投资机构资本管理制度。

Abstract

Overview for Development of China Venture Capital in 2010

National Investigation, Writing and Analysis Group of Venture Capital①

From February to May in 2011, the Ministry of Science and Technology, the Ministry of Commerce, and the China Development Bank jointly conducted the ninth " National Survey on the Venture Capital Industry". According to the related provisions of the *Statistics Law of the People's Republic of China*, 147 surveyors from 56 survey entities are organized to involve in the survey②. Various organs from the venture capital industry offered support and coordination vigorously, and they reported through the on-line "China Venture Capital Information System" on the basis of accounting date for the fiscal year 2010 (which generally generated at the end of Q1 of 2011). Based on the data obtained from the survey, this paper provides a summary analysis on several key aspects of development of China venture capital in 2011.

1 Overview for development of China venture capital in 2010

In 2010, the trend was more clear and stable for the global economy to recover. Major countries' GDP continued to recover in different extents. Investors reestablished confidence, and major stock markets performed well as the way they performed before the crisis. Capital investment saw the stable recovery. For example, there were 6 IPO companies only in the United Sates in 2008 when this economic power was undergoing the dire economic situation, while 72 in 2010, representing a large increase. Emerging economies, in particular such developing countries as China and India, maintained continuous rapid growth in 2010, and they became the importance driving force of the global economy recovery. As the adjustment in the world economic landscape was being deepened, roles the developing countries in the world economic landscape were enlarged gradually. Weights of the emerging economies were increased gradually in terms of the economic aggregate, growth speed, capital circulation, export trade, industry structure and scientific strength.

China, as a country that performs well in the emerging countries, maintained the GDP growth up to 10.3% over 2010. The rapid economic growth resulted in the soaring price in the capital market represented by the Growth Enterprise Market (GEM) and more adequate circulation capital. Besides, the Chinese Government intensified adjustment in economic structure and guidance for capital flow. In this context, China

① Members include Guo Rong, Li Xiyi, Dong Shuli, Zhang Junfang, Zhang Mingxi, Wei Shijie, Fu Jianfeng, and Huang Funing etc. The abstract is mainly edited by Zhang Junfang and Guo Rong.

② As the system is equipped with functions of information check and validation, the reporting units, surveyors and survey management person could distinguish and review the data sample at different levels, mainly including: effective rejection of samples from such non-professional venture capital investment institutions as trust company, comprehensive investment company, industry fund, and guarantee company by standard venture capital investment institutions; classification-based count of venture capital investment management company and venture capital investment enterprises (funds) ; and rejection of repetitive capital controlled between the fund management company and the fund, as well as between fund of funds and baby fund.

venture capital saw a rapid and strong development in 2010. Leaping-style increase occurred both in terms of the number of venture capital institutions and the total capital controlled, recording the new high. In 2010, the number of the venture capital enterprises（funds）was 720, 144 more than that in 2009 and an increase of 25% . Venture capital under management amounted to RMB 240.66 billion, an increase as high as 49.9%, of which RMB 28.1 billion was sourced from new funds in that year. Management capital increased by means of increasing investment and entrusting with managing single capital accounted for 69.4% of the newly-increased capital. The average scale of funds was as high as RMB 330 billion in 2010, 20.1% higher compared with that in 2009（see Fig. 1）.

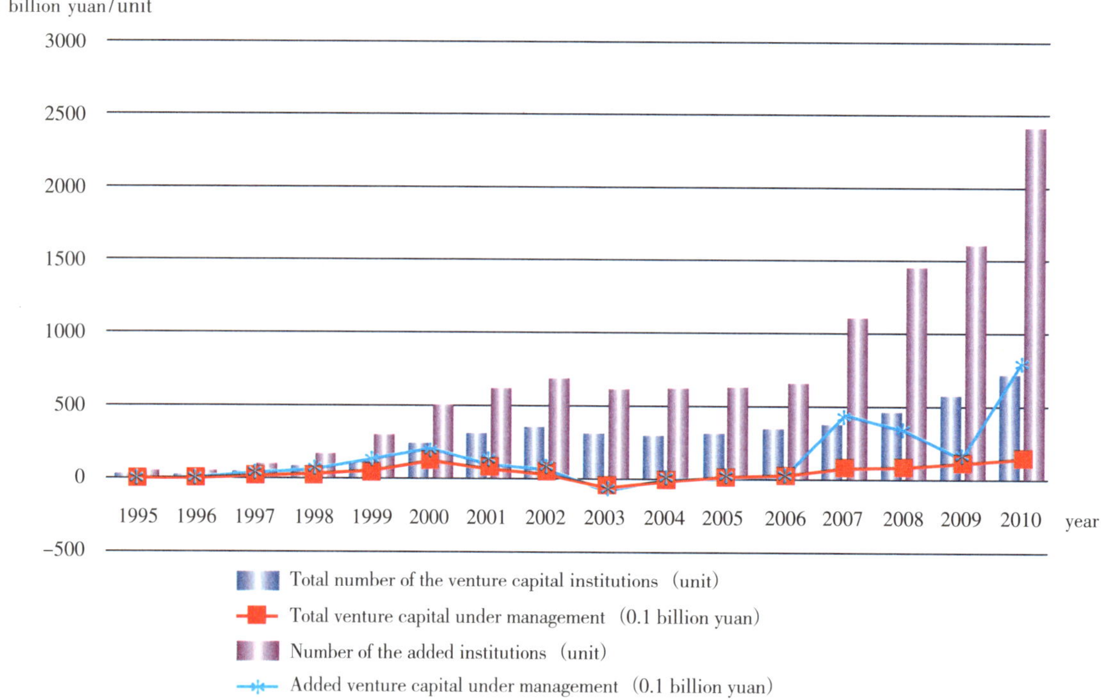

Fig.1 Number of Venture Capital Institutions,Total Capital Amount and Development Trend（1995-2010）

According to the capital source structure of Chinese venture capital（refer to Fig. 2), the unlisted companies still took the main part of the structure, contributing 33.3% of the total capital amount in 2010, which represents decrease by 4 percentage points compared with that in 2009; total contributions from the government and the state-owned sole proprietorship investment institutions accounted for 37.6%, an slight reduction compared with that in 2009, of which contributions from the government public finance saw an increase of 0.9% , and those from the state-owned sole proprietorship investment institutions saw a decrease of 2.3%. Proportion of contributions from individuals and non-bank financial institutions underwent increase to different extents.

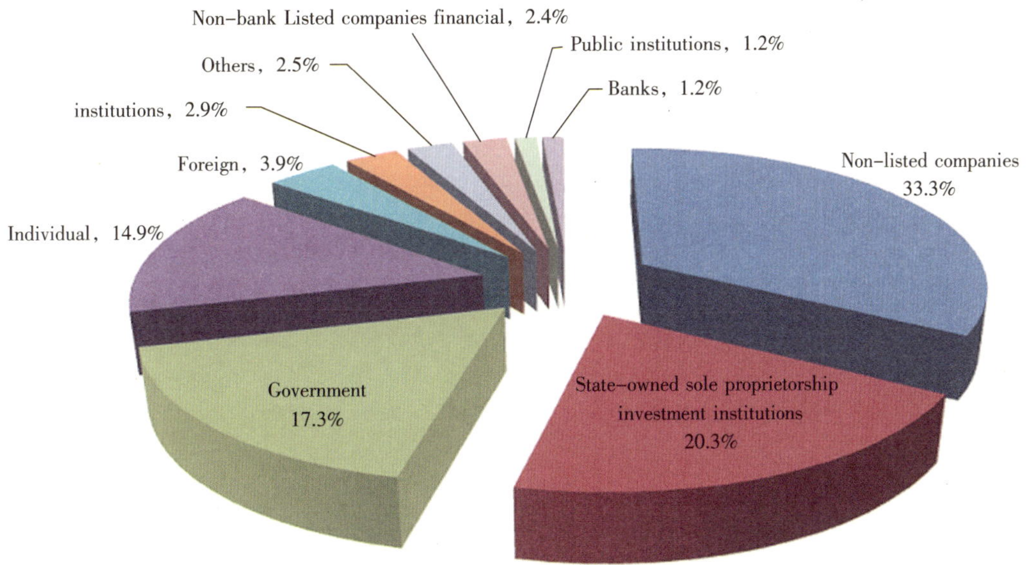

Fig.2 Capital Sources of Chinese Venture Capital (2010)

In terms of the capital landscape of Chinese venture capital, connections among Chinese venture capital institutions have become increasingly complicated and those institutions have also been correlated in recent years, which mainly characterized as follows: Ⅰ. the government intensified guidance for funds to lead the funds into venture investment sector. By the end of 2010, under the guidance of the government, the funds have contributed RMB 237.07 million, which supported 170 venture capital institutions, resulting in the capital controlled by venture capital as high as RMB 924 million. Ⅱ. The venture capital institutions showed the trend featuring umbrella and grouping development. Some of large-sized venture capital enterprises (groups) increased the leverage rate by establishing feeder funds. In 2010, 61 venture investment institutions (groups), established 278 baby funds either through cooperation with local governments or along with other investment entities (such as large-sized production or trade enterprises) with total assets valuing RMB 98.76 million. The venture capital funding network with Chinese characteristics was therefore taken shape.

2 Analysis on main features of Chinese venture capital in 2010

2.1 Accumulated investment projects

By the end of 2010, Chinese venture capital institutions have invested in 8,693 projects in total, an increase of 16.9% compared with 2009, of which 5,160 projects were invested in high-tech enterprises, accounting for 59.4% of the total investment projects. The aggregate investment amounts reached RMB 149.13 billion with RMB 808.8 million going to high-tech enterprises (projects), which accounts for 54.23% of the total aggregate investment amounts (see Table 1). Based on the increased investment amounts and number of the investment projects, investment in high-tech enterprises from the venture capital institutions were increased slightly compare with investment made in the previous period.

Table 1 Accumulated Investment from Chinese Venture Capital Institutions by the End of 2010

Index	Total Accumulated Investment Projects (units)	Number of Hi-tech Enterprises/Projects Invested (units)	Accumulated Investment Amounts (RMB 0.1 billion)	Amounts of Hi-tech Enterprises/Projects (RMB 0.1 billion)
2009	7435	4737	906.2	405.1
2010	8693	5160	1491.3	808.8

2.2 Industrial landscape of the venture invested

In 2001, the venture capital institutions focused investment on high-tech industries; especially they speed up investments in strategic emerging industries. Chinese venture capital in 2010, if divided based on industries, focuses on the five industries: other industries, traditional manufacturing industry, new material industry, new energy/high-efficient energy-saving technology and financial service industry, accounting for 51.2% of the total investment amounts. Among the top 10 industries for Chinese venture capital projects, new material industry, consumption products and services, medicine and health care and biotechnology developed rapidly, while new energy/high-efficient energy-saving technology, photoelectron and optical, mechanical and electronic integration maintained the development situations in 2009 (see Table 2).It is worthy to be noticed that other industries have ranked the first in the list of venture capital projects in recent years, which was mainly attributable to that fact after such services industries based on the internet and modern communication technologies as e-commerce represented by group buy website and cartoon creation industry emerged, it is hard to identify in traditional manner. That indicated that there is a need to further improve and strengthen standards for classification of the venture capital institutions making investments in industries.

Table 2 Top Ten Industries for Chinese Venture Capital Unit: %

Year / Investnlent industry	2010		2009	
	Investment amounts	Investment project	Investment amounts	Investment project
Other industries	15.7	11.7	10.0	9.7
Traditional manufacturing industry	10.1	7.3	11.9	9.4
New material industry	9.3	10.1	6.4	7.2
New-energy and high-efficient energy-saving technology	8.3	7.8	8.5	6.3
Financial services	7.8	4.1	15.2	5.4
Consumption products and services	7.1	4.1	4.3	3.1
Medicine and health care	5.3	5.8	4.9	6.0
Photoelectron and optical, mechanical and electronic integration	4.2	6.0	4.1	5.1
Agriculture	4.1	3.2	3.5	2.3
Biotechnology	3.9	5.6	2.5	5.5

2.3 Distribution of stages of investment projects

In 2010, Chinese venture capital institutions focused on making investments at later stages. Investment amounts made at growth (expansion) stage reached as high as 49.2% of the total investment amounts, and those made at seed stage and startup stage 27.%, lower than 32.7% in 2009.In particular, investments made at seed stage decreased by a big margin. The investment amounts were reduced to 10.2%, accounting for 19.9% of the total investment amounts, a level identical to that in 2008.

Table 3 Overall Distribution of Investment Stages of Chinese Venture Capital Unit: %

Year / Stage	2004	2005	2006	2007	2008	2009	2010
Seed	4.5	5.2	30.2	12.7	9.4	19.9	10.2
Startup	12.3	20.0	11.5	8.9	19.0	12.8	17.4
Growth (expansion)	44.8	46.8	39.4	38.2	38.5	45.0	49.2
Maturation (transition)	38.4	26.3	14.6	35.2	26.5	18.5	20.2
Reconstruction	0.0	1.7	4.3	5.0	6.6	3.7	3.0

2.4 Regional landscape of the venture invested

In 2010, Chinese venture capital institutions were distributed in 28 provinces, municipalities indirectly under control of the central government and autonomous regions in the country. The venture capital institutions have distributed across China except for some province or city in this country. Overall speaking, regional development of Chinese venture capital takes on the pattern of " trong in Eastern China and Weak in Western China". The venture capital industries in Jiangsu, Zhejiang, Guangdong, etc. are far ahead from the perspective of both the number of venture capital institutions and the capital controlled. The management institutions and controlled capital in Jiangsu accounted for 24.0% and 24.8% of the national total amount respectively. It is worthy to be noticed that the venture investment industries in central China such as in Hubei, Hunan, Anhui, Sichuan and Shaanxi provinces saw growth to different extents in 2010. As China's venture capital market develops vigorously, the venture capital in east China has radiated into that in western China (see Fig. 3).

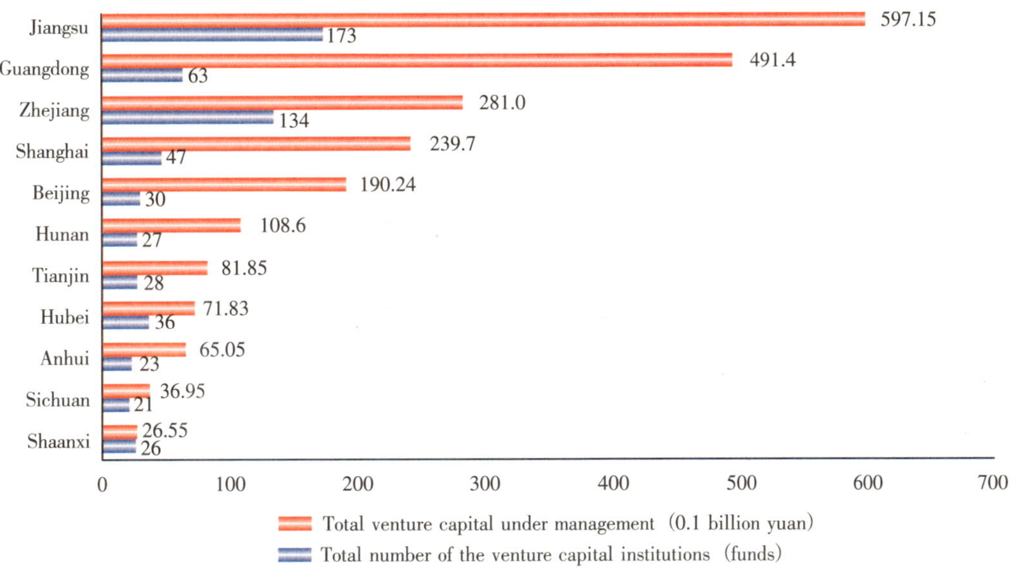

Fig.3 Regional Distribution of Chinese Venture Capital Institutions (2010)

2.5 Exit of investment projects

In 2010, Chinese multi-level capital market was further improved. Environment for investment exit was clearly optimized. Investment exit channels were further expanded. The framework consisting of main board, SME board, GEM board and agency stock transfer system are preliminarily formed. According to statistics, the percentage of Chinese venture capital institutions exit from IPO reaches 29.80% of all exit projects (see Table 4), the highest in history, of which 44.0% of the venture capital institutions exit on the domestic SME board; and 37.3% exit on GEM. We can see that Chinese venture capital enterprises primarily support the large-small-sized enterprises, and the SME board as well as GEM become the main channels for enterprise's exit. Benefited from high return of IPO projects and project merging, Exit of Chinese venture capital industry from projects enjoys the average profit rate as high as 221.87%, far higher than the average level around 2009, i.e. 144.90%.

Table 4 Distribution of Modes of Chinese Venture Capital Exit Unit：%

Year \ Exit	IPO	Acquisition	Repurchase	Liquidation	Others
2004	12.4	55.3	27.6	4.7	0.0
2005	11.9	44.4	33.3	10.4	0.0
2006	12.7	28.4	30.4	7.8	20.6
2007	24.2	29.0	27.4	5.6	13.7
2008	22.7	23.2	34.8	9.2	10.1
2009	25.3	33.0	35.3	6.3	0.0
2010	29.8	28.6	32.8	6.9	0.0

3 Analysis on main business environment and policies of Chinese venture capital in 2010

3.1 Policies and environment for development of Chinese venture capital be optimized continuously

As the "12th-five year plan" is implemented, Chinese venture capital has been recovered and even been in full swing. Both the central government and local governments has intensified support for venture capital in order to create favorable environment in policies. In September 2010, the State Council introduced the *Decisions of the State Council on Speeding up the Fostering and Development of Strategic Emerging Industries* dealing with the development of Chinese strategic emerging industries, in which the State Council noted that support with respect to finance ad taxes policies will be intensified by guiding and encouraging to input the social capital; encourage the financial institutions to increase credit support so as to bring funding functions of multi-level capital market into play and vigorously develop venture investment and stock investment fund. In October 2010, Advices of Central Committee of the Communist Party of China on Formulation of the 12th Five-year Plan for National Economy and Social Development noted that we will promote integration between technology and finance, foster and develop venture capital. In December 2010, the Ministry of Science and Technology, the People's Bank of China, China Banking Regulatory Commission, China Securities Regulatory Commission and China Insurance Regulatory Commission jointly introduced the *Implementation Plan for the Pilot Operation of Integrating Scientific and Technological Development with Financial Development* to further define direction of development for Chinese venture capital.

Local governments also introduced a series of the supporting policies to develop the venture capital by creating favorable policies and business environment. For example, Beijing, Jiangsu, Zhejiang, Hubei, Sichuan and Shandong continuously made innovations in modes of financial input. They supported development of venture capital institutions and technological small-medium-sized enterprises by establishing venture capital guidance funds, risk compensation funds and other special-purpose funds. Shanghai, Tianjin and Shenzhen introduced preferential policies for supporting development of stock investment funds in order to promote development of venture capital. Besides those regions, Jiangsu and Sichuan provided venture capital institutions and enterprises with consultations, information, guidance and other services by establishing scientific and technological service platform. Therefore, policies and business environment for venture capital have been optimized constantly.

3.2 Venture capital into high-tech enterprises enjoys broader exit channels

In 2010, Chinese multi-level market was further developed. In 2011, China Securities Regulatory Commission will focus on "accelerating construction of multi-level capital market system, and expanding direct funding capacity. Do a good job of expanding pilot scope of Zhongguancun, and accelerate development of national over-the-counter market under united regulation. Continue to grow blue chip market and SME market. Analyze and formulate rules and regulations for international board, and make overall technical preparations for promoting development of international board."

At present, Chinese GEM and SME markets have become the main convergence place for venture capital exit and fostering high-tech enterprises. The statistics showed that 81.3% of the venture capital enterprises exited on GEM and SME boards in 2010.On the GEM board, there were 117 newly-listed enterprises, of which 77 are listed companies obtaining venture capital , accounting for 65.8%. Among these 77 enterprises, 72 enterprises fell into "high-tech enterprises" receiving key support from the state, accounting for 93.51%.On the SME board, there were 204 newly-listed enterprises, of which 115 are listed companies obtaining venture capital , accounting for 56.4%. Among these 115 enterprises, 100 enterprises fell into "high-tech enterprises" receiving key support from the state, accounting for 86.96%.In addition, by the end of 2010, 131 enterprises have participated in the pilot for "stock price transfer through agency stock transfer system for non-listed companies in Zhongguancun", of which 89 enterprises have listed and passed registration. For the enterprises disclosing information, 40% of them obtained venture capital.

3.3 Some breakthroughs have been made in development of the state-owned venture capital

In August 2009, the strategic seminar for development of the stated-owned venture capital institutions was held in Qingdao. The relevant authorities of the state were open to opinions from the industry. That directly promoted introduction of the *Notice on Exempting State-owned Venture Capital Institutions and State-owned Venture Capital Guidance Fund from State-owned Share Transfer Obligations*. The notice stated that eligible state-owned venture capital institutions and state-owned venture capital guidance fund, with approval of the State Council, may apply for exempt from obligations of transferring the state-owned share transfer derived from their investment in unlisted small-medium-sized enterprises. Introduction of the notice solved the bottleneck of development of the state-owned institutions to some extent, and promoted sound development of the venture capital industry. As the notice was introduced, it indicates that good interactions between the venture capital industry and the government authorities began to taken shape.

3.4 Pilots of foreign-funded venture capital institutions making direct investment within China were launched continuously

In January 2010, the relevant authorities of Beijing municipality jointly issued the *Interim Measures for Management of Foreign-funded Investment Stock Fund Management Enterprise in Beijing* and the measures were trial-implemented in Zhongguancun National Independent Innovation Model Zone to encourage foreign investors to set up stock investment fund management enterprises. In January 2011, the relevant authorities of Shanghai municipality jointly issued the *Measures for Implementation of Pilot Operations of Foreign-funded Stock Investment Enterprises in Shanghai*. The measures well defined the business scope and setup requirements for foreign-funded stock investment management enterprises and foreign-funded stock investment enterprises in China, improved regulation mechanism, and stated that the foreign-funded stock investment management enterprises of which the pilot was approved may directly use foreign exchange funds to make contributions into the stock investment enterprises they established. Implementations of these policies opened channels for foreign investment within China to some extent, but exacerbated competition with local venture capital institutions.

4 Several trends of, problems of and recommendation on development of Chinese venture capital industry

4.1 Venture capital will further focus on strategic emerging industries

Venture capital institutions represent the most frontier organization mode active in the industry. According to trend statistics, as the Chinese government established the 12th five-year plan, the venture capital institutions, in the context of national economy transition and industry upgrading, will further focus investment on national strategic emerging industries. However, some of venture capital institutions lack of knowledge of development of strategic emerging industries, and they raised funds through concept speculation, while amounts of funds were used for project at later stages, resulting in cut-throat competition. The relevant government authorities should formulate the development plan and key points for the strategic emerging industries to define specific industry planning, and further induce earlier input into and fostering of the strategic emerging industries from the venture capital institutions.

4.2 Venture capital chain will be extended, calling for angle investment

According to statistics data obtained in previous years, Chinese venture capital is too "crowded" and investment made at the seed stage and startup stage is still insufficient, which are largely attributable to very insufficient angle investment in China and to degradation of some local innovation funds to aid fund from the angle fund in functions. As a matter of fact, guidance for angle investment is of vital importance for development of small-medium-sized enterprises in the country. However, angle investment is in serious shortage due to lack of the related laws, regulations, the relevant system arrangement and professional angle investors. Guidance for angle investment not only absorbs private "hot money" existed in the society at present, but also is beneficial for supporting development of Chinese small-medium-sized enterprises which are in the initial stage, fostering strategic emerging industries and ensuring effective implementation of China's strategy of independent innovation.

4.3 Standards for venture capital industry need to be strengthened, and quality of several key factors to be improved

In 2010, with the flourishing development and rapid expansion of Chinese venture capital, capital source channels showed trend of development in pluralism. As various types of venture capital investors continuously emerged, competition in the venture capital market became increasingly fierce. In the coming period of time, industry integration and standardized management will represent the general trend. However, annual surveys conducted in recent years show that the "limited level of internal management" remains the primary reason for the unsatisfactory effects of venture capital. Excellent investment talents are still in shortage. The problem of brain drain as a result of lack of proper competition mechanism in the industry is becoming increasingly pressing. Besides, China has yet established nationwide industry association. Development of the relevant rules and regulations lags behind. There is no standard internal management, effective credit system and supervision mechanism. It can be predicted that establishment of nationwide industry self-discipline organization, strengthening institution regulation, fostering and development of "eligible and long-term investors", and establishment of internal governance mechanism as well as salary system of investment institutions will become the important guarantee for future development of Chinese venture capital industry in the coming period of time.

4.4 Launch reform of state-owned venture capital system as soon as possible

In recent years, to evade obstacles against development as a result of system, more and more state-owned venture capital institutions have sought for new development opportunities. These institutions have turned themselves into "private institutions". However, hidden risks of development of state-owned venture capital institutions are increasingly pressing. The state-owned venture capital institutions, since its founding, has had the important mission of remedying malfunctioning venture capital market in China, fostering technological small-medium-sized enterprises, promoting development of high-tech enterprises, and fostering new industries. They are the core force for driving China's high-tech industrialization. However, China, up to date, has yet established state-owned venture capital management system and policy system which accord to laws of operations of venture capital. In China, the state-owned venture capital has been operated as if it is general business state-owned capital, violating laws of operation of venture capital and restraining the state-owned venture capital from development at roots. The relevant authorities should pay particular attention to those, and should accelerate exploration of capital management system of the state-owned venture capital institutions in new situations based on the seven points of consensus reached among state-owned venture capital institutions in the Qingdao meeting dated in August 2009.

1 中国创业风险投资机构与创业风险投资资本

1.1 2010年调查概述

2011年2月，科技部、商务部、国家开发银行等联合启动了第9次全国创业风险投资年度调查。由于全国创业投资企业和管理企业2010年会计决算数据的形成时间一般为2011年第一季度，因此本项统计工作于2011年5月份方全部结束[①]。2010年，国家统计局再次批准本项调查工作列为科技专项统计（国统制［2010］129号），为此，科技部专门下发了调查通知，并组织全国56个调查实施机构和147名调查员进行工作研讨和部署，保证了本次调查所应有的实效性。在今年的调查过程中，全国各类创业投资机构比以往更好地贯彻了《统计法》有关规定，对本项工作的重要意义的认识程度不断提升。经过多年的努力，这项统计为我国创业投资业界提供了样本最为全面、统计采集过程最为规范的数据和信息，为我国许多重要政策的出台提供了有力的决策依据，并于2010年开始按照国际惯例进入《中国科技统计年鉴2010》[②]。

本年度报告所调查的创业投资机构包括以下三类：第一类，创业投资企业，即创业投资基金，包括政府设立的创业投资引导基金（俗称“母基金”）；第二类，创业投资管理企业，其受创业投资企业委托，筛选投资项目，提出投资决策建议，并受托进行投资后管理；第三类，少量的从事政府创业投资业务的事业单位，有的直接以政府资金对项目进行投资，有的则具有创业投资引导基金的作用，参股创业投资企业或对创业投资企业的投资给予某种形式的补助。

截至2010年底，“中国创业风险投资信息系统”（www.ivcc.cn）中共有1725个机构（曾经参加过调查）。根据创业风险投资的标准概念，我们对样本进行了剔除：第一，信托公司等不属于创业投资范畴的金融机构；第二，不属于创业风险投资的某些行业性和综合性投资公司，如电力投资、工交投资集团、某些投资主业较为模糊不清的投资类公司等，对以大项目为投资主业的产业投资基金也给予了剔除；第三，主要从事担保业务的担保公司，但持续开展创业投资业务的担保公司除外；第四，转业而不再从事创投业务的机构；第五，所填信息过少且所填报数据之间严重不匹配的机构；第六，对于同时填报的创业投资企业委托、创业投资管理企业，两者之间投资业务完全重合时，则在做某些统计时剔除其中之一；第七，随着我国创业投资的业态不断复杂化，很多大型创业投资机构纷纷采用了商业性母子基金模式，如果简单相加则会带来管理资本的重复计算，同时，政府引导基金的蓬勃设立也带来类似问题，因此本次调查过程中，分析组投入较大精力仔细分辨、剔除了相关资本的重复计算；第八，在境外注册设立、在境内仅以办事处形式开展商业活动的私募股权机构。

1.2 中国创业风险投资机构和管理资本

2010年，世界经济继续摆脱国际金融危机带来的衰退，复苏的势头更加明显和稳健，主要国家GDP的增长率稳步回升，对金融市场最为重要的因素——投资者信心重新回归，世界各主要股票市场的表现已经达到或接近危机前的水平（见文本框1-1）。例如，美国2010年股票市场中IPO数量大幅上升，从2008年危机漩涡中的6家，

① 根据我们对全美创业投资协会（NVCA）、欧洲私募股权投资协会（EVCA）等年度数据披露情况的观察，全年的数据公布一般在第二年的4~6月。
② 国家统计局、科学技术部编，中国统计出版社，2010年12月。

扩大到 72 家。新兴经济体的强劲增长是本轮复苏的重要带动力量，伴随着经济总量的企暖回升，世界经济地图中心也在悄然偏移，在经济总量、增长速度、出口贸易、资本流动、产业结构和科技实力等方面，新兴经济体的权重在不断增大。中国是新兴经济体中表现较为突出的国家（见文本框 1–2），以创业板为代表的资本市场价格高涨，流动性更加充裕，政府开始对资本流向加强了政策引导，对经济结构调整力度加大，科技创新实力不断增强。在这种背景下，我国创业风险投资无论从基金设立数量还是管理资本总量上，都有了较大幅度的增长。

文本框 1–1

2010 年——危机后的世界经济复苏

2008 年爆发的国际金融危机席卷了全球，对世界经济格局造成了深远影响。为应对国际金融危机和经济衰退，各国普遍采取了扩张性财政政策、金融机构救助、刺激经济复苏的产业政策，以及失业救济等社会政策。各项政策的实施，在很大程度上改善了各国经济状态，促进了金融市场的稳定与经济增长的复苏。如股指数据显示，大部分国家股票市场在 2010 年已经达到或接近危机前的水平（见图 1–1）；各国 GDP 到 2010 年有了不同程度的回暖，新兴国家，尤其是中国、印度等发展中国家保持了高速的增长（见图 1–2）。

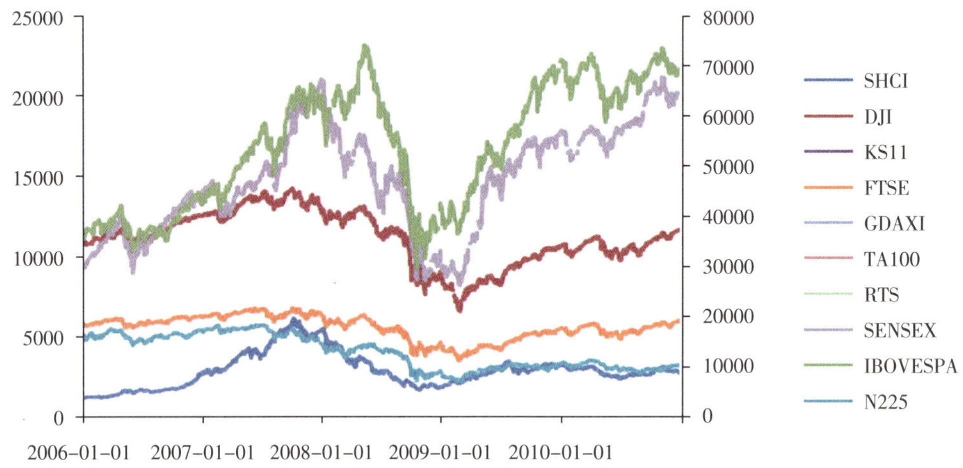

图 1–1 主要国家股指变动趋势（2006~2010）

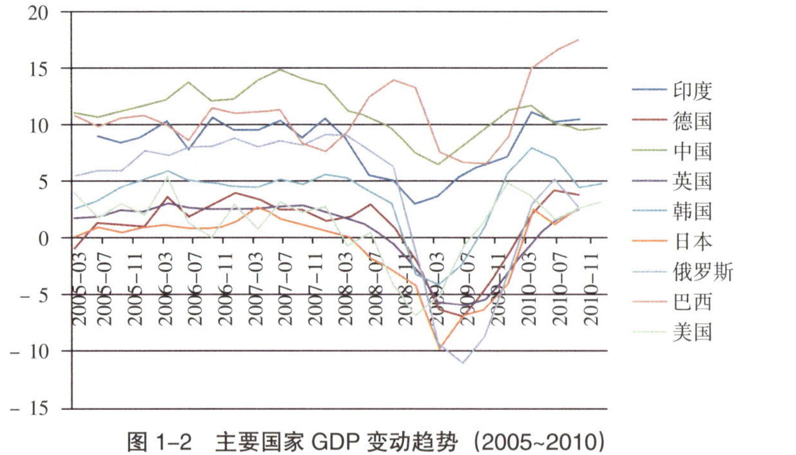

图 1–2 主要国家 GDP 变动趋势（2005~2010）

文本框 1-2

世界经济新版图的加速形成

此外，此次全球金融危机的爆发造成了世界经济格局的深度调整，发展中国家在世界经济格局中的地位逐步增加。据联合国统计，尽管世界经济总量继续增加，但发达国家增长经济总量比重有所下降（见图 1-3）。按照购买力平价计算，2007~2009 年发达经济体 GDP 从 66.62 万亿美元增长到 70.04 万亿美元，但其占世界的比重则从 56.44% 下降到 53.8%。在直接投资方面，发展中国家吸收外国直接投资与对外直接投资份额均呈上升态势，吸收外国直接投资占世界的比重从 2007 年的 26.9%增长到 2009 年的 42.93%， FDI 流出份额从 12.88%增加到 20.81%。

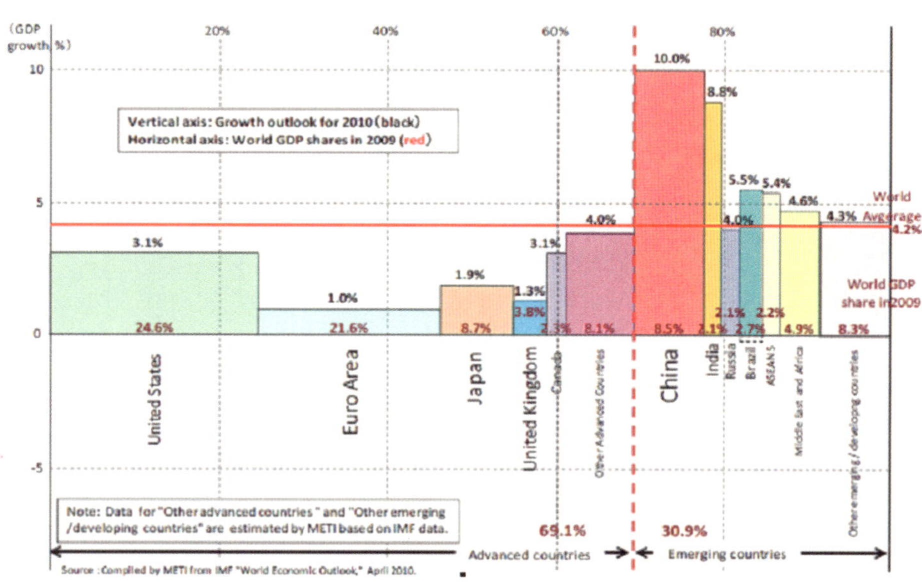

图 1-3 世界经济地图（2010）

资料来源：White Paper on International Economy and Trade 2010 Summary.

2010 年全国创业风险投资基金（完全剔除创业投资管理企业）数量继续快速增加，达到 720 家，比 2009 年增加 144 家，增幅为 25%。除此之外，全国创业投资管理企业为 192 家，平均每个管理公司管理的创业投资基金达到 4.1 亿元，创业投资管理企业最多管理了 20 家创业投资基金；此外，我国目前有不少创业投资机构（基金）通过内设管理部门和队伍进行管理（见表 1-1、图 1-4）。

表 1-1　　中国创业风险投资企业（基金）总量、增量（1994~2010）

年 份	1994	1995	1996	1997	1998	1999	2000	2001	2002	2003	2004	2005	2006	2007	2008	2009	2010
机构总数（家）	26	27	32	51	76	118	249	323	366	315	304	319	345	383	464	576	720
增加（家）	5	1	5	19	25	42	131	74	43	−51	−11	15	26	69	81	112	144
较上年增长（%）	0.0	3.8	18.5	59.4	49.0	55.3	111.0	29.7	13.3	−13.9	-3.5	4.9	8.2	20.0	21.1	24.1	25.0

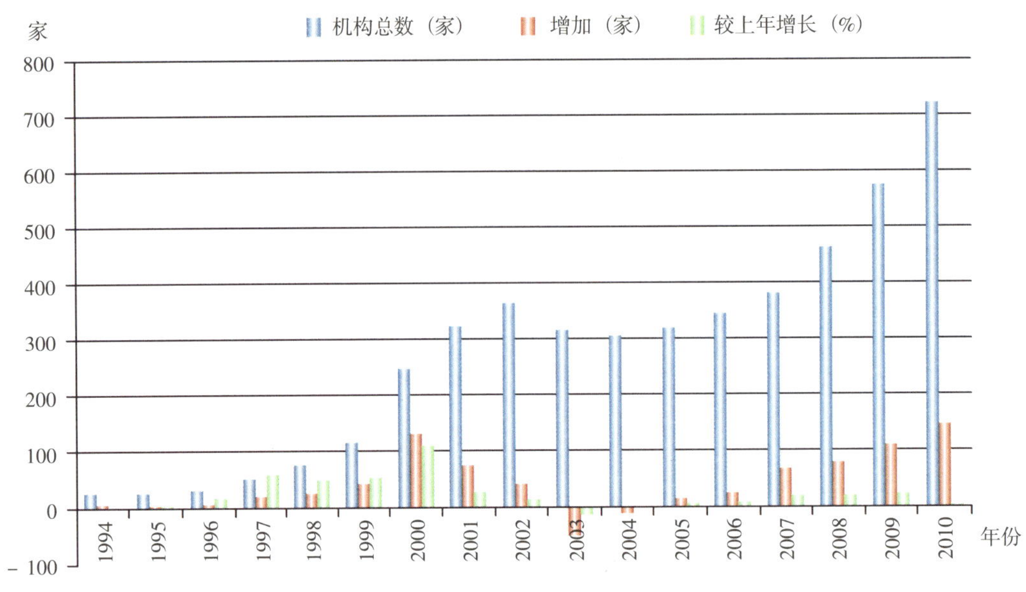

图 1–4 中国创业风险投资企业（基金）总量、增量（1994~2010）

2010 年，全国创业投资管理资本总量达到 2406.6 亿元，增加幅度达到 49.9%（见表 1–2、图 1–5）。自我国创业投资业有统计以来，仅有 4 个年度管理资本的增长速度超过了 2010 年增幅。其中，来自于当年新设基金的资金量为 281 亿元，通过增资扩股、单笔资金委托管理等方式增加的管理资本占据了新增资本的 69.4%。从近年来我国创业投资业内的资本形态来看，出现了如下特征：第一，以政府引导基金的方式加快引致了社会资本进入创业投资领域，据统计，2010 年，政府创业风险投资引导基金累计出资 234.07 亿元，发起设立的子基金达到 170 支，引导带动的创业风险投资管理资金规模达 924 亿元。第二，一些大型创业投资企业（集团）也纷纷采用分设子基金的方式，加大资金杠杆化率，2010 年共有 61 家创业投资（集团），与地方合作或与其他投资主体（如大型生产、商贸企业）设立的子基金达到 278 支，总资产规模达到 987.6 亿元。总之，在资本迅速膨胀的过程中，创业投资基金之间的联系方式日益复杂，关联程度也在不断加强，形成了有中国特色的创业风险投资资金网络。

表 1–2 中国创业风险投资管理资本总额（1995~2010）

年 份	1995	1996	1997	1998	1999	2000	2001	2002	2003	2004	2005	2006	2007	2008	2009	2010
管理资本总额（亿元）	51.3	55.2	101.2	168.8	306.2	512	619.3	688.5	616.5	617.5	631.6	663.8	1112.9	1455.7	1605.1	2406.6
增加（亿元）	0.0	3.9	46.0	67.6	137.4	205.8	107.3	69.2	−72.0	1.0	14.1	32.2	449.1	342.8	149.4	801.5
较上年增长（%）	0.0	7.5	83.3	66.8	81.4	67.2	21.0	11.2	−10.5	0.2	2.3	5.1	67.7	30.8	10.3	49.9

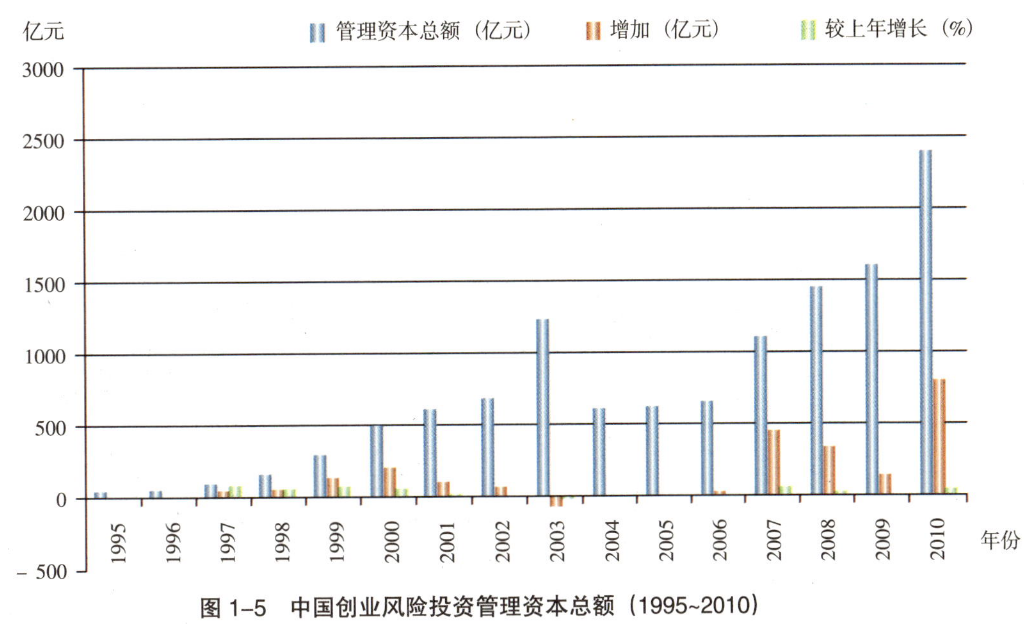

图 1–5　中国创业风险投资管理资本总额（1995~2010）

1.3 中国创业风险投资的资本来源

依据资本来源结构，可以将创业风险投资资本分为两大类：外资和内资。外资包括境内和境外两个部分。境内外资是指通过已在中国大陆境内注册并运作的外商独资（含港、澳、台）和合资合作企业取得的创业风险投资资本；境外资金是指境外机构获得的创业风险投资资本。本报告统计的外资资本主要是境外和境内外资机构向注册在中国大陆地区的创业风险投资企业所注入的资本额，一般不包括以离岸形式向中国大陆地区直接投资的外资量。

内资创业风险投资资本分类标准如下：①政府资金，包括各级政府对创业资本的直接资金支持；②国有独资公司资金，指国有独资公司直接提供的资金；③非上市公司资金，包括非上市股份有限公司和有限责任公司投入的创业风险投资资本；④上市公司资金，主要指在中国境内公开证券市场上市的公司投入创业风险投资的资本；⑤金融机构资金，包括银行和保险公司、证券公司、信托公司等非银行金融机构的各类资金投入；⑥事业单位、自然人及其他出资。

2010 年中国创业风险投资的构成如图 1–6 所示，政府出资与国有独资投资机构出资合计占到总资本的 37.6%，非上市公司出资占 33.3%，各类占比与 2009 年的增减变化情况见图 1–7。总体上，2010 年来自政府性资金所占比例总体下降，其中，政府公共财政出资比例有一定上升，国有独资投资机构出资比例略有下降；此外，个人投资所占比例有明显上升，增加了 4 个百分点。

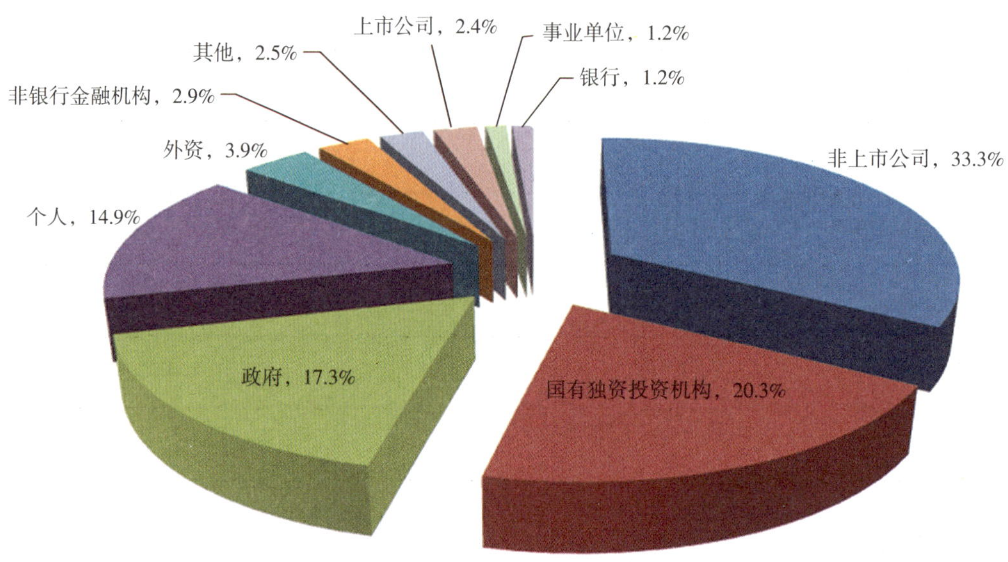

图 1-6 中国创业风险投资资本来源（2010）

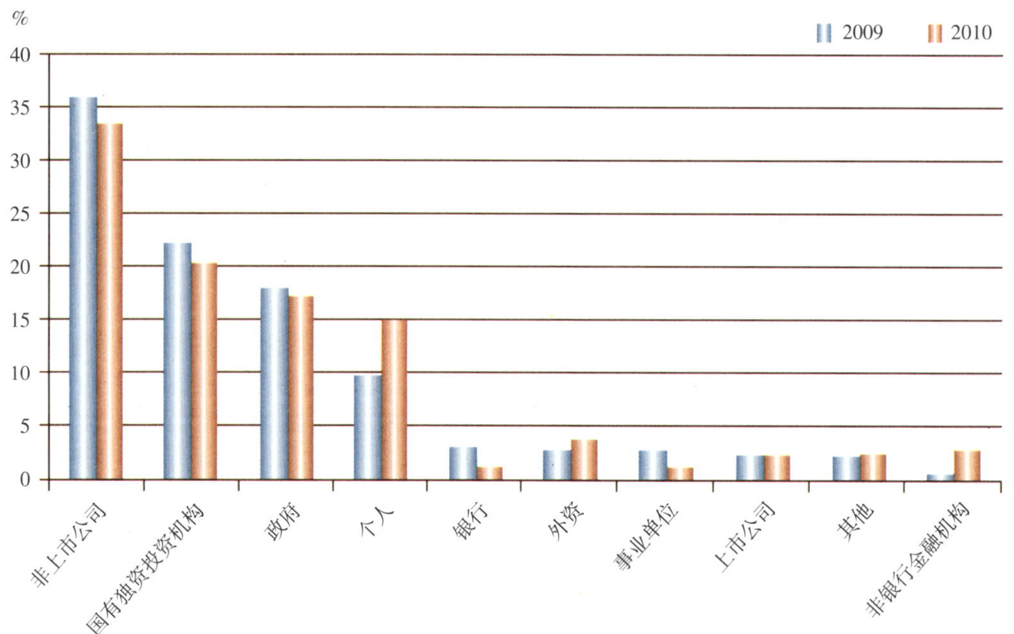

图 1-7 中国创业风险投资资金来源结构变化（2009~2010）

1.4 中国创业风险投资机构的资本规模及分布

2010 年，管理资金在 0.5 亿万元以下的创业风险投资机构占机构总数的 25.7%，与 2009 年相比继续下降；管理资金在 0.5 亿~1 亿元之间的机构占到 26.0%，1 亿~2 亿元之间的占到 20.2%，2 亿~5 亿元之间的机构占到 16.9%,，管理资金规模超过 5 亿元以上的机构，占 11.0%，与 2009 年基本持平（见图 1-8）。

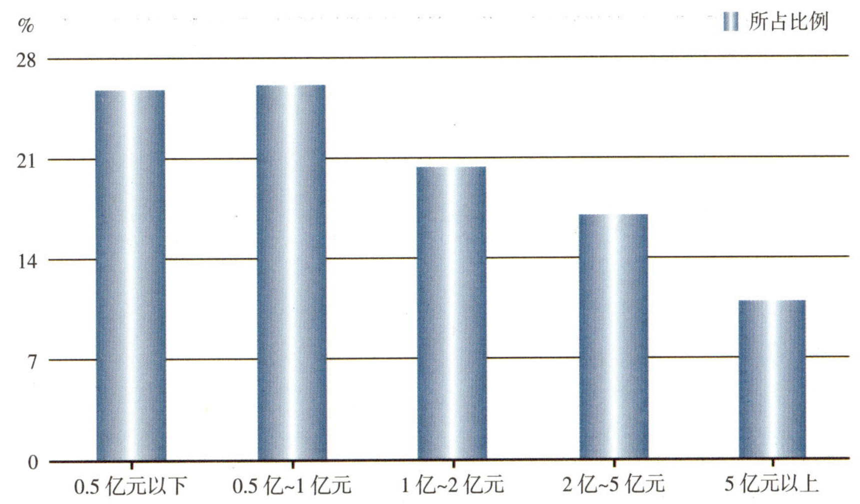

图 1-8 中国不同规模创业风险投资机构数分布（2010）

2010 年不同规模机构管理的资金分布情况：管理资金规模在 0.5 亿元以下的机构掌握着中国创业风险投资总资本的 2.1%，比 2008 年下降了 0.8 个百分点；规模在 0. 5 亿~1 亿元之间的机构掌握了 6.1%的份额；资金规模在 1 亿~2 亿元之间的机构掌握了 8.8%；资金规模在 2 亿~5 亿元之间的机构管理资本所占份额为 14.7%；规模在 5 亿元以上的机构则占据了 68.4%的份额，比 2009 年上升了 10.4 个百分点（见图 1-9）。可见，我国创业投资机构的规模在迅速扩大。目前，国内总资产规模超过 100 亿元的大型创业投资企业（集团）有 4 家；超过 50 亿元的有 11 家，超过 10 亿元的有 68 家。

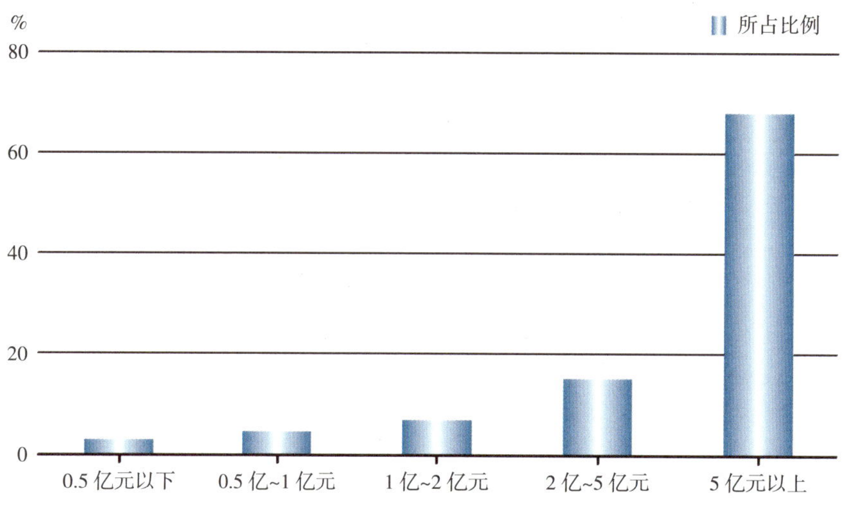

图1-9 中国不同规模创业风险投资机构管理资本分布（2010）

1.5 中国创业风险投资累计投资情况

截至2010年底，中国创业风险投资机构累计投资8693项，投资高新技术企业（项目）数达5160项，约占累计投资总数的59.4%；累计总投资额达到1491.3亿元，其中向高新技术企业（项目）的投资额达到了808.8亿元，约占总金额的54.23%（见表1-3）。与2009年相比，中国创业风险对高新技术企业（项目）的投资增加较多，从增加投资金额与投资数量情况判断，2010年，创业风险投资对高新技术企业（项目）的投资强度有所加大。

表1-3 截至2010年底中国创业风险投资累计投资情况

类型	累计投资项目总数（个）	高新技术投资项目数（个）	累计投资金额（亿元）	高新技术投资额（亿元）
数据	8693	5160	1491.3	808.8

2 中国创业风险投资机构的投资分析

2.1 中国创业风险投资的行业特征

2.1.1 中国创业风险投资的行业分布

2010年，中国创业风险投资年度投资金额最为集中的五个行业是其他行业、传统制造业、新材料工业、新能源/高效节能技术和金融服务，集中了当年51.2%以上的金额，其集中度较2009年降低了5.3个百分点（见表2-1、图2-1、图2-2、表2-2、表2-3）。2010年对其他行业[①]的投资跃居首位，主要是近年来以互联网和现代通讯技术为手段的一些新兴服务业态很难按现有产业分类标准归类，如以团购网为代表的电子商务类、动漫创意产业、网上小额支付等。2010年《国务院关于加快培育和发展战略性新兴产业的决定》出台，提出要将战略性新兴产业加快培育成为先导产业和支柱产业，并明确了七大战略性新兴产业的发展重点，要求大力发展创业投资和股权投资基金，建立和完善促进创业投资和股权投资行业健康发展的配套政策体系和监管体系。具有技术领先、能耗低、投入少、产额高等特征的战略性新兴产业成为国家发展的重点，也进一步推动了创投资本对这些行业的关注，创业投资的产业导向作用得到进一步发挥。与此同时，传统制造业中部分在东部沿海收益开始递减的技术、产业项目，在已具备相关条件的中西部地区重新释放出能量，也为创业风险投资创造了大量机会。

表2-1　中国创业风险投资业投资项目的行业分布：投资金额与投资项目（2009~2010）[②]　单位：%

投资行业 \ 年份	2010		2009	
	投资金额	投资项目	投资金额	投资项目
其他行业	15.7	11.7	10.0	9.7
传统制造业	10.1	7.3	11.9	9.4
新材料工业	9.3	10.1	6.4	7.2
新能源/高效节能技术	8.3	7.8	8.5	6.3
金融服务	7.8	4.1	15.2	5.4
消费产品和服务	7.1	4.1	4.3	3.1
医药保健	5.3	5.8	4.9	6.0
光电子与光机电一体化	4.2	6.0	4.1	5.1
农业	4.1	3.2	3.5	2.3
生物科技	3.9	5.6	2.5	5.5
环保工程	3.3	3.3	1.8	2.7
IT服务业	3.2	4.2	1.5	3.3
软件产业	2.9	7.0	10.9	13.9
网络产业	2.8	4.8	1.8	3.1
资源开发工业	2.5	1.2	1.5	1.0

① 其他行业，又称未列名行业，范围包括除具体列名行业以外的所有未列名行业。
② 有效样本数为1822份。

续表

投资行业 \ 年份	2010		2009	
	投资金额	投资项目	投资金额	投资项目
科技服务	2.3	2.5	2.0	2.7
媒体和娱乐业	2.1	1.9	2.5	2.1
其他 IT 产业	1.2	2.3	2.2	3.7
半导体	1.2	2.5	2.3	3.8
计算机硬件产业	1.1	1.4	0.1	0.4
通讯	1.0	2.5	1.9	3.0
零售和批发	0.7	0.7	0.3	0.3

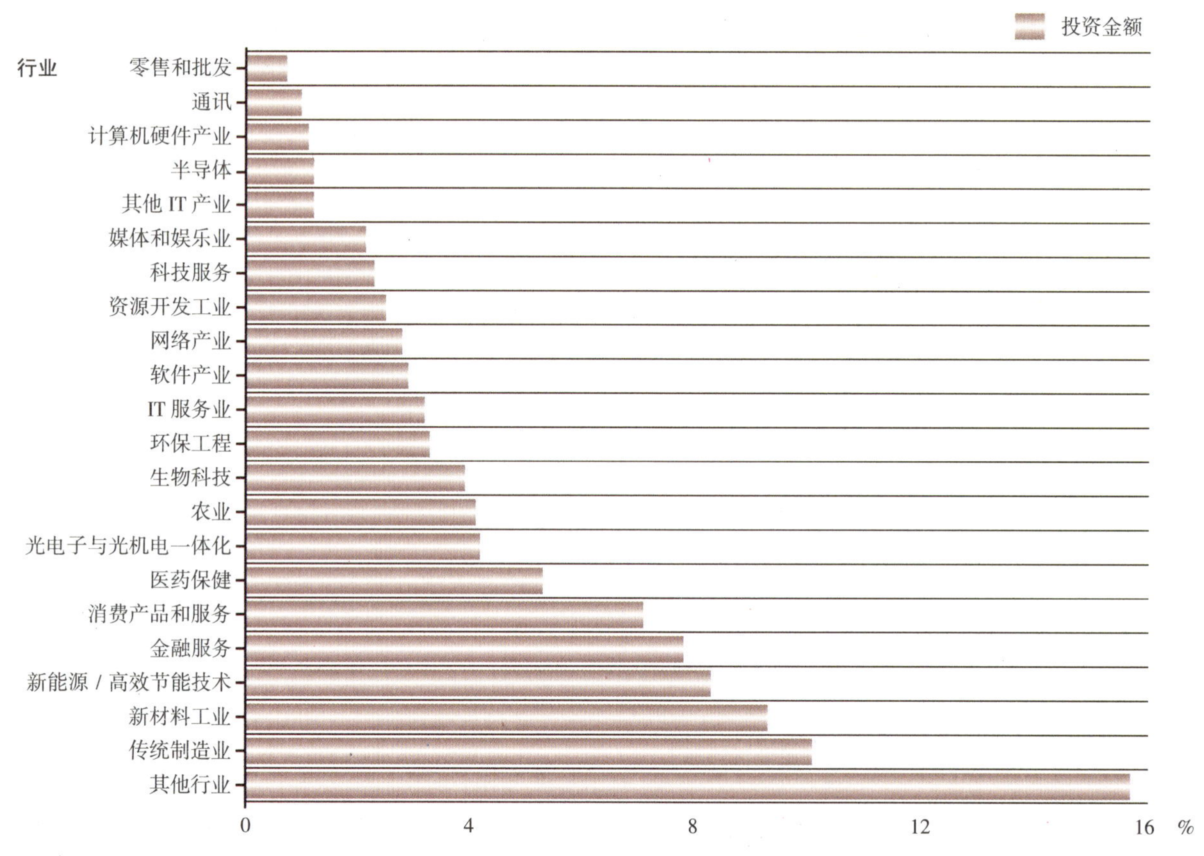

图 2-1 中国创业风险投资业投资项目的行业分布：按投资金额（2010）

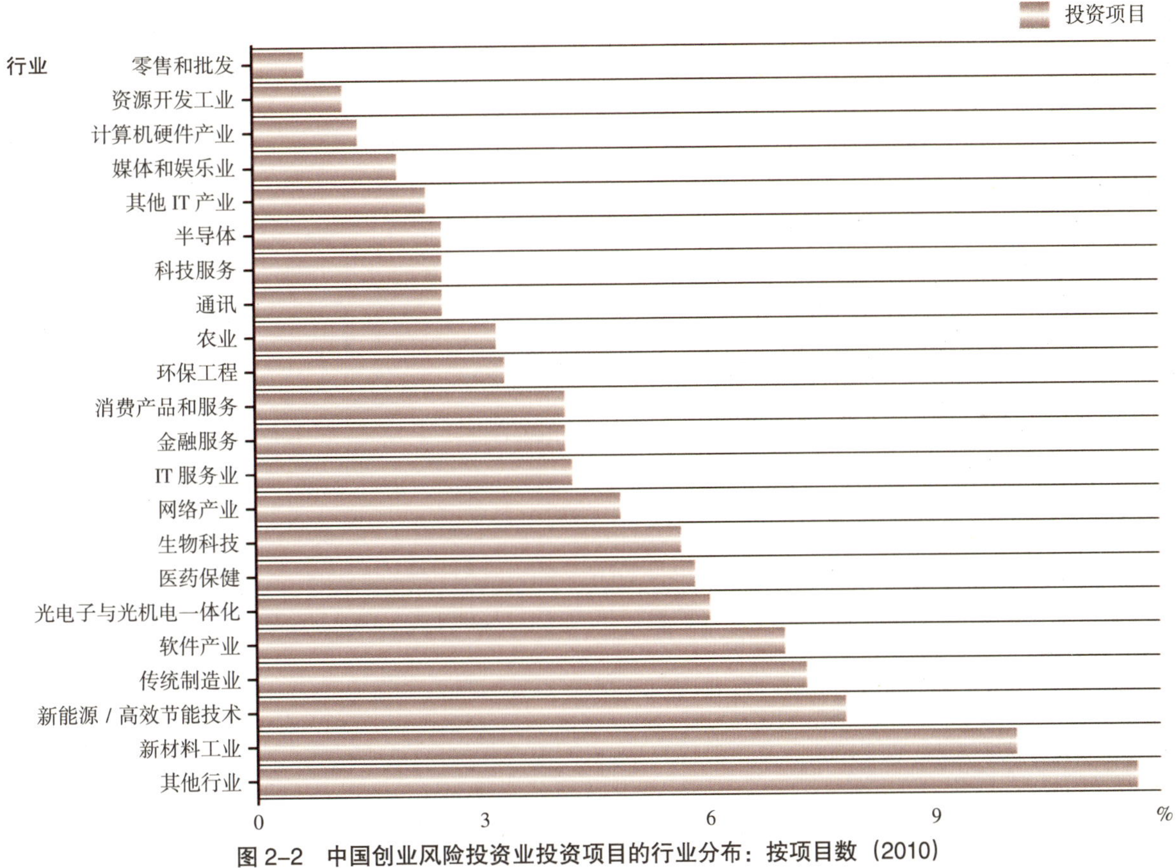

图 2-2 中国创业风险投资业投资项目的行业分布：按项目数（2010）

表 2-2 中国创业风险投资业投资项目投资金额的行业分布（2004~2010） 单位：%

年份 / 投资行业	2004	2005	2006	2007	2008	2009	2010
软件产业	4.5	3.5	14.6	16	6.2	10.9	2.9
计算机硬件产业	0.7	0.9	0.4	0.6	3.4	0.1	1.1
网络产业	1.1	2.7	1.5	0.5	2.7	1.8	2.8
通讯	8.2	3.5	4.6	2.9	1.8	1.9	1.0
IT 服务业	10.0	7.1	3.1	1.0	4.6	1.5	3.2
半导体	4.6	16.5	2.1	1.3	2.9	2.3	1.2
其他 IT 产业	2.7	2.4	3.2	1.3	2.3	2.2	1.2
环保工程	1.0	3.1	1.3	1.5	1.3	1.8	3.3
生物科技	4.1	7.4	5.4	2.3	5.7	2.5	3.9
新材料工业	10.1	5.7	7.5	7.9	4.4	6.4	9.3
资源开发工业	2.3	4.5	3.7	1.9	3.6	1.5	2.5
光电子与光机电一体化	4.9	5.5	4.1	2.1	4.0	4.1	4.2
科技服务	1.5	2.1	1.2	4.9	2.1	2.0	2.3
新能源 / 高效节能技术	3.7	8.8	7.0	4.6	7.7	8.5	8.3
医药保健	8.3	4.3	2.7	2.0	2.5	4.9	5.3
消费产品和服务	2.4	1.7	4.1	1.4	3.9	4.3	7.1

续表

年份 投资行业	2004	2005	2006	2007	2008	2009	2010
媒体和娱乐业	6.0	3.2	1.1	2.2	1.8	2.5	2.1
传统制造业	3.8	8.9	11.3	12.6	15.6	11.9	10.1
农业	9.1	0.5	9.4	1.2	2.6	3.5	4.1
金融服务	5.7	3.4	3.8	22.1	8.2	15.2	7.8
零售和批发	1.9	0.0	0.6	1.1	0.0	0.3	0.7
其他行业	3.5	4.0	7.6	8.3	12.7	10	15.7
核应用技术	0.0	0.3	0.0	0.0	0.0	0.1	0.0

表 2-3　中国创业风险投资业投资项目数的行业分布（2004~2010）　单位：%

年份 投资行业	2004	2005	2006	2007	2008	2009	2010
软件产业	7.2	10	12.5	17.1	9.7	13.9	7.0
计算机硬件产业	1.4	1.2	1.0	1.1	1.3	0.4	1.4
网络产业	2.0	2.4	2.6	2.4	2.0	3.1	4.8
通讯	7.9	6.0	4.1	2.7	3.9	3.0	2.5
IT 服务业	9.9	6.7	2.6	2.6	3.8	3.3	4.2
半导体	4.4	4.8	2.4	3.0	2.7	3.8	2.5
其他 IT 产业	3.4	2.1	3.8	2.6	3.2	3.7	2.3
环保工程	2.4	2.7	2.2	2.2	2.2	2.7	3.3
生物科技	5.5	8.2	7.9	5.6	6.1	5.5	5.6
新材料工业	9.6	7.6	10.3	9.6	6.6	7.2	10.1
资源开发工业	1.4	3.6	1.2	1.2	1.5	1.0	1.2
光电子与光机电一体化	7.2	10.0	5.0	4.5	5.9	5.1	6.0
科技服务	5.1	3.3	2.2	2.0	4.5	2.7	2.5
新能源 / 高效节能技术	2.0	4.5	5.0	5.7	5.1	6.3	7.8
医药保健	7.2	6.1	5.0	3.3	4.8	6.0	5.8
消费产品和服务	1.4	3.3	3.4	1.9	2.8	3.1	4.1
媒体和娱乐业	3.8	2.7	2.2	2.0	1.7	2.1	1.9
传统制造业	5.8	6.7	6.7	13.8	14.2	9.4	7.3
农业	3.8	1.8	3.1	1.2	2.6	2.3	3.2
金融服务	2.4	2.4	4.3	5.0	4.9	5.4	4.1
零售和批发	1.4	0.0	1.9	1.2	0.2	0.3	0.7
其他行业	4.8	3.6	10.6	9.2	10.4	9.7	11.7
核应用技术	0.0	0.3	0.0	0.0	0.0	0.1	0.0

2.1.2 中国创业风险投资对高新技术产业与传统产业的投资比较①

从中国创业风险投资的高新技术产业和传统产业的投资分布特点看，2010 年中国创业风险投资业对高新技术产业的投资项目比去年略有减少，对高新技术产业的投资金额微幅上升（见表 2-4、图 2-3、表 2-5、图 2-4）。

① 有效样本数：高新项目样本数为 1221 份；传统项目样本数为 601 份。

表 2-4　中国创业风险投资项目的年度行业分布：高新技术产业与传统产业（2003~2010）　单位：%

行业＼年份	2003	2004	2005	2006	2007	2008	2009	2010
高新技术产业	73.1	76.7	78.3	67.9	65.5	63.2	67.7	67.0
传统产业	26.9	23.3	21.7	32.1	34.5	36.8	32.3	33.0

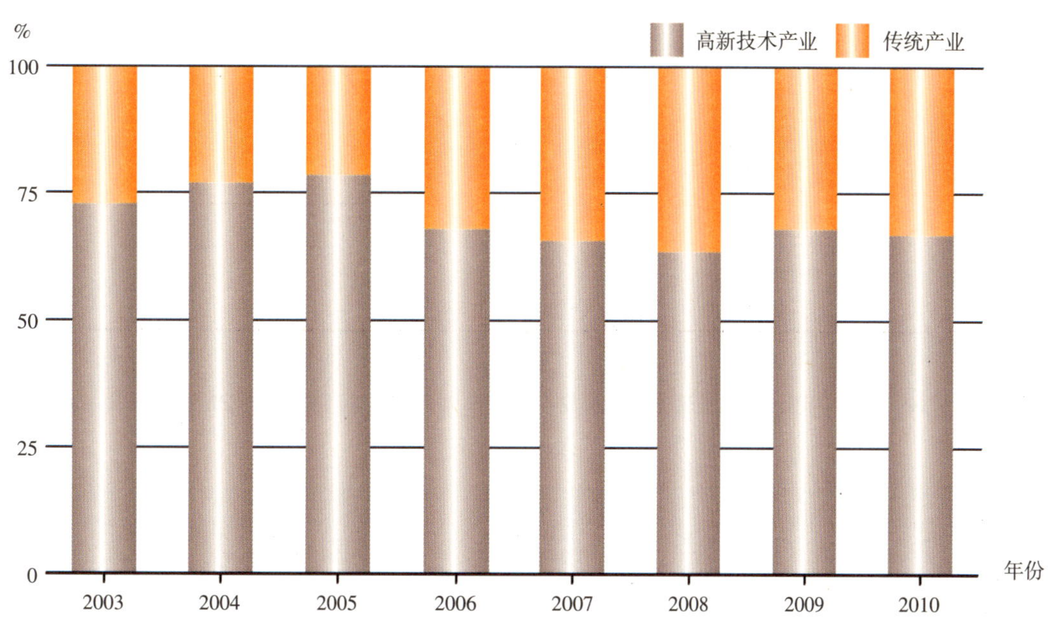

图 2-3　中国创业风险投资项目的年度行业分布：高新技术产业与传统产业（2003~2010）

表 2-5　中国创业风险投资金额的年度行业分布：高技术产业与传统产业（2003~2010）　单位：%

行业＼年份	2003	2004	2005	2006	2007	2008	2009	2010
高新技术产业	79.8	67.7	79.5	62.2	51.1	55.2	52.3	52.4
传统产业	20.2	32.2	20.5	37.8	48.9	44.8	47.7	47.6

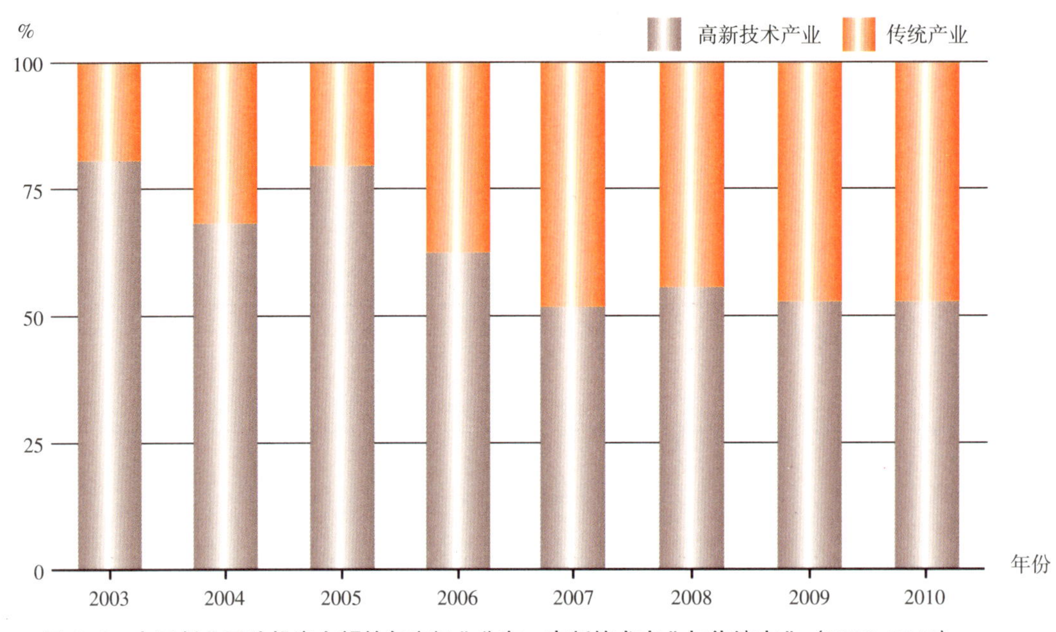

图 2–4 中国创业风险投资金额的年度行业分布：高新技术产业与传统产业（2003~2010）

2.2 中国创业风险投资的投资阶段

2.2.1 中国创业风险投资所处阶段的总体分布①

2010 年，中国创业风险投资机构的投资重心后移，对种子期投资的金额降至 10.2%，投资项目仅占 19.9%。创业板为成长型企业提供了一个良好的融资平台，许多投资机构将投资重点放在 Pre–IPO 项目上，因此对成长（扩张）期的投资占比最大，投资项目占比达 40.9%，投资金额占比高达 49.2%；对起步期、成熟（过渡）期的投资略有上升；重建期的投资项目和投资金额所占比例都小于 2009 年（见表 2–6、表 2–7、图 2–5、表 2–8、图 2–6）。

表 2–6 中国创业风险投资项目所处阶段的总体分布：投资项目与投资金额（2010） 单位：%

成长阶段	投资金额	投资项目
种子期	10.2	19.9
起步期	17.4	27.1
成长（扩张）期	49.2	40.9
成熟（过渡）期	20.2	10.0
重建期	3.0	2.2

① 有效样本数为 1809 份。

表 2-7 中国创业风险投资项目所处阶段分布：投资项目（2003~2010） 单位：%

成长阶段 \ 年份	2003	2004	2005	2006	2007	2008	2009	2010
种子期	13.0	15.8	15.4	37.4	26.6	19.3	32.2	19.9
起步期	19.3	20.6	30.1	21.3	18.9	30.2	20.3	27.1
成长（扩张）期	49.5	47.8	41.0	30.0	36.6	34.0	35.2	40.9
成熟（过渡）期	18.2	15.5	11.9	7.7	12.4	12.1	9.0	10.0
重建期	0.0	0.3	1.6	3.6	5.4	4.4	3.4	2.2

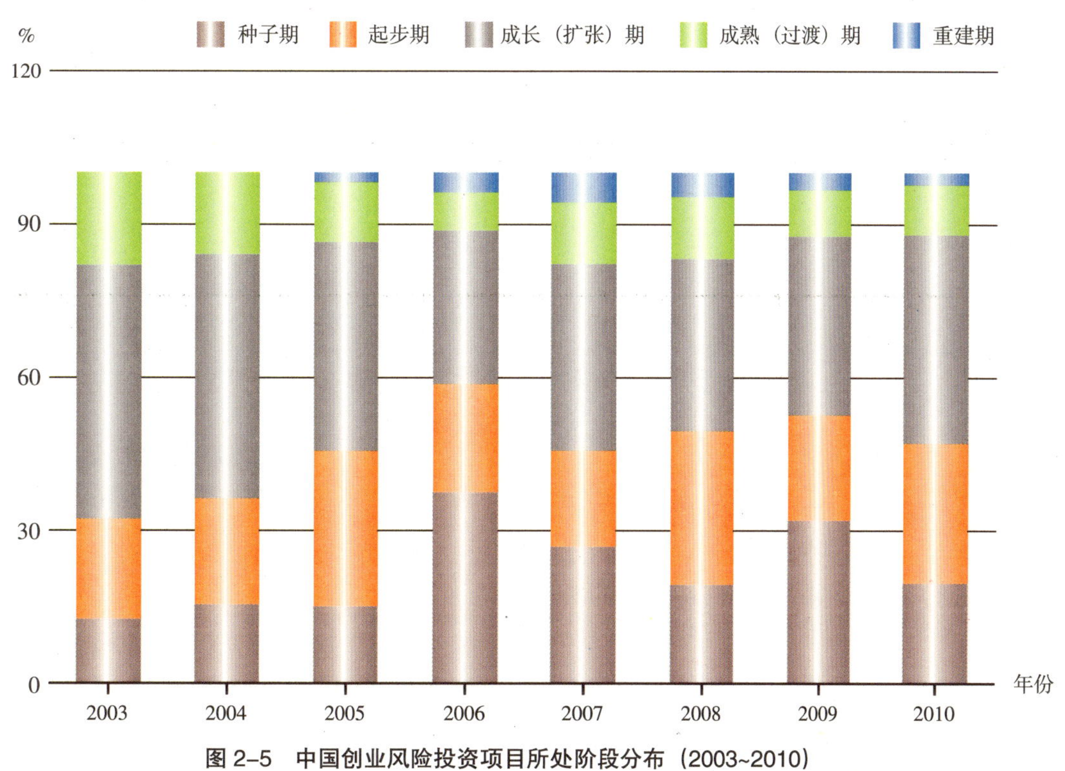

图 2-5 中国创业风险投资项目所处阶段分布（2003~2010）

表 2-8 中国创业风险投资项目所处阶段分布：投资金额（2003~2010） 单位：%

成长阶段 \ 年份	2003	2004	2005	2006	2007	2008	2009	2010
种子期	5.3	4.5	5.2	30.2	12.7	9.4	19.9	10.2
起步期	16.8	12.3	20.0	11.5	8.9	19.0	12.8	17.4
成长（扩张）期	37.5	44.8	46.8	39.4	38.2	38.5	45.0	49.2
成熟（过渡）期	40.4	38.4	26.3	14.6	35.2	26.5	18.5	20.2
重建期	0.0	0.0	1.7	4.3	5.0	6.6	3.7	3.0

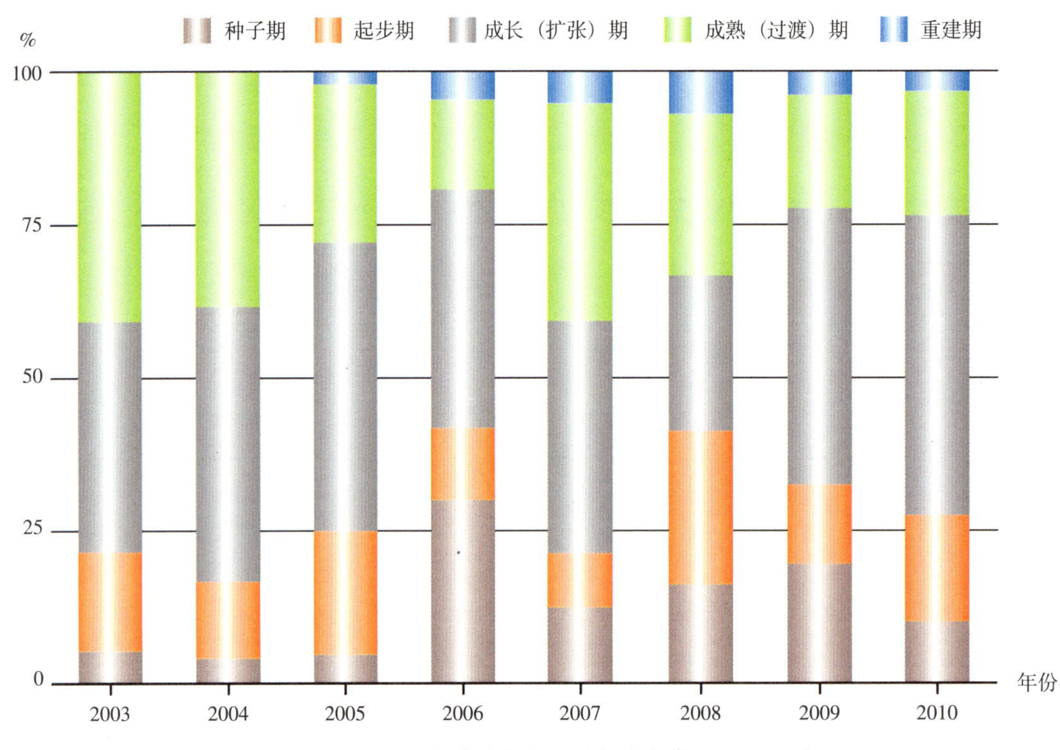

图 2-6 中国创业风险投资金额所处阶段分布（2003~2010）

2.2.2 中国创业风险投资在主要行业投资项目的阶段分布①

2010 年，中国创业风险投资主要行业的投资阶段分布特点是：生物科技、通讯、计算机硬件产业、金融服务的投资项目在种子期分布较多，生物科技、金融服务、计算机硬件产业、其他行业的投资金额在种子期分布较多，这一投资偏好说明了某些产业早中期投资比较符合创业风险投资机构的长远利益，与生物科技处于重大的突破性创新与扩散阶段基本一致，金融服务、计算机硬件产业、通讯的早中期项目受到普遍关注。消费产品和服务、农业、资源开发工业、传统制造业、媒体和娱乐业在成长（扩张）期的投资项目较多；资源开发工业、消费产品和服务、科技服务、通讯、其他 IT 产业分布在成长（扩张）期的投资金额较多（见表 2-9、表 2-10），显示出资金密集型产业的特点。

表 2-9 中国创业风险投资项目主要行业的投资阶段分布：投资项目（2010） 单位：%

投资行业	种子期	起步期	成长（扩张）期	成熟（过渡）期	重建期
其他 IT 产业	26.8	22.0	39.0	9.8	2.4
媒体和娱乐业	12.1	24.2	48.5	15.2	0.0
科技服务	18.2	27.3	45.5	9.1	0.0
计算机硬件产业	32.0	24.0	36.0	8.0	0.0
医药保健	11.3	31.1	45.3	11.3	0.9
核应用技术	—	—	—	—	—
新材料工业	16.2	26.8	46.4	8.4	2.2
传统制造业	4.6	8.4	55.7	29.0	2.3

① 有效样本数为 1822 份。

续表

投资行业	种子期	起步期	成长（扩张）期	成熟（过渡）期	重建期
网络产业	29.8	41.7	22.6	4.8	1.2
IT 服务业	22.7	36.0	33.3	8.0	0.0
生物科技	46.5	25.7	24.8	3.0	0.0
其他行业	23.1	27.1	35.7	10.1	4.0
农业	6.9	15.5	60.3	13.8	3.4
零售和批发	7.7	23.1	46.2	15.4	7.7
金融服务	31.5	28.8	28.8	5.5	5.5
资源开发工业	28.6	9.5	57.1	4.8	0.0
环保工程	18.3	25.0	40.0	15.0	1.7
新能源 / 高效节能技术	18.0	23.0	39.6	13.7	5.8
光电子与光机电一体化	10.1	41.3	45.9	2.8	0.0
消费产品和服务	4.1	16.2	68.9	10.8	0.0
半导体	21.7	41.3	26.1	10.9	0.0
通讯	35.6	28.9	33.3	0.0	2.2
软件产业	28.3	37	29.9	2.4	2.4

表 2–10　　中国创业风险投资项目主要行业的投资阶段分布：投资金额（2010）　　单位：%

投资行业	种子期	起步期	成长（扩张）期	成熟（过渡）期	重建期
其他 IT 产业	2.5	10.5	58.8	27.0	1.2
媒体和娱乐业	6.5	13.5	39.6	40.3	0.0
科技服务	12.2	14.3	65.5	8.0	0.0
计算机硬件产业	25.3	12.1	50.0	12.5	0.0
医药保健	3.7	19.4	58.2	17	1.7
核应用技术	—	—	—	—	—
新材料工业	5.6	18.6	56.0	18.0	1.8
传统制造业	0.8	3.2	58.8	36.4	0.8
网络产业	10.5	32.2	50.3	6.4	0.7
IT 服务业	13.1	17.2	46.9	22.7	0.0
生物科技	49.5	13.7	31.2	5.6	0.0
其他行业	16.1	26.2	27.8	27.4	2.4
农业	6.3	6.6	57.1	25.6	4.4
零售和批发	3.8	13.0	46.5	26.3	10.5
金融服务	26.7	12.8	40.3	16.8	3.4
资源开发工业	6.0	4.3	86.1	3.6	0.0
环保工程	4.8	12.2	52.2	28.6	2.2
新能源 / 高效节能技术	5.1	19.7	41.9	21.4	11.8
光电子与光机电一体化	2.1	43.3	52.8	1.8	0.0
消费产品和服务	2.1	12.2	66.2	19.5	0.0
半导体	6.5	30.5	39.0	23.9	0.0
通讯	16.0	14.5	60.3	0.0	9.2
软件产业	8.2	22.8	57.0	9.4	2.6

2.3 中国创业风险投资的投资强度

2.3.1 中国创业风险投资强度的变化趋势与行业差异[①]

2010 年，我国宏观经济发展态势平稳，创业板上市步伐加快，退出渠道不断完善，利好消息导致创业风险投资速度加快，中国创业风险投资强度较上一年度持续增加，成为历年来投资强度最高的一年，达到 1356.53 万元/项，较上年增加 1.78%。其中，计算机硬件产业、科技服务、消费产品和服务、环保工程行业大手笔投资较多，项目平均投资强度增速最为明显（见表 2-11、图 2-7、表 2-12、图 2-8）。

表 2-11 中国创业风险投资的投资强度（1995~2010） 单位：万元/项

年份	1995	1996	1997	1998	1999	2000	2001	2002
投资强度	556.80	523.40	681.90	537.10	595.60	568.60	624.90	872.30
年份	2003	2004	2005	2006	2007	2008	2009	2010
投资强度	920.00	972.10	901.10	802.51	973.37	1041.25	1059.77	1356.53

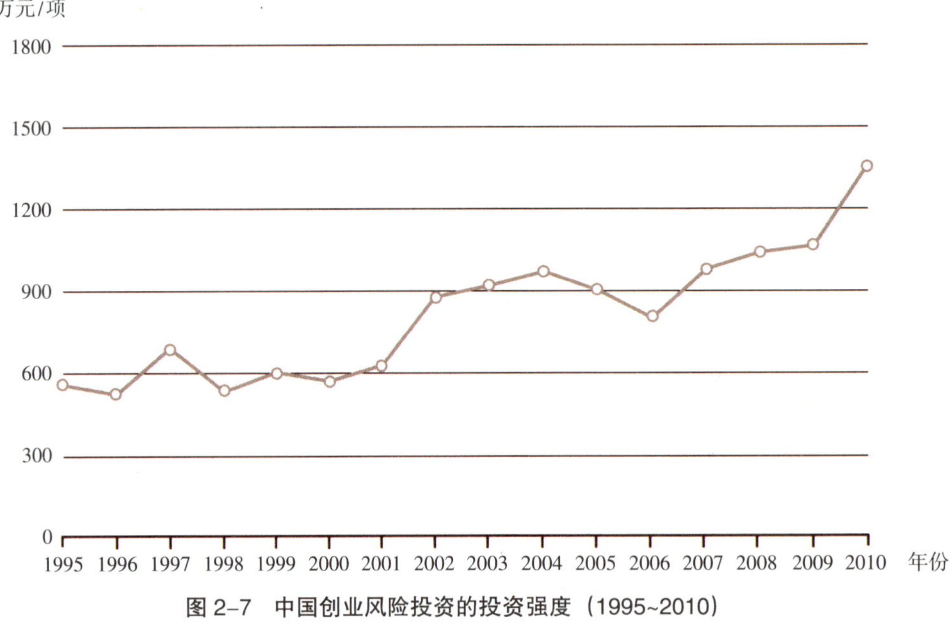

图 2-7 中国创业风险投资的投资强度（1995~2010）

① 有效样本数为 1816 份。

表 2-12 中国创业风险投资不同行业的投资强度平均投资额（2003~2010） 单位：万元/项

行业＼年份	2003	2004	2005	2006	2007	2008	2009	2010
资源开发工业	1496.7	1615.5	1058.3	2979.2	1037.6	1850.5	1211.0	1633.2
医药保健	402.3	976.5	635.7	541.7	884.0	678.8	1052.5	1409.3
新能源 / 高效节能技术	460.4	2026.4	1649.4	915.1	1152.4	1447.4	1156.6	1302.8
新材料工业	615.8	974.8	638.5	703.8	938.3	867.6	1212.9	1376.6
消费产品和服务	212.5	277.9	533.9	1190.5	1010.6	1774.1	1435.8	2463.2
网络产业	1082.8	522.2	1077.4	559.3	309.0	1186.7	805.5	925.8
通讯	1705.4	1011.9	486.8	1087.0	964.9	580.8	671.0	726.0
生物科技	712.6	722.6	950.9	660.4	594.0	878.0	612.0	805.1
软件产业	328.7	634.2	315.0	763.1	979.1	732.4	788.4	756.2
其他行业	652.6	699.6	1124.0	701.7	1089.0	1155.6	1189.9	1542.2
其他 IT 产业	481.2	769.0	972.9	800.3	696.5	942.3	827.4	980.7
农业	1960.4	1921.1	380.0	913.6	1411.2	1327.8	1580.6	2054.7
媒体和娱乐业	465.0	1313.8	1009.4	474.3	765.7	671.5	1437.6	1413.1
零售和批发	1083.3	102.3	—	304.6	1273.1	30.0	1673.3	1988.2
科技服务	477.3	293.5	531.8	529.7	456.4	600.8	785.9	1400.8
金融服务	782.2	2311.7	1178.1	843.5	1498.1	1537.0	1964.0	1326.1
计算机硬件产业	125.2	532.5	642.5	365.0	840.4	782.1	495.0	997.3
环保工程	298.6	390.2	1095.8	567.8	982.2	760.8	893.7	1501.4
核应用技术	760.0	—	700.0	—	—	—	1200.0	—
光电子与光机电一体化	407.8	619.4	466.1	788.8	670.3	898.9	879.1	1075.8
传统制造业	593.9	668.2	1250.9	1316.0	1286.5	1320.7	1481.1	2057.8
半导体	1310.3	1011.9	3100.6	861.7	626.4	1407.6	688.7	895.4
IT 服务业	649.9	980.8	1002.2	506.0	607.3	791.0	609.1	1002.1

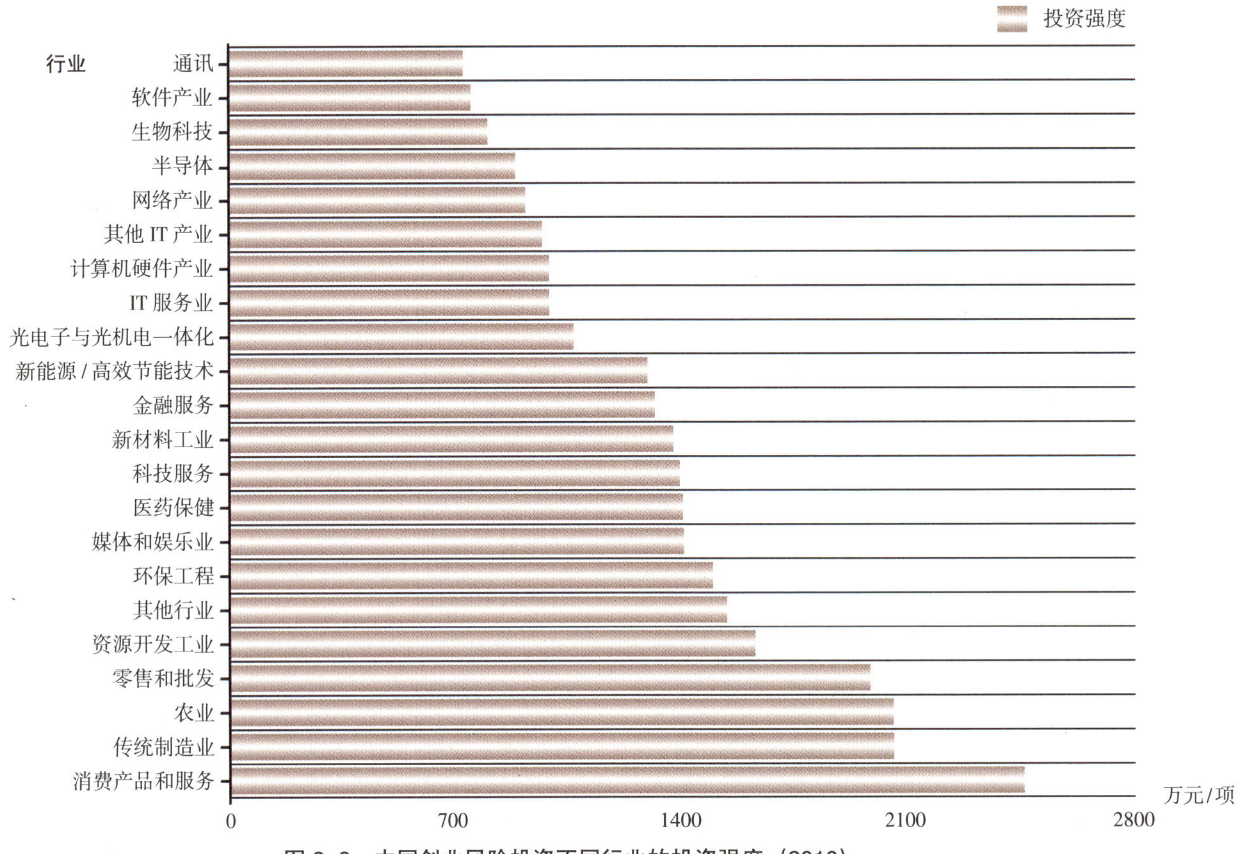

图 2-8 中国创业风险投资不同行业的投资强度（2010）

2.3.2 中国创业风险投资机构单项投资规模分布[①]

2010 年中国创业风险投资机构单项投资金额保持着与近几年来大致相同的分布态势，但是分布的波动幅度较去年明显。其中，2000 万元以上的投资项目所占比例最大，达 23.2%，其次为 1000 万~2000 万元，单项投资 100 万元以下的投资项目较去年有所上升，100 万~500 万元项目比去年有较大幅度下降（见表 2-13、图 2-9）。

表 2-13 中国创业风险投资机构单项投资金额分布（2003~2010） 单位：%

年份 \ 金额（万元）	100 以下	100~300	300~500	500~1000	1000~2000	2000 以上
2003	22.4	22.6	16.5	14.7	12.8	11.0
2004	25.5	14.6	15.8	18.5	12.2	13.4
2005	23.9	19.7	15.5	20.0	11.0	9.0
2006	24.1	25.1	9.0	19.3	12.0	10.5
2007	16.1	17.6	18.3	18.1	17.4	12.5
2008	17.1	22.0	11.7	15.0	18.9	15.2
2009	11.7	22.4	12.6	20.3	17.3	15.7
2010	13.4	15.5	8.9	17.5	21.5	23.2

① 有效样本数为 1816 份。

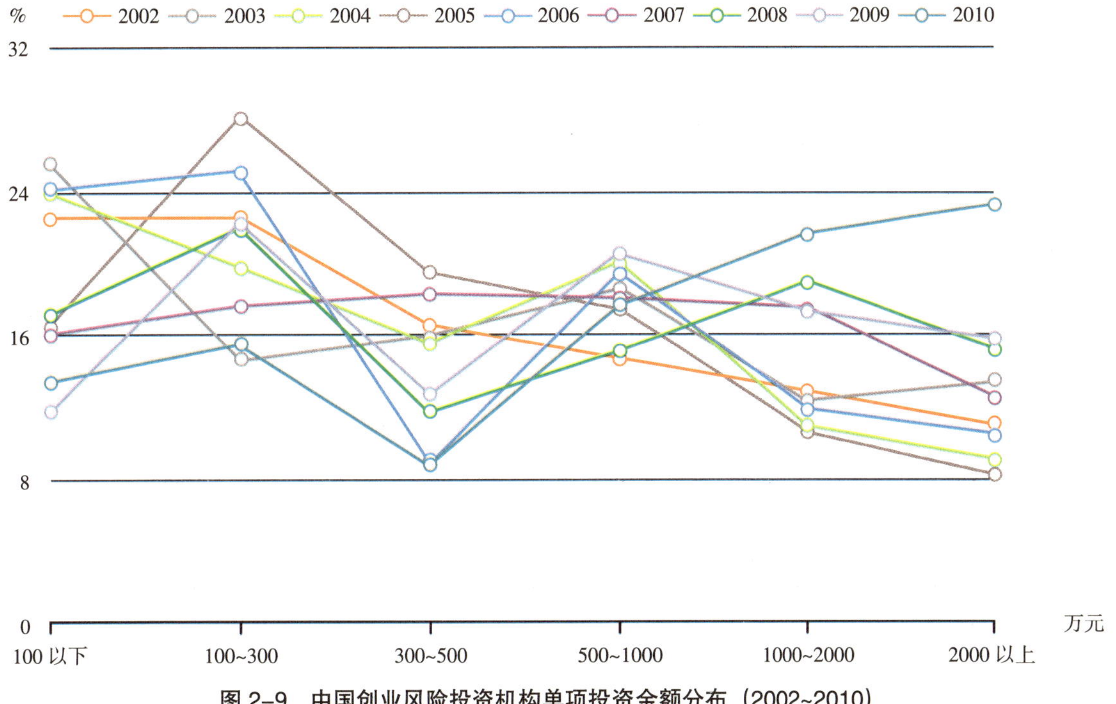

图 2-9 中国创业风险投资机构单项投资金额分布（2002~2010）

2.3.3 中国创业风险投资的投资策略（联合投资）

从投资方式上看，2010 年 500 万元以下的联合投资项目所占的比例降低，500 万元以上的联合投资项目所占的比例上升，包括各类投资公司以及创业风险投资机构在内的其他投资主体进行的联合投资。其中 2000 万元以上的联合投资的项目比例较高，占 27.20%。这说明，联合投资的策略在被投资项目处于规模化投资期间较多被采用，这也是相比历年联合投资项目金额变化最大的区间（见表 2-14、图 2-10、表 2-15、图 2-11）。

表 2-14 中国创业风险投资联合投资的单项投资金额分布（2003~2010）① 单位：%

金额（万元） 年份	100 以下	100~500	500~1000	1000~2000	2000 以上
2003	15.9	27.1	17.1	12.9	27.0
2004	17.0	29.8	17.7	13.5	22.0
2005	16.5	24.1	19.5	15.0	24.9
2006	13.6	50.0	15.9	11.4	9.1
2007	9.1	39.4	9.1	30.3	12.1
2008	19.0	31.6	13.9	20.3	15.2
2009	13.0	28.0	21.0	19.0	19.0
2010	10.3	15.4	24.1	23.1	27.2

① 有效样本数为 195 份。

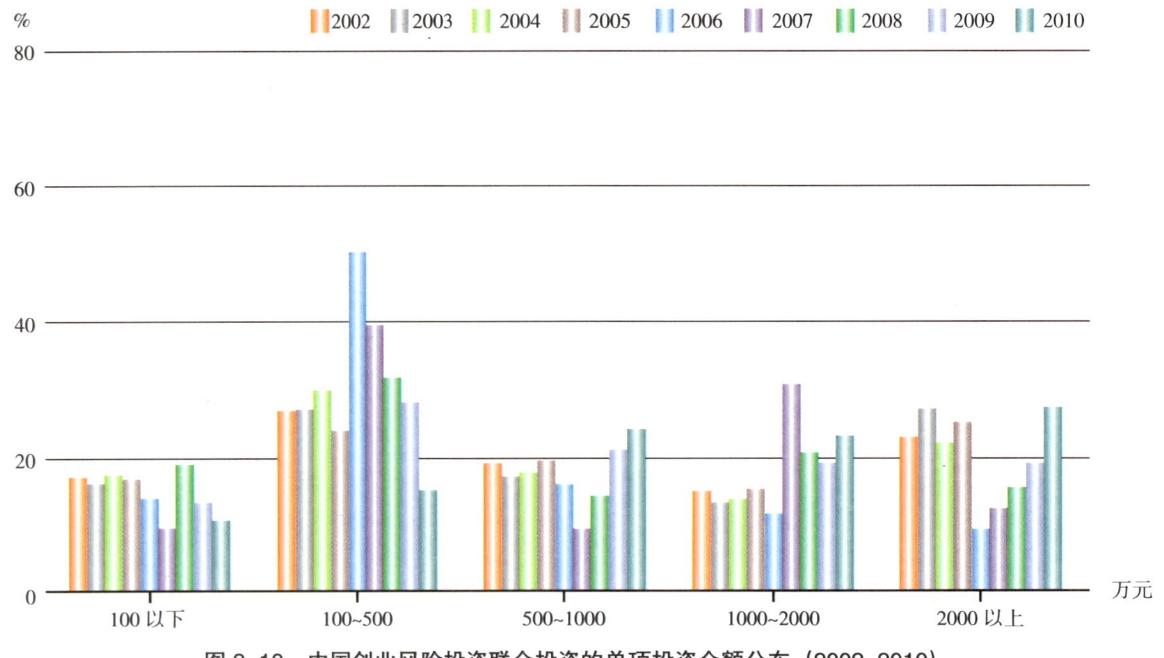

图 2-10 中国创业风险投资联合投资的单项投资金额分布（2002~2010）

表 2-15 中国创业风险投资机构与其他类型投资机构的联合投资（2010）① 单位：%

投资额分布 \ 金额（万元）	100 以下	100~300	300~500	500~1000	1000~2000	2000 以上
创业风险投资机构的投资额	0.6	2.6	3.3	10.2	25.6	57.6
其他类型投资机构的投资额	0.4	1.5	1.5	13.1	23.1	60.4

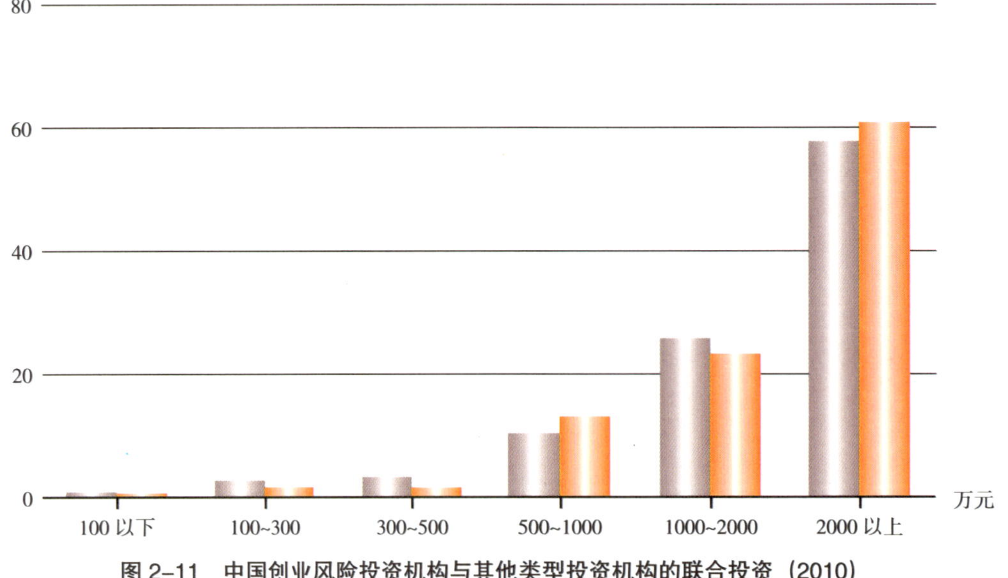

图 2-11 中国创业风险投资机构与其他类型投资机构的联合投资（2010）

① 创业风险投资机构有效样本数为 1541 份；其他类型投资机构有效样本数为 195 份。

2.4 中国创业风险投资的首轮投资与后续投资

2010年，中国创业风险投资项目属于首轮投资和后续投资的分别占86.2%和13.8%，绝大多数投资都是首轮投资，基本延续了前几年投资轮次的格局。2010年，中国创业风险投资的后续投资比例有所减少（见表2-16、图2-12）。

表2-16　中国创业风险投资的首轮投资和后续投资（2003~2010）①　单位：%

年份	2003	2004	2005	2006	2007	2008	2009	2010
首轮投资	72.1	67.2	70.8	77.0	83.1	84.5	82.7	86.2
后续投资	27.9	32.8	29.2	23.0	16.9	15.5	17.3	13.8

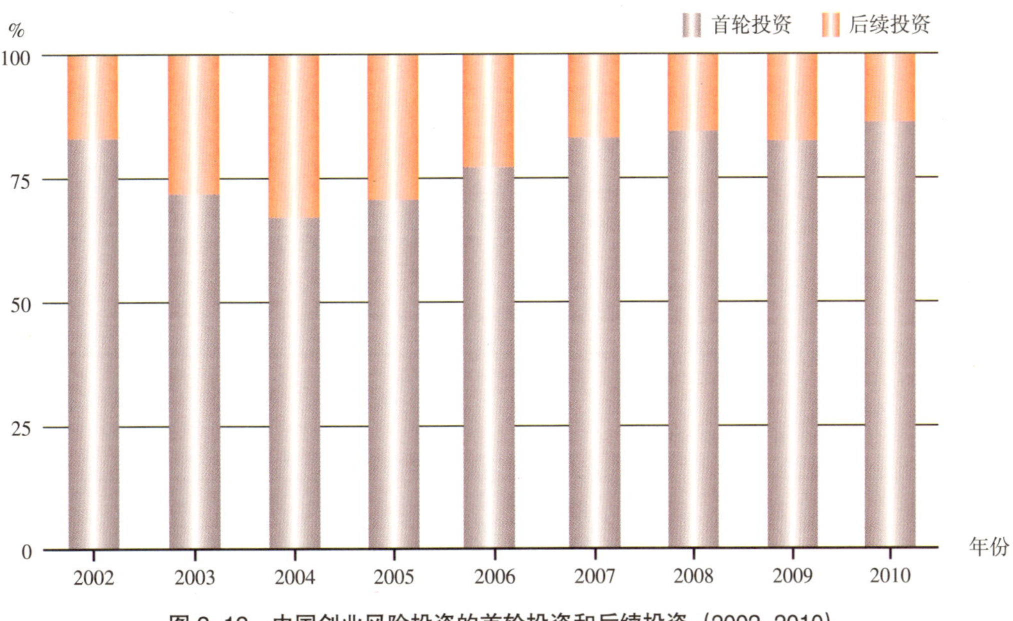

图2-12　中国创业风险投资的首轮投资和后续投资（2002~2010）

① 有效样本数为1408份。

2.5 中国创业风险投资机构持股结构

中国创业风险投资机构的股权结构呈多元化趋势，但是参股和相对控股仍然是主要的投资方式，2010 年投资持股占比在 10%以下的项目所占比例高达 50.7%，较上年有较大幅度上升；持股比例在 10%~20%的项目所占比例较上年有所上升，其他类型的均有所下降（见表 2-17、图 2-13）。持股的趋势表明，不谋求控股的创业风险投资经营策略仍然占主导地位。虽然创业风险投资机构的单项强度不断走高，创业风险投资的投资额度增加，但是所占的股权比例却在下降。

表 2-17 中国创业风险投资机构持股结构分布（2003~2010）① 单位：%

年份 \ 股权比例（%）	10 以下	10~20	20~30	30~40	40~50	50 以上
2003	23.2	20.0	20.0	12.0	12.0	12.8
2004	22.2	19.4	17.2	12.2	8.2	20.8
2005	16.7	26.4	14.5	20.3	6.9	15.2
2006	24.9	24.6	20.0	12.3	6.0	10.9
2007	43.3	20.3	14.4	8.4	4.9	8.6
2008	42.7	23.5	10.9	8.6	6.1	7.7
2009	44.5	22.7	13.6	6.0	5.1	7.9
2010	50.7	25.0	10.8	6.1	3.1	3.7

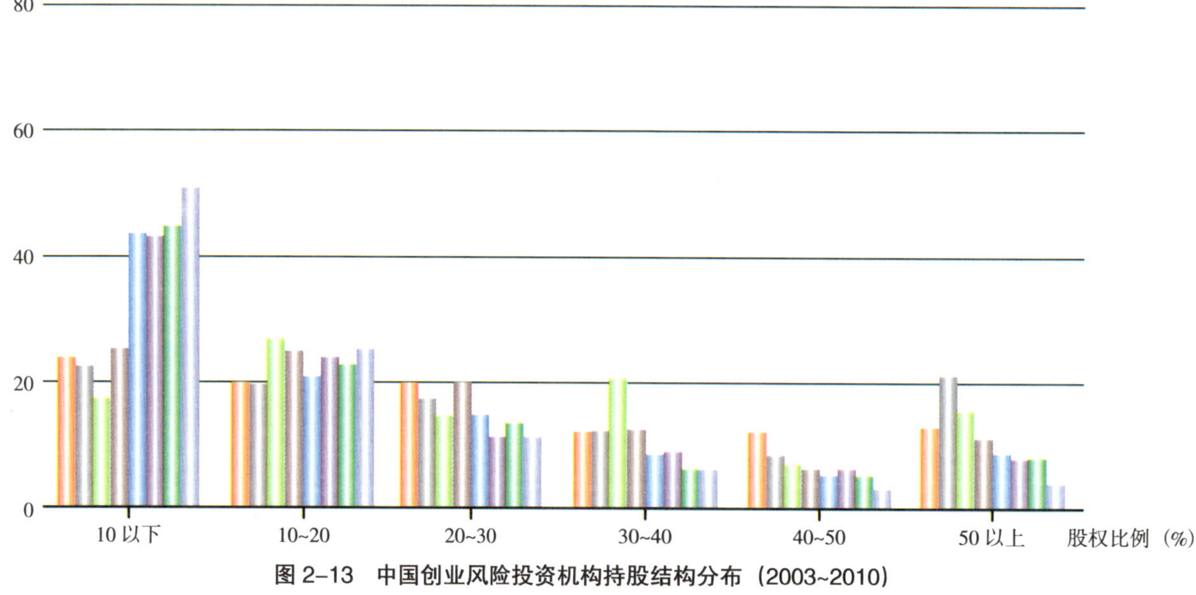

图 2-13 中国创业风险投资机构持股结构分布（2003~2010）

① 有效样本数为 1631 份。

2.6 中国创业风险投资项目的特征

2.6.1 中国创业风险投资项目的资本规模

就被投资机构的资本规模而言，2010 年规模在 500 万元以下和 5000 万元以上的企业是中国创业风险投资的重点对象。500 万元以下的中小企业投资项目的投资比例比 2009 年上升了 4.7 个百分点；资本规模在 3000 万~5000 万元的投资项目下降了 2.4 百分点；资本规模在 5000 万元以上的投资比例略有下降。总的看来，中国创业风险投资项目规模分布的基本趋势是对中小企业投资有所增加，同时也较关注大型项目，其他的比例大致稳定（见表 2-18、图 2-14），这种情形与被投资项目所处的宏观经济环境是密切关联的。

表 2-18 中国创业风险投资项目的实收资本规模分布（2003~2010）① 单位：%

资本规模（万元）/ 年份	500 以下	500~1000	1000~3000	3000~5000	5000 以上
2003	25.8	15.9	27.0	12.3	19.0
2004	27.1	17.1	24.3	9.9	21.6
2005	34.4	12.8	26.1	8.9	17.8
2006	28.2	13.2	27.8	14.1	16.7
2007	26.7	12.8	20.3	13.1	26.7
2008	18.9	15.7	26.5	12.2	26.7
2009	21.6	13.9	23.5	15.4	25.6
2010	26.3	12.4	23.4	13.0	24.6

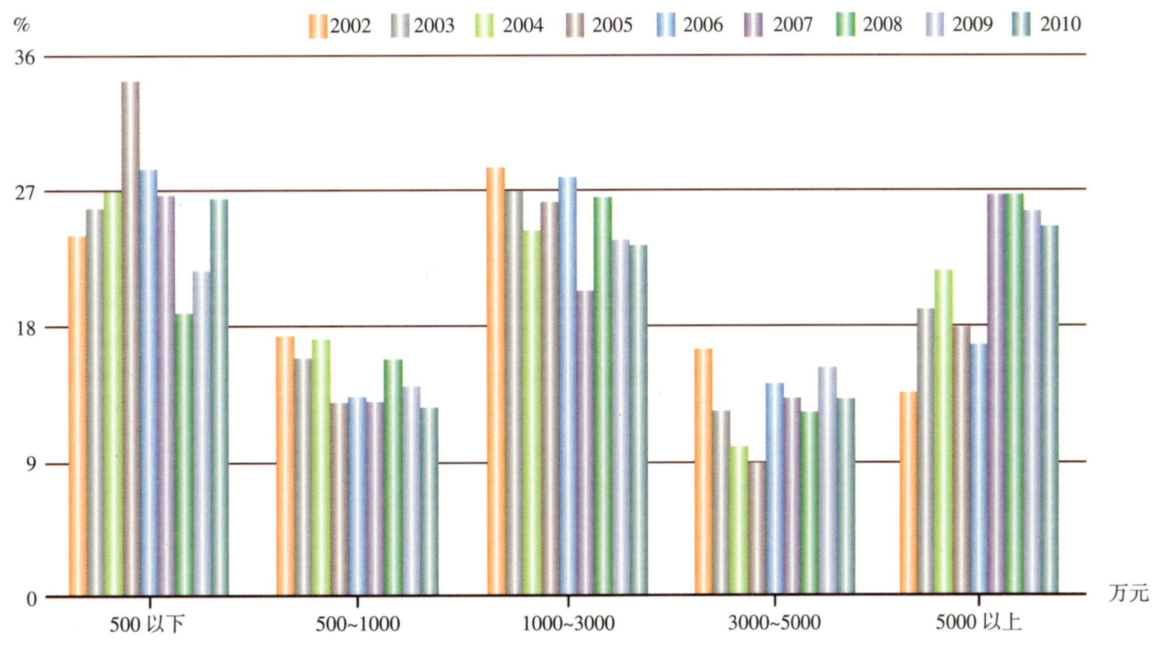

图 2-14 中国创业风险投资项目的实收资本规模分布（2002~2010）

① 有效样本数为 1113 份。

2.6.2 中国创业风险投资项目的雇员规模

50 人以下的小企业是 2010 年创业风险投资的主要对象，占比 43.5%，其中，10~50 人的小企业是创业风险投资机构最感兴趣的投资对象，但与去年相比，占比有所下降。值得注意的是，雇员规模在 200 人以上的项目所占的比例上升最快，这可能与创业风险投资的近期投资取向有关（见表 2-19、图 2-15）。

表 2-19 中国创业风险投资项目雇员规模分布（2003~2010）① 单位：%

年份 \ 雇员规模（人）	10 以下	10~50	50~100	100~150	150~200	200 以上
2003	19.8	41.1	13.2	3.5	3.9	18.5
2004	22.9	42.3	9.5	6.5	3.0	15.8
2005	17.7	37.1	13.7	7.4	7.4	16.7
2006	14.1	36.4	13.0	7.1	7.6	20.7
2007	14.7	26.1	12.9	8.5	7.0	30.1
2008	14.6	29.9	14.4	7.5	3.4	29.9
2009	21.8	36.7	9.8	6.2	4.8	19.9
2010	14.6	28.9	13.9	8.2	5.9	27.5

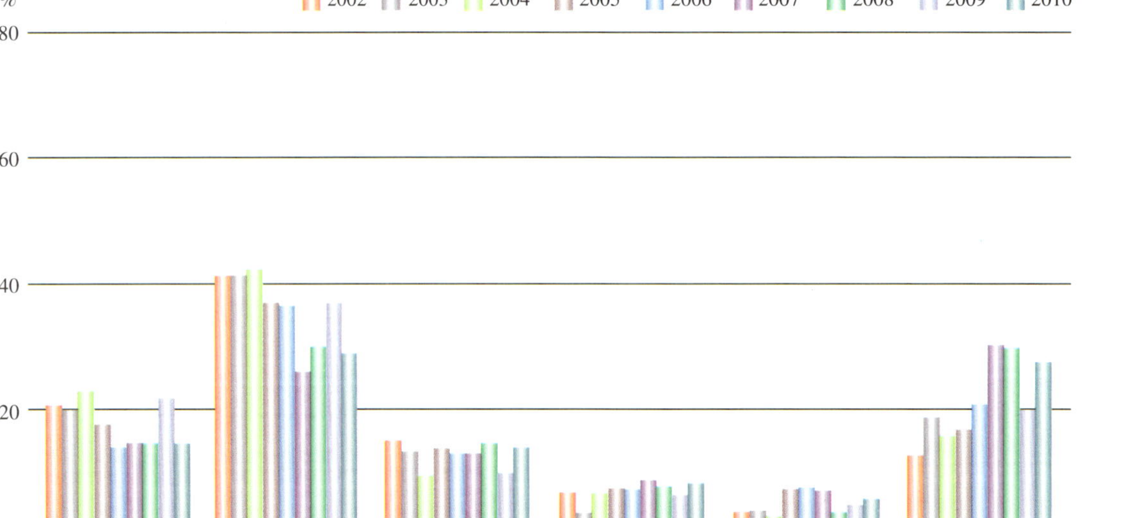

图 2-15 中国创业风险投资项目雇员规模分布（2002~2010）

① 有效样本数为 865 份。

2.6.3 中国创业风险投资项目的经营时间

从被投资机构的经营时间上看，成立时间在 5 年以上的企业被创业风险投资的比例大幅度上升。宏观经济基本面趋好，创业板和中小板的扩容，退出渠道不断完善，导致创业风险投资市场活跃，创业风险投资机构投资重心后移，因此增加了对成立时间在 5 年以上的企业投资（见表 2-20、图 2-16）。同时结合投资项目的注册资本金额、雇员分布情况可以发现，这三组数据对 2010 年中国创业风险投资行为的刻画是较为一致的。

表 2-20　中国创业风险投资项目经营时间分布（2003~2010）①　单位：%

年份＼经营时间（年）	1 以下	1~3	3~5	5 以上
2003	26.7	42.4	15.7	15.2
2004	27.7	36.4	20.1	15.8
2005	32.0	33.7	16.3	18.0
2006	18.8	32.1	16.5	32.6
2007	24.2	17.4	15.8	42.7
2008	17.3	24.3	19.0	39.4
2009	40.2	16.7	12.3	30.8
2010	13.6	28.8	13.6	43.9

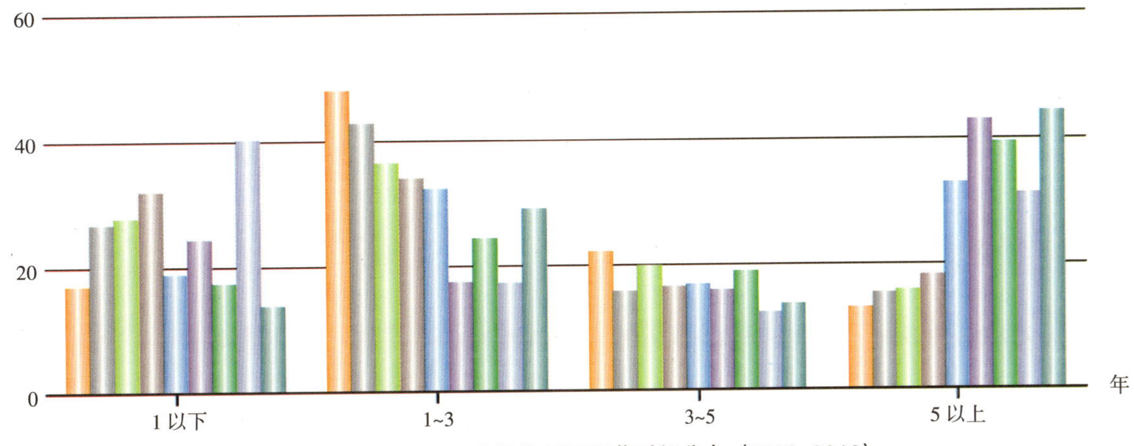

图 2-16　中国创业风险投资项目经营时间分布（2002~2010）

① 有效样本数为 1151 份。

3 中国创业风险投资的退出

3.1 中国创业风险投资退出的基本情况[①]

风险投资的成功退出是实现风险资本增值的基本前提，对风险投资活动的各方利益相关者而言至关重要。近年来，我国多层次资本市场体系逐步完善：2004 年 6 月，中小板市场开板；2006 年 1 月，中关村非上市公司代办股份转让系统试点工作正式启动；2009 年 9 月，创业板市场正式开启；2011 年，国际板有望推出。多层次资本市场体系的建设与不断完善，无疑进一步拓宽了创业风险投资的退出渠道。

2010 年，收入规模在 100 万元以下的项目比例，与收入规模在 2000 万元以上项目的比例均有不同程度的增长，而收入在 500 万~2000 万元之间的比例基本持平，收入在 100 万~500 万元之间的比例有所下降。

2005~2010 年，中国创业风险投资项目退出收入在 500 万元以下的项目所占比例分别为：66.4%、62.5%、65.1%、61.1%、54.3%、47.0%。可见，我国创业风险投资项目退出收入规模在 500 万元以下的分布逐年减少，而退出收入在 2000 万元以上的占比大体上逐年增多，总体呈现出退出项目规模增大的趋势（见表 3-1、图 3-1）。

表 3-1 中国创业风险投资项目退出的收入分布（2005~2010） 单位：%

收入规模（万元）/年份	100 以下	100~500	500~1000	1000~2000	2000 以上
2005	32.7	33.7	15.3	11.2	7.1
2006	38.9	23.6	9.7	12.5	15.3
2007	37.2	27.9	9.3	11.6	14.0
2008	36.5	24.6	11.1	9.5	18.3
2009	26.8	27.5	15.7	12.4	17.6
2010	27.3	19.7	13.7	13.7	25.7

① 有效样本数为 212 份。

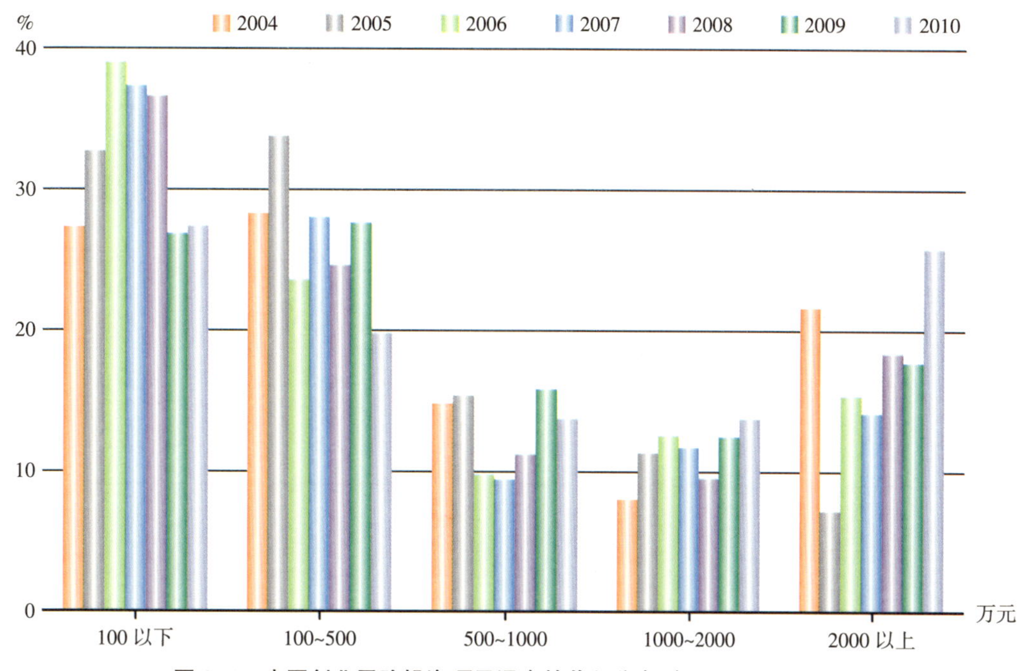

图 3-1 中国创业风险投资项目退出的收入分布（2004~2010）

3.2 中国创业风险投资的退出方式①

3.2.1 中国创业风险投资的主要退出方式

风险投资退出主要采取四种方式：企业首次公开发行（IPO）、企业兼并和收购（M&A）、股权回购、公司清算。通常认为，上市退出是风险投资退出最理想的方式，其收益率较高，并且往往能掌握企业的控制权，有利于激励核心层考虑企业长远发展；并购退出的投资收回最迅速、操作便捷，并且可选择股票交换作为支付形式，可减少收购方的财务压力；股权回购方式作为一种备用手段是风险投资能够收回的基本保障，其优势在于，这种方式可将外部股权全部内部化，使创业企业保持充分的独立性；清算退出则是在风险投资失败时减小并停止投资损失的有效方法。

2010 年，通过回购实现退出的方式依然是我国创业风险投资业最主要的退出方式，占比 32.80%，较 2009 年有所下降。尤其关注的是，上市退出的比例再创历史新高，较 2009 年提高 4.5 个百分点，达到 29.80%，这与我国近年来多层次资本市场的不断完善，特别是 2009 年创业板市场的开启，从而有效优化了创业风险投资的退出环境密不可分（见表 3-2、图 3-2）。

① 有效样本数为 262 份。

表 3-2　中国创业风险投资的退出方式分布（2004~2010）　单位：%

年份 \ 退出方式	上市	并购	回购	清算	其他
2004	12.4	55.3	27.6	4.7	0.0
2005	11.9	44.4	33.3	10.4	0.0
2006	12.7	28.4	30.4	7.8	20.6
2007	24.2	29.0	27.4	5.6	13.7
2008	22.7	23.2	34.8	9.2	10.1
2009	25.3	33.0	35.3	6.3	0.0
2010	29.8	28.6	32.8	6.9	0.0

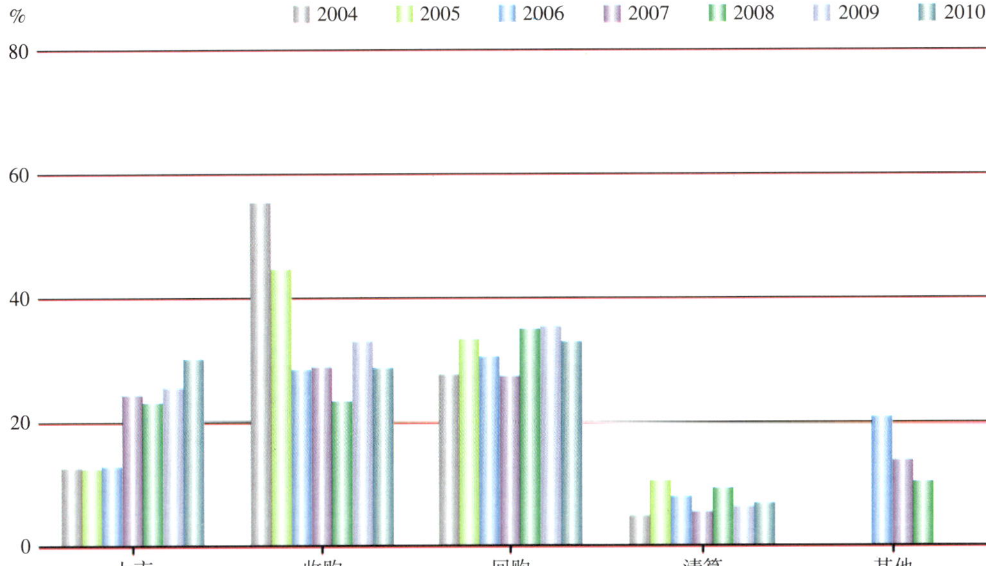

图 3-2　中国创业风险投资的退出方式分布（2004~2010）

3.2.2　中国创业风险投资的主要 IPO 退出渠道

目前，我国多层次资本市场已初步形成主板、中小板、创业板以及代办股份转让系统的构架。据历年统计显示，我国内资创投扶持的企业主要以境内上市为主，外资创投主要以境外退出为主。

2010 年，我国风险投资 IPO 的企业超过 200 家，其中，44.0%的创投机构选择境内中小板上市退出；37.3%的创投机构通过创业板实现上市退出；16.0%的企业通过境内主板上市退出；通过境外上市退出的仅占 2.7%（见表 3-3、图 3-3）。可见，我国创业风险投资企业主要以扶持中小企业为主，中小板及创业板成为企业上市退出的主要渠道。

表 3-3 中国创业风险投资 IPO 分布（2010）

退出方式	境内创业板上市	境内中小板上市	境内主板上市	境外创业板上市
所占比例（%）	37.3	44.0	16.0	2.7

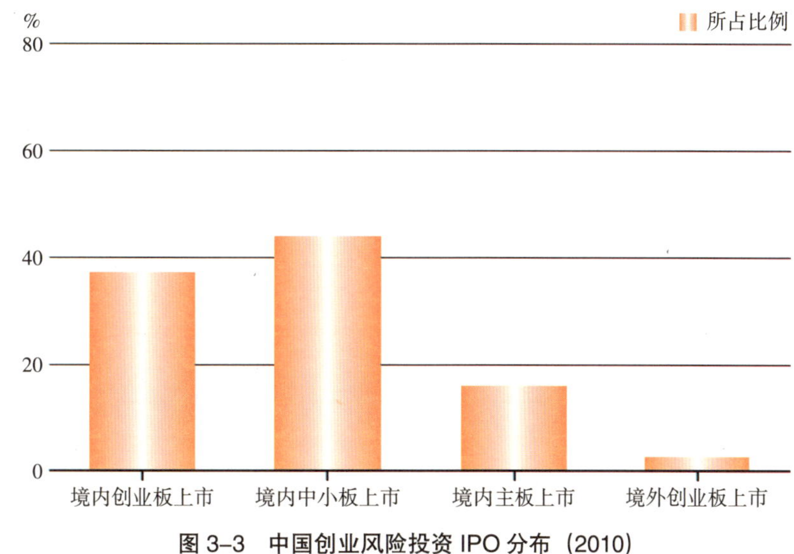

图 3-3 中国创业风险投资 IPO 分布（2010）

3.3 中国创业风险投资退出项目的行业分布①

2010 年，中国创业风险投资实现项目退出最多的 10 个行业为：新材料工业（14.6%）、其他行业（11.4%）、软件产业（7.9%）、传统制造业（7.9%）、新能源/高效节能技术（7.1%）、医药保健（7.1%）、光电子与光机电一体化（6.7%）、通讯（4.7%）、农业（4.7%）、生物科技（3.9%），10 个行业中实现退出的项目占全部退出项目的 76.0%（见图 3-4）。

① 有效样本数为 254 份。

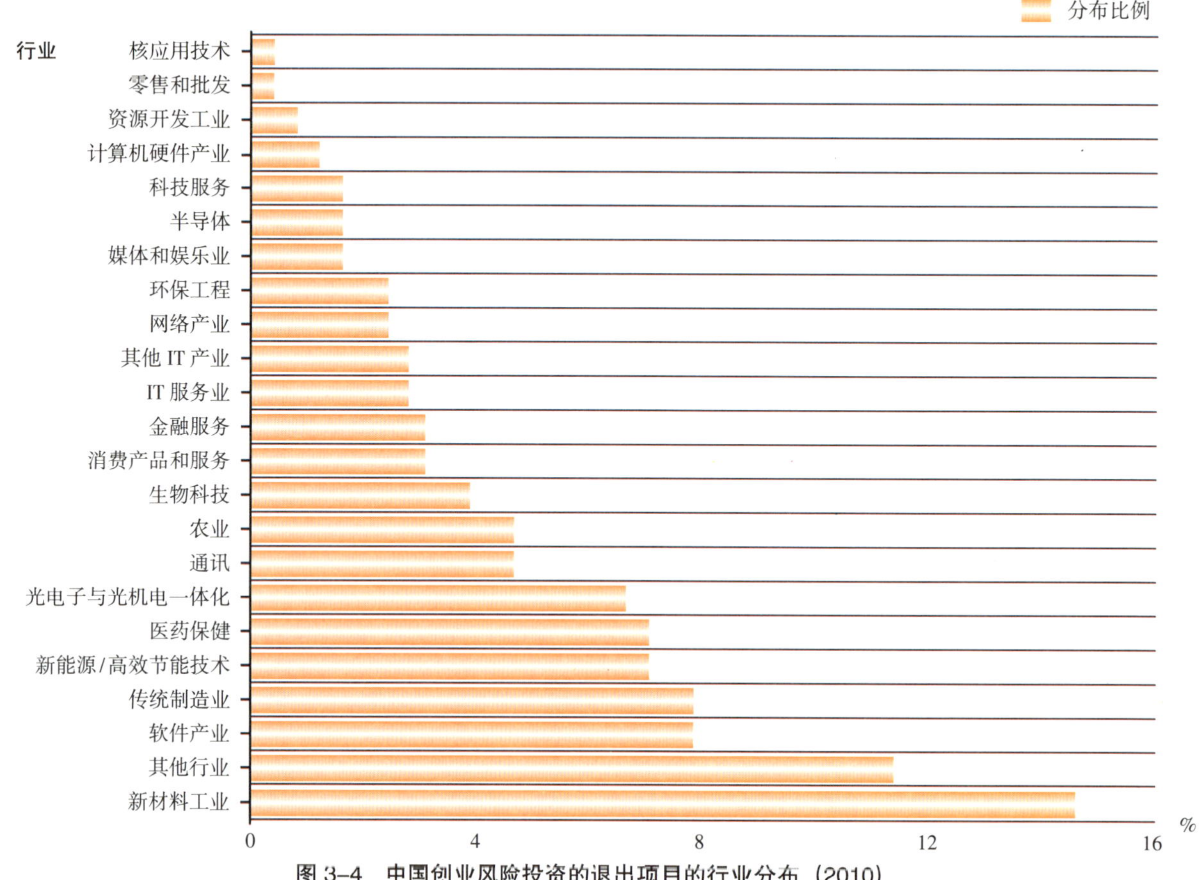

图 3-4 中国创业风险投资的退出项目的行业分布（2010）

通过 2004~2010 年十大退出行业的数据对比看出（表 3-4）：前十大行业在历年的退出中基本占到 70%以上的比例，这表明中国创业风险投资退出项目的行业分布具有相对的稳定性，行业集中度较高。

2010 年，从单个行业退出项目所占的比例来看，一个明显的变化趋势是：VC 投资进一步向战略性新兴产业聚焦，其中，新材料工业、新能源/高效节能技术、医药保健、光电子与光机电一体化等行业的退出比例均较 2009 年大幅上升，而传统制造业、软件产业、生物科技、IT 服务业等则有不同程度的下降。

表 3-4　　中国创业风险投资的退出项目的行业分布（2004~2010）　　单位：%

年份	2004	2005	2006	2007	2008	2009	2010
新材料工业	5.8	6.9	10.8	7.3	5.3	7.7	14.6
其他行业	0.0	6.9	16.7	14.5	10.6	9.5	11.4
软件产业	16.5	6.0	7.8	27.4	16.9	18.1	7.9
传统制造业	9.7	12.9	6.9	8.1	13.0	12.2	7.9
新能源/高效节能技术	0.0	0.0	1.0	3.2	1.4	1.8	7.1
医药保健	9.7	8.6	7.8	8.1	6.3	4.5	7.1
光电子与光机电一体化	9.7	4.3	3.9	5.6	8.7	4.1	6.7
通讯	3.9	9.5	5.9	0.8	3.9	7.7	4.7
农业	4.9	0.0	1.0	0.0	2.4	1.4	4.7
生物科技	5.8	9.5	7.8	10.5	9.2	4.5	3.9

续表

年份	2004	2005	2006	2007	2008	2009	2010
金融服务	0.0	0.0	4.9	0.8	2.4	2.7	3.1
消费产品和服务	0.0	0.0	2.0	1.6	1.0	1.8	3.1
IT 服务业	13.6	7.8	1.0	2.4	1.4	3.6	2.8
其他 IT 产业	0.0	4.3	2.9	0.0	4.3	3.6	2.8
环保工程	0.0	0.0	2.9	1.6	2.9	2.7	2.4
网络产业	0.0	0.0	2.0	2.4	1.9	1.4	2.4
半导体	0.0	0.0	5.9	1.6	2.4	3.6	1.6
科技服务	3.9	0.0	2.9	1.6	3.4	2.7	1.6
媒体和娱乐业	0.0	0.0	1.0	0.8	0.5	0.9	1.6
计算机硬件产业	0.0	0.0	2.9	0.8	1.0	2.7	1.2
资源开发工业	0.0	0.0	1.0	0.0	0.0	0.5	0.8
核应用技术	0.0	0.0	1.0	0.8	0.5	0.5	0.4
零售和批发	0.0	0.0	0.0	0.0	0.5	1.8	0.4

3.4 中国创业风险投资退出项目的地区分布①

2010 年，中国创业风险投资退出项目的地区分布总体上沿袭了以往的“东强西弱”的走势，东部地区因创业风险投资发展相对成熟，江苏、浙江、广东等地区在项目退出方面长期处于领先地位，尤其是，江苏省仍继续保持退出最多的地位，实现退出比例占 26.6%。

2010 年，一个明显的变化趋势是，创业投资开始向中西部地区辐射，如湖北、湖南、新疆等地区也在营造风险投资退出环境方面取得了一些成效，退出分布比例有较大幅度提升。

2005~2010 年间，每年中国创业风险投资退出项目的地区分布前 10 名所占的比例之和分别为：77.8%、80.9%、79.2%、86.0%、86.8%、85.7%，在一定程度上表明，中国创业风险投资项目退出的“地区聚集”现象仍然非常显著（见表 3-5、图 3-5）。

① 有效样本数为 233 份。

表 3–5　　中国创业风险投资的退出项目的地区分布前 10 名（2005~2010）　　单位：%

2005 年	地区	上海	江苏	深圳	山东	北京	海南	湖北	浙江	河北	四川
	比例	18.9	11.5	9.8	6.6	5.7	5.7	5.7	5.7	4.1	4.1
2006 年	地区	广东	江苏	浙江	上海	北京	黑龙江	深圳	陕西	安徽	四川
	比例	16.0	11.7	11.7	9.6	8.5	7.4	6.4	5.3	4.3	4.3
2007 年	地区	江苏	上海	广东	浙江	山东	湖北	安徽	云南	山西	辽宁
	比例	24.2	11.0	9.9	5.5	5.5	5.5	4.4	4.4	4.4	4.4
2008 年	地区	江苏	广东	上海	浙江	山东	安徽	湖南	北京	湖北	四川
	比例	15.9	14.0	13.4	10.8	6.4	6.4	5.7	5.1	4.5	3.8
2009 年	地区	江苏	广东	浙江	北京	陕西	安徽	上海	四川	湖北	天津
	比例	26.4	17.4	10.0	7.5	5.5	5.0	4.5	4.0	3.5	3.0
2010 年	地区	江苏	湖北	广东	浙江	上海	山东	北京	新疆	湖南	天津
	比例	26.6	16.7	12.4	9.0	6.4	3.4	3.0	3.0	2.6	2.6

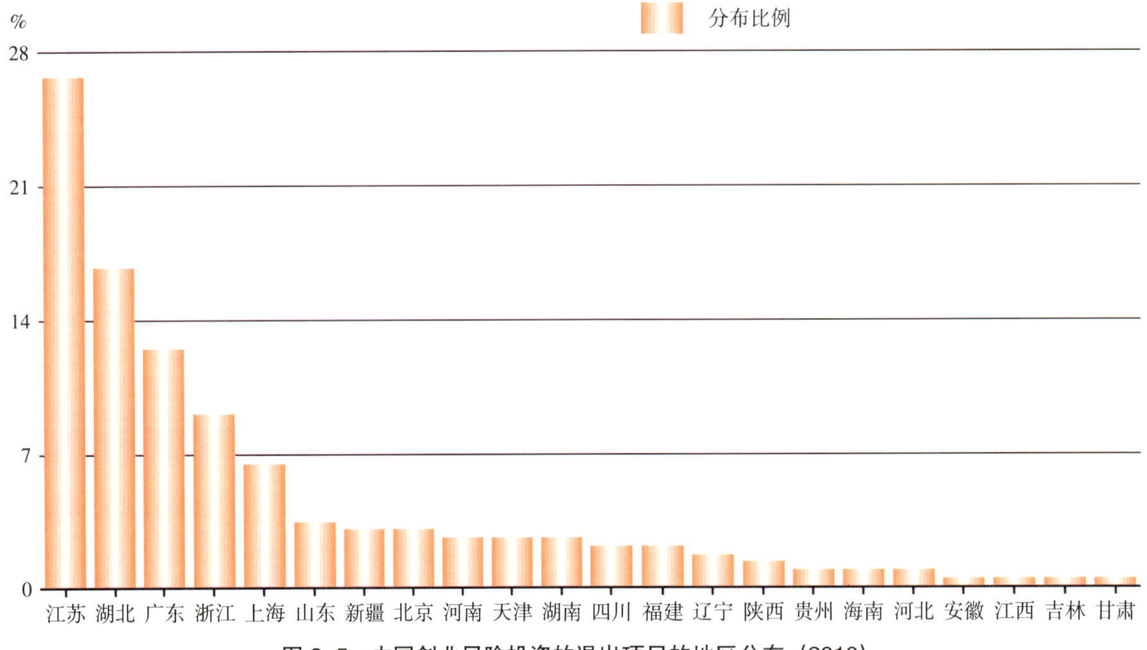

图 3–5　中国创业风险投资的退出项目的地区分布（2010）

3.5 中国创业风险投资项目的退出效果

3.5.1 中国创业风险投资项目退出的总体绩效表现

整体上，我国创业风险投资退出项目的投资收益率呈上升态势（见表 3-6、图 3-6），尤其是，2010 年我国创业风险投资退出环境显著优化，项目退出平均收益率达 221.87%，明显好于 2009 年；年平均收益率达到 37.82%，达到历史最好水平。可见，随着创业风险投资环境的日益优化和内部管理能力的提升，我国创投机构的盈利能力正不断增强。

表 3-6 中国创业风险投资退出的投资收益率（2005~2010）① 单位：%

年份	2005	2006	2007	2008	2009	2010
平均收益率	58.80	56.62	77.12	240.36	144.89	221.87
年均收益率	4.54	4.66	4.32	32.68	19.33	37.82

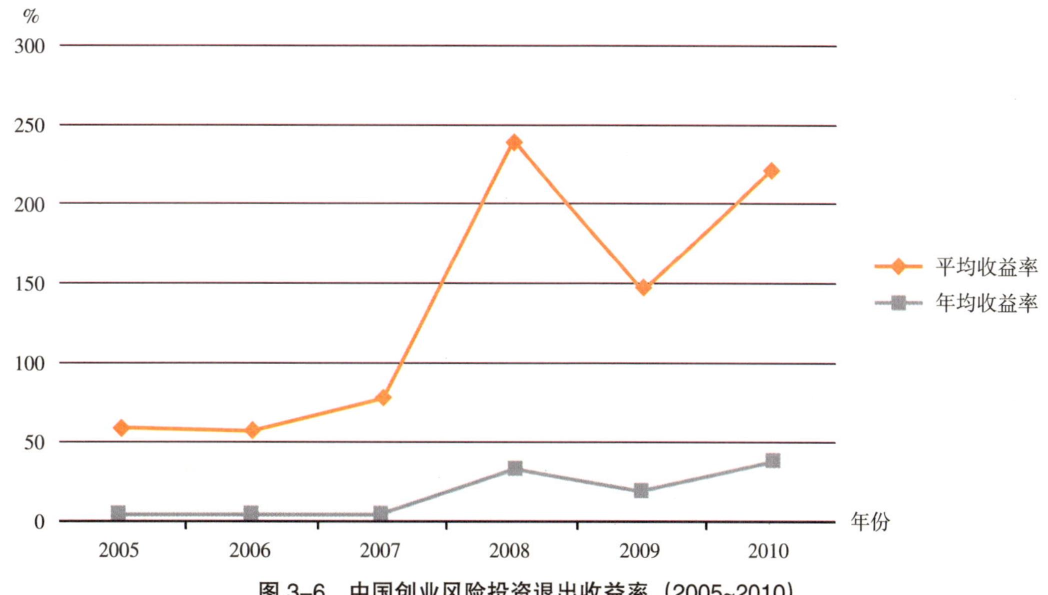

图 3-6 中国创业风险投资退出收益率（2005~2010）

① 有效样本数为 614 份。

据退出项目的投资收益分布情况显示：2010 年，中国创业风险投资退出的项目收益率呈现出两极分化的现象，全年仍有 63.2%处于亏损状态，与往年趋同；收益率在 0~15%的项目比例明显增多，占比 8.0%；收益率在 20%~50%的项目比例回到历史水平，占比 4.7%；收益率在 100%以上的项目也明显增多，占比 17.9%（见表 3-7、图 3-7）。

表 3-7　　中国创业风险投资退出收益率分布（2005~2010）①　　单位：%

年份 \ 退出收益率	亏损	0~15	15~20	20~50	50~100	100 以上
2005	58.1	4.3	5.4	5.4	8.6	18.3
2006	73.8	6.0	0.0	3.6	2.4	14.2
2007	61.2	9.2	5.1	6.1	8.2	10.2
2008	65.1	3.4	1.4	4.1	8.9	17.1
2009	63.0	4.8	3.2	10.6	4.2	14.3
2010	63.2	8.0	1.9	4.7	4.2	17.9

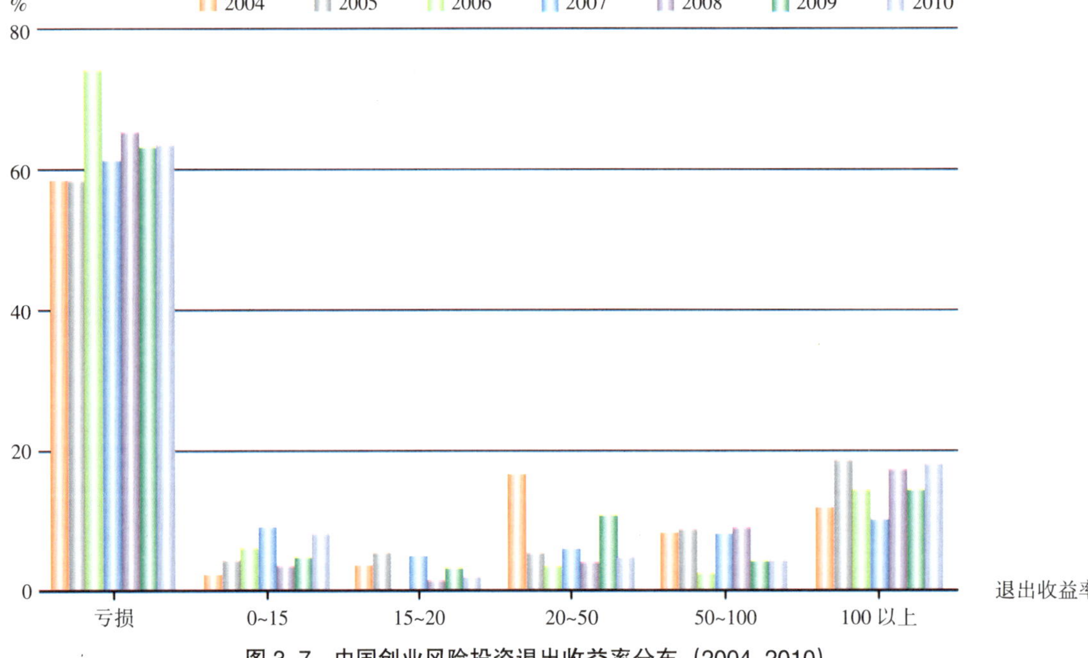

图 3-7　中国创业风险投资退出收益率分布（2004~2010）

① 有效样本数为 212 份。

3.5.2 中国创业风险投资不同退出方式的绩效表现

分析不同退出渠道的绩效表现：2005~2010 年间，上市退出的收益最为可观，投资收益约为投资总额的 5 倍，最高实现收益高达 9 倍；并购退出收益其次，平均约占 11.6%；由于存在并购企业价值被低估的情况，部分年份并购退出未能获得收益；在大部分情况下，股份回购未能实现收益，投资收入损失在 20%左右；而清算退出投资损失则多数超过 40%。可见，风险投资行业的投资收益主要由少数成功上市退出项目来实现，以弥补多数失败项目的损失（见表 3-8、图 3-8）。

2010 年，创业风险投资通过上市退出实现收益达到 501.41%，较前两年有所回落；但通过并购退出的项目实现了部分收益，收益率达 44.97%，明显好于往年，而回购退出项目与清算项目的收益则略好于往年。可见，我国风险投资市场日益趋于理性，退出收益结构更加合理。

表 3-8　　不同渠道的创业风险投资退出项目盈亏情况（2005~2010）①　　单位：%

年份 \ 退出渠道	上市	并购	回购	清算
2005	419.25	-20.56	20.53	-61.40
2006	491.45	27.35	-30.81	-53.63
2007	436.07	-15.37	-26.80	-42.63
2008	916.66	28.35	-41.98	-29.13
2009	627.47	4.74	-29.47	-42.66
2010	501.41	44.97	-21.19	-24.42

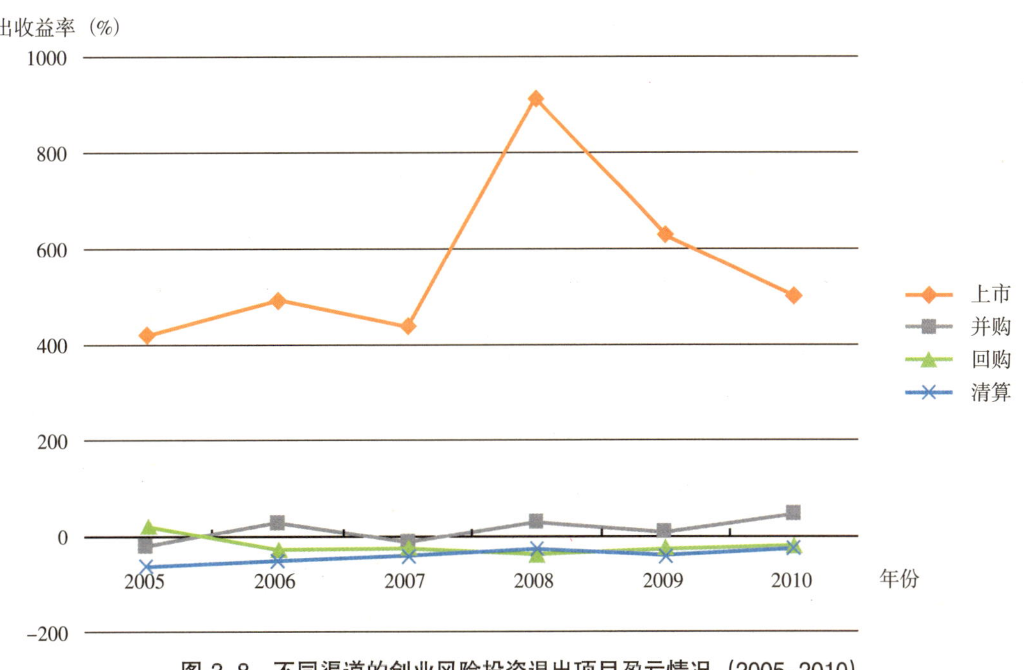

图 3-8　不同渠道的创业风险投资退出项目盈亏情况（2005~2010）

① 有效样本数为 719 份。

3.5.3 中国创业风险投资不同行业退出的绩效表现

总体上，创业风险投资行业的退出绩效呈现出“成三败七”的特点，投资退出盈利比例在 30%~40%之间。比较传统行业与高新技术行业的退出绩效可以看到，高新技术行业尽管面临着更高的投资风险，但投资盈利比例明显高于传统行业（见表 3-9、图 3-9、表 3-10、图 3-10）。

2006~2010 年，高新技术行业的盈亏比例相对稳定，传统行业的盈利比例有逐年增加的趋势。2010 年，高新技术行业盈利比例达到 38.97%，与传统行业相比，高出 4.6 个百分点。

表 3-9 高新技术行业创业风险投资退出项目盈亏状况（2006~2010）① 单位：%

状况＼年份	2006	2007	2008	2009	2010
盈利	23.64	41.43	37.86	39.06	38.97
亏损	76.36	58.57	62.14	60.94	61.03

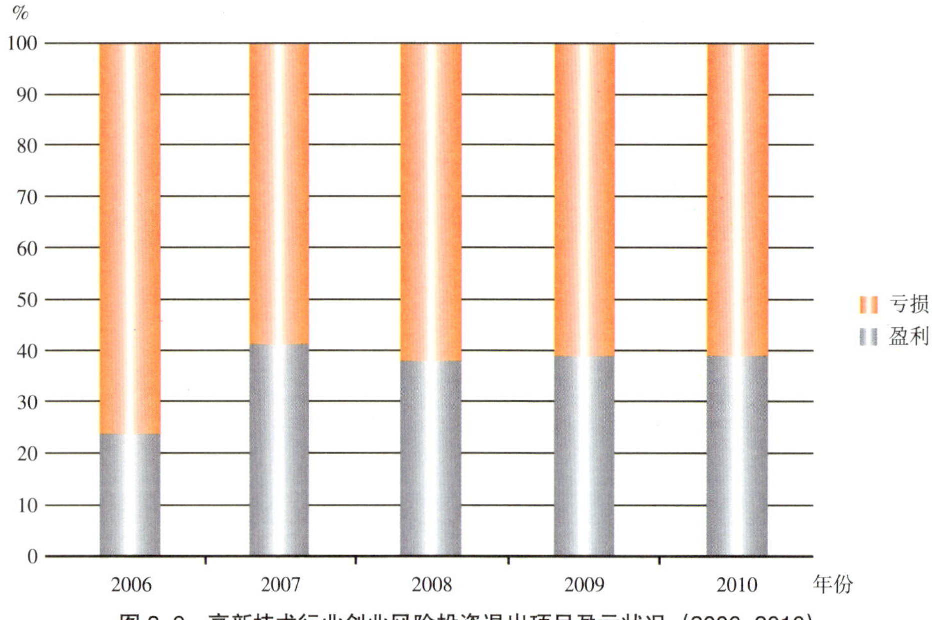

图 3-9 高新技术行业创业风险投资退出项目盈亏状况（2006~2010）

表 3-10 传统创业风险投资退出项目盈亏状况（2006~2010）② 单位：%

状况＼年份	2006	2007	2008	2009	2010
盈利	31.03	32.14	27.91	32.79	34.33
亏损	68.97	67.86	72.09	67.21	65.67

① 高新技术行业有效样本数为 136 份。
② 传统行业有效样本数为 67 份。

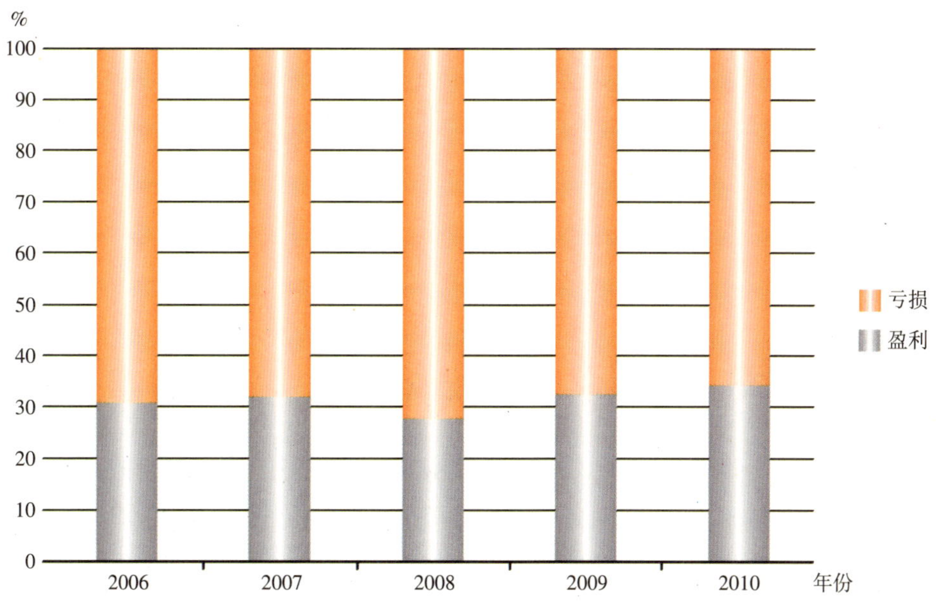

图 3-10　传统行业创业风险投资退出项目盈亏状况（2006~2010）

4 中国创业风险投资的绩效

4.1 中国创业风险投资机构的收入

4.1.1 中国创业风险投资机构的收入

2010 年，披露信息的 569 家创业风险投资机构，总收入达到 173.6 亿元，平均收入 3050 万元，较 2009 年提高 60%。统计显示，近年来中国创业风险投资机构的平均收入有明显增长，且增长速度显著提高（不包括受国际金融危机影响的 2009 年）（见表 4-1）。

表 4-1 中国创业风险投资机构的收入状况（2006~2010）

年 度	总收入（亿元）	披露信息机构数目（家）	平均收入（万元）
2006	22.9	151	1519.4
2007	22.9	150	1528.4
2008	72.1	236	3121.2
2009	61.1	321	1901.8
2010	173.6	569	3050.6

4.1.2 中国创业风险投资机构当年收入的最大来源①

据 2010 年统计调查显示（见图 4-1），中国创业风险投资机构中，有 34.4%的机构以股权收益为最大收入，与 2009 年相比略有上升；以分红为最大收入来源的创业风险投资机构占 14.1%，已出现连续三年下降；以管理（顾问）费和咨询服务收入为最大收入来源的创业风险投资机构比例均有上升，分别达到 21.1%和 11.4%；以其他收入为最大收入来源的创业风险投资机构占比为 19.0%。

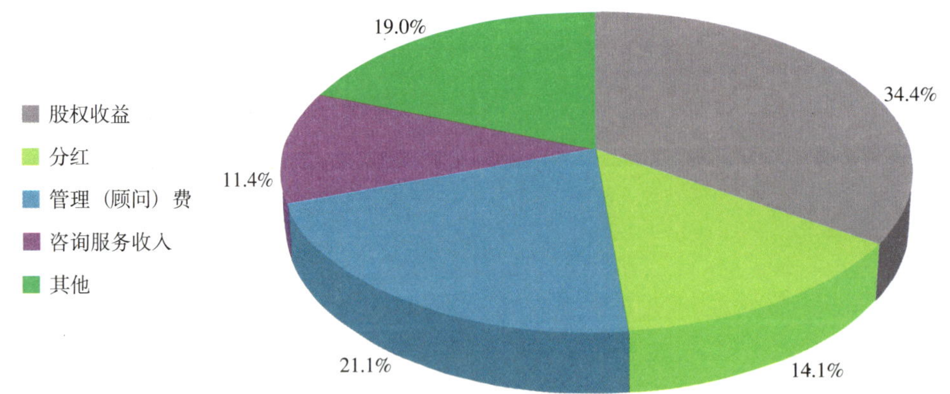

图 4-1 中国创业风险投资机构的最大收入来源（2010）

① 有效样本数为 668 份。

表 4-2 中国创业风险投资机构的最大收入来源（2006~2010） 单位：%

年份＼收入来源	股权收益	分红	管理（顾问）费	咨询服务费	其他
2006	31.5	28.7	5.6	16.1	18.1
2007	42.9	14.9	19.9	11.8	10.5
2008	44.0	23.4	12.0	10.5	10.1
2009	33.8	17.4	20.7	9.1	19.0
2010	34.4	14.1	21.1	11.4	19.0

2010 年，创业风险投资机构最大收入来源继续保持多元化的趋势，以管理（顾问）费和咨询服务费为最大收入来源的创业风险投资机构占比较前年有所提高，同时以股权收益和分红为最大收入来源的占比总体呈下降趋势，说明创业风险投资机构在推进创业风险投资活动的同时，充分利用自身在管理、咨询方面的优势，开展相关业务并取得较好的收效。

4.1.3 中国创业风险投资机构的收入来源结构

2010 年创业风险投资机构的收入中股权转让增值收入占 16.7%，分红收入占 18.6%，二者所占比重均超过上年，包括管理费、咨询费在内的其他收入比重虽然有所下降，但仍高达 64.7%（见图 4-2）。

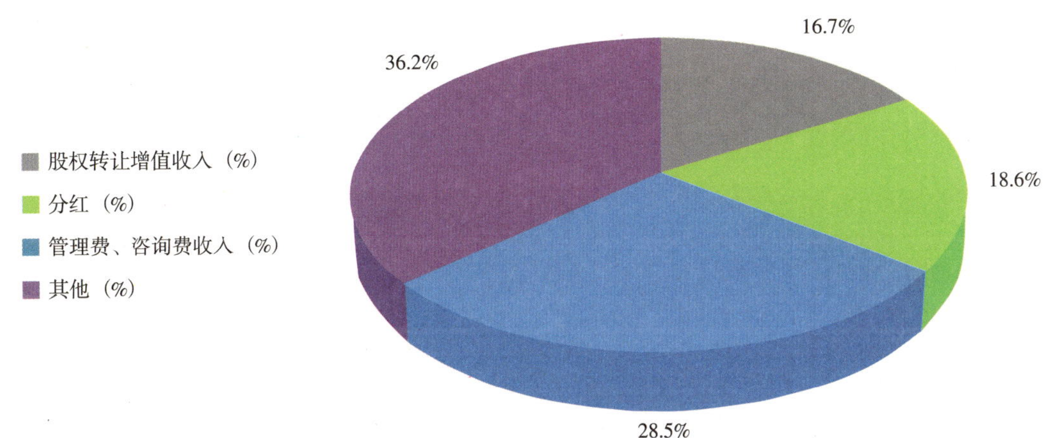

图 4-2 中国创业风险投资机构收入来源比例（2010）

与机构当年收入来源中 34.4%的企业最大收入来源为股权收益相比较，这种收入结构表明少部分以股权收入为最大收入来源的创业风险投资机构的收入水平要远高于那些以其他收入为最大来源的机构的平均收入。353 家收入大于零的创业风险投资机构的加权收入结构（见图 4-3）表明，整体上中国创业风险投资机构的收入结构中股权转让增值收入占比为 37.3%，其次是管理费、咨询费收入，占比为 31.8%，分红收入占比仅为 8.7%，其他收入占比为 22.3%。

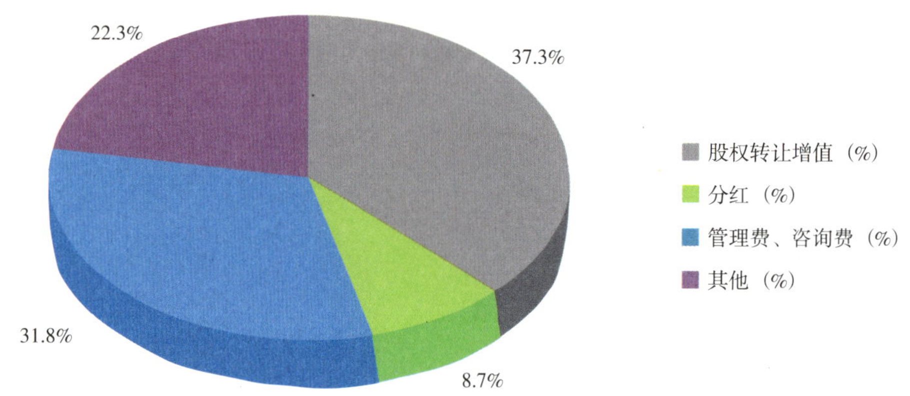

图 4-3 中国创业风险投资机构收入来源比例（加权平均，2010）

4.1.4 中国不同规模创业风险投资机构的收入特征[①]

2010 年，按机构规模从低到高，将创业风险投资机构划分为 5 类，统计不同规模创业风险投资机构的平均收入及不同规模机构收入占总收入的比重（见表 4-3），发现 2010 年创业风险投资机构收入分布具有以下特征：

表 4-3 中国创业风险投资机构收入的规模分布（2006~2010）

年份	机构规模（亿元）	<0.5	0.5~1	1~2	2~5	>5
2006	平均收入（万元）	1074.6	1543.8	1218.8	2765.8	4594.1
	占总收入比重（%）	16.1	26.9	15.7	18.4	22.9
2007	平均收入（万元）	412.0	12035.4	1151.4	2566.9	5870.4
	占总收入比重（%）	1.7	72.4	3.3	9.4	13.1
2008	平均收入（万元）	13258.6	1309.8	1040.4	30051.8	5777.1
	占总收入比重（%）	28.9	3.5	2.2	53.9	11.4
2009	平均收入（万元）	9163.5	1090.1	17038.1	4774.5	5021.8
	占总收入比重（%）	26.8	3.5	44.7	13.6	11.4
2010	平均收入（万元）	1096.4	6361.3	4134.2	14877.4	6578.8
	占总收入比重（%）	3.1	25.1	10.9	40.8	20.1

（1）机构规模由低到高的年平均收入呈现为向右上方倾斜的“M”型，平均收入最高的为规模 2 亿~5 亿元的创业风险投资机构，平均收入达到 1.49 亿元；规模超过 5 亿元和规模在 0.5 亿~1 亿元的机构的平均收入次之，分别为 6579 万元和 6361 万元；规模在 1 亿~2 亿元的机构平均收入则为 4134 万元；最小规模的机构平均收入最少，仅为 1096 万元。

（2）2010 年，规模小于 0.5 亿元的机构平均收入最少，占比仅为 3.1%，远远低于其他类别机构。

（3）2006~2010 年，机构规模与机构平均收入之间并不存在稳定关系，但近 3 年来，规模较大的机构平均收入相对较高。

① 有效样本数为 531 份。

4.2 中国创业风险投资项目的收益情况

4.2.1 中国创业风险投资项目的销售收入[①]

统计表明，2010 年中国创业风险投资项目的销售收入具有以下特征（见表 4-4、图 4-4）：

（1）中国创业风险投资项目的销售收入依旧表现为“两端高”的 U 形分布，其中，销售收入 100 万元以下和 5000 万元以上的项目分别占到 29.1%和 41.9%。

（2）销售收入大于 5000 万元的项目比例依然最高，在经历 2009 年销售收入所占比重下滑后出现了反弹，并达到历史最高点；自 2006 年以来，该类项目的比重有持续上升的趋势。

（3）销售收入小于 100 万元的项目比重较高，但相比 2009 年有小幅下降。

（4）销售收入在 1000 万~3000 万元的项目所占比重上升，重新回到两位数，历年来该类项目均占有 10%以上的比重，但 2009 年比重出现较大下滑，降为 7.6%。

（5）其他销售收入规模的项目占比均出现不同程度的下降，特别是销售收入规模在 100 万~500 万元的项目占比 5 年来下降了近 10 个百分点。

表 4-4　创业风险投资项目的销售收入分布（2006~2010）　单位：%

收入（万元）	<100	100~500	500~1000	1000~3000	3000~5000	>5000
2006 年	29.0	16.7	7.4	14.8	4.3	27.8
2007 年	24.6	11.9	5.2	17.2	5.2	35.8
2008 年	18.8	12.1	8.1	15.1	5.6	40.3
2009 年	33.9	9.4	7.1	7.6	7.0	34.9
2010 年	29.1	6.8	5.0	12.3	4.8	41.9

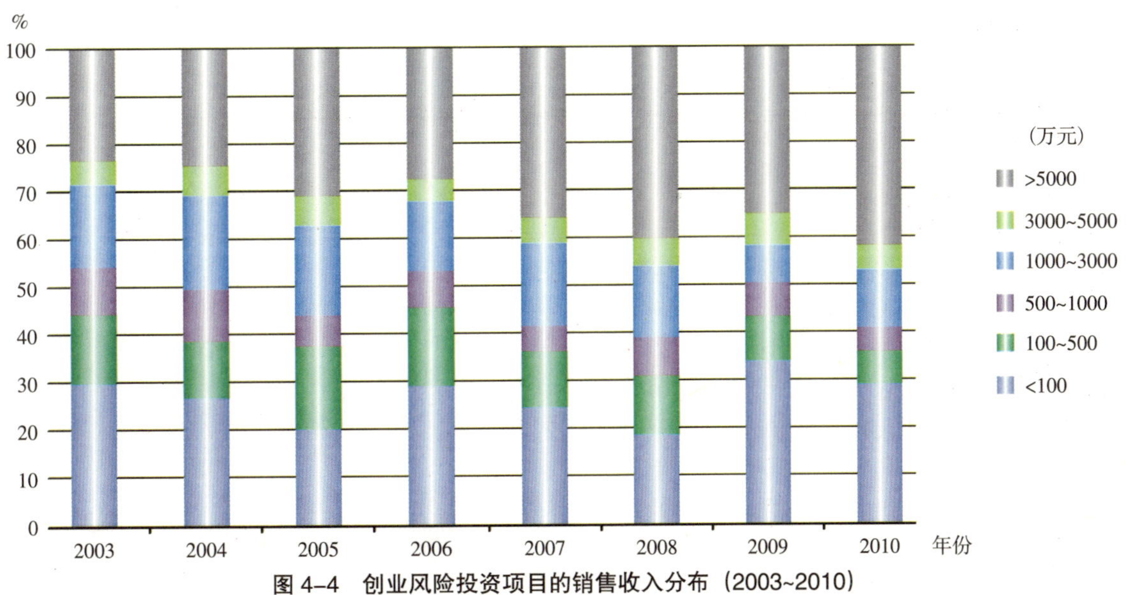

图 4-4　创业风险投资项目的销售收入分布（2003~2010）

① 有效样本数为 893 份。

4.2.2 中国创业风险投资项目的利润[①]

2010 年，中国创业风险投资项目的利润分布具有以下主要特征（见表 4-5、图 4-5）：

（1）2010 年，创业风险投资机构投资项目的利润分布呈现为 U 型，利润达到 1000 万元以上和亏损的项目比重分别达到 38.6%和 31.2%。

（2）亏损项目比例较上年有所下降，但仍高达 31.2%，利润超过 1000 万元的项目比重再次达到历史高位，并且实现连续四年超过 30%。

（3）利润不超过 100 万元的项目比重连年下降，从 2004 年的 36.4%降至 2010 年的 10.3%。

表 4-5　中国创业风险投资项目的销售收入分布（2006~2010）　单位：%

利润（万元）	亏损	0~100	100~300	300~500	500~1000	>1000
2006 年	33.7	23.2	11.9	7.3	7.3	16.6
2007 年	29.5	18.1	9.8	2.0	6.7	33.9
2008 年	24.2	17.1	9.9	5.5	7.7	35.6
2009 年	38.6	13.3	5.9	2.8	4.8	34.6
2010 年	31.2	10.3	7.4	5.1	7.4	38.6

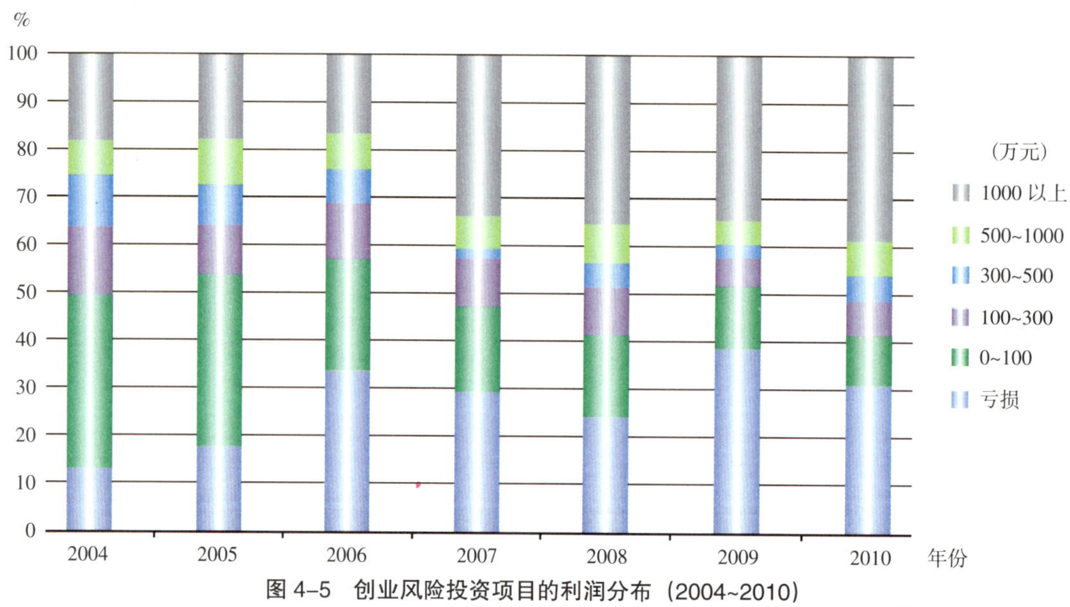

图 4-5　创业风险投资项目的利润分布（2004~2010）

4.2.3 中国创业风险投资项目销售收入与利润的关联

2010 年，中国创业风险投资机构的投资项目中[②]，平均利润率最高的是销售收入在 3000 万~5000 万元的项目，达到 26.4%，其次是销售收入为 1000 万~3000 万元、500 万~1000 万元和 5000 万元以上的项目，平均利润率分别为 18.1%、14.4%和 12.8%；销售收入为 100 万~500 万元项目的平均利润率则为-24.8%。按销售收入从小到大考察不同项目的平均利润率，两者形成倒 U 型曲线，类似的关系也出现在 2007、2008 年（见图 4-6）。

以销售收入来划分创业风险投资项目的规模大小，考察不同规模创业风险投资项目的利润率发现，随着项目规模的增加，项目的利润率也在增加，但是当项目规模达到一定程度，项目利润率下降的可能性开始增加。2008 年和 2009 年的统计都表明这个临界值为 3000 万元销售收入，2010 年的临界值则提高到 5000 万元的临界值。

① 有效样本数为 868 份。
② 有效样本数为 864 份。

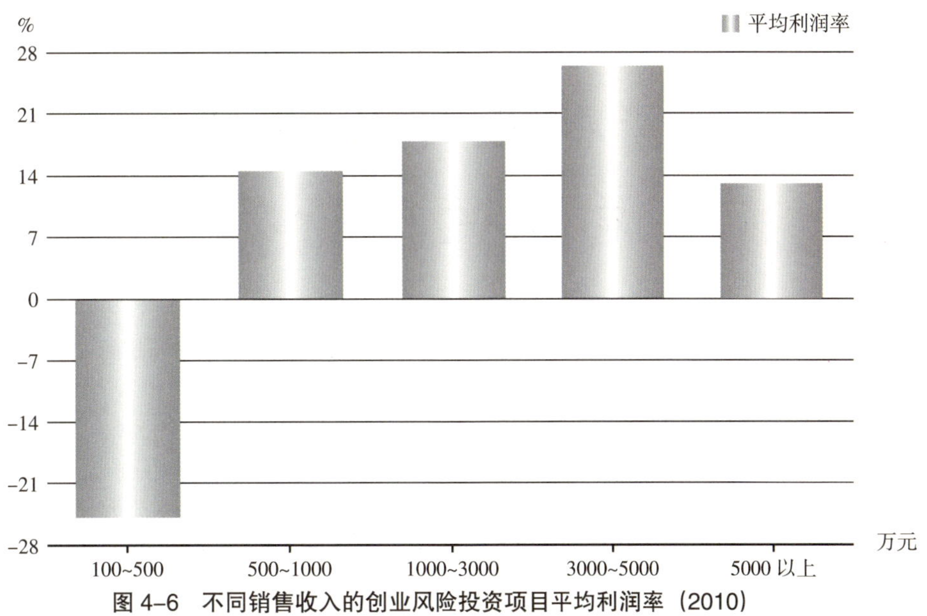

图 4-6 不同销售收入的创业风险投资项目平均利润率（2010）

2006~2010 年，不同销售收入规模的创业风险投资项目的平均销售收入和平均利润关系具有如下特点（见表 4-6）：

（1）规模较小的项目出现亏损的可能更大，其中销售收入在 100 万元以下的项目的平均利润仅 2007 年为正，销售收入 100 万~500 万元的项目已经连续两年出现负平均利润，而销售收入在 1000 万元以上的项目平均利润均为正值。

（2）中等销售收入规模的项目与宏观经济环境的关系最密切，销售收入在 500 万~5000 万元的项目基本上都在 2007 年实现了平均利润最大增幅，而在经过连续两年的快速下降后，2010 年有所增加。

（3）2006~2008 年，销售规模在 5000 万元以上的项目平均销售收入和平均利润加速增长，2009 年则出现大幅回落，2010 年基本维持在 2009 年的水平，仅有小幅增长。

表 4-6 不同销售收入的创业风险投资项目的平均销售收入和平均利润（2006~2010） 单位：万元

销售收入（万元）		<100	100~500	500~1000	1000~3000	3000~5000	>5000
2006 年	平均销售收入	20	304	833	1989	4075	21118
	平均利润	-43	33	-84	135	534	2509
2007 年	平均销售收入	11	276	753	1912	3925	35325
	平均利润	18	-80	168	470	920	3543
2008 年	平均销售收入	17	318	715	1792	3995	116816
	平均利润	-118	8	89	502	901	7427
2009 年	平均销售收入	10	270	785	1986	3975	51668
	平均利润	-45	-37	185	218	743	7007
2010 年	平均销售收入①	11	249	751	1884	4200	51994
	平均利润②	-39	-62	108	342	1109	7060

① 有效样本数为 893 份。
② 有效样本数为 868 份。

4.3 中国创业风险投资项目的总体运行情况

4.3.1 中国创业风险投资项目总体运行情况

截至2010年底，中国创业风险投资机构[①]累计投资的项目中，56.1%继续运行，比重连续下降，准备上市项目比重则出现较大幅度上升；创业风险投资机构累计投资项目的运行和退出项目比例维持在7∶3的水平。2010年，创业风险投资机构累计投资项目中已有7.6%上市，在国际金融危机后已经连续两年上升，与2009年相比，已上市项目比重提高了1.2个百分点，其中境内上市比重达到5.9%。随着多层次资本市场的日渐完善，企业境内上市的激励越来越强。

截至2010年底，创业风险投资机构累计投资项目中，有11.5%被管理层或者原股东收购或者回购，同时有5.1%被境内外公司或自然人收购，两种退出方式比例达到16.6%，低于2009年的19%（见图4-7）。

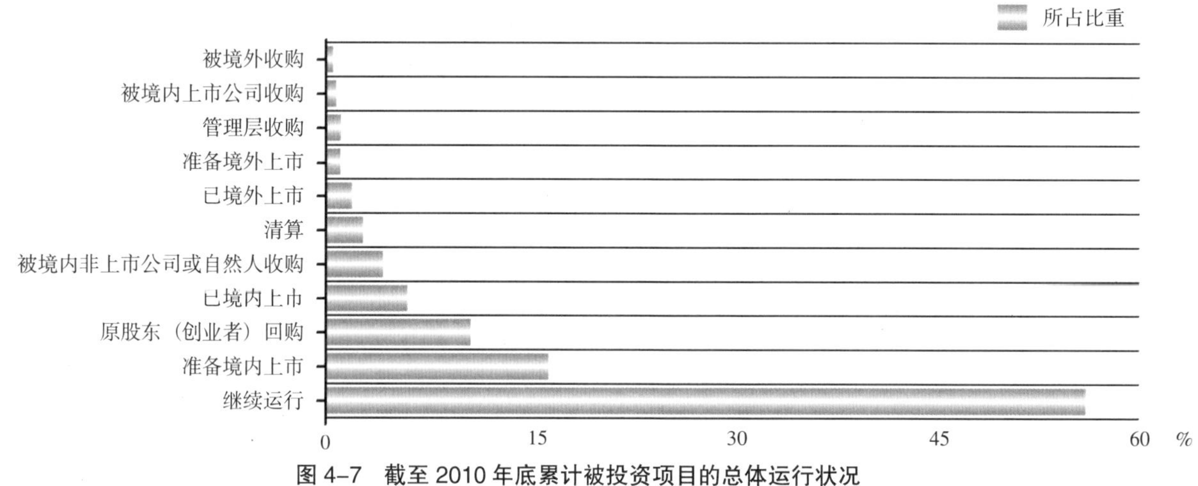

图4-7　截至2010年底累计被投资项目的总体运行状况

4.3.2 中国创业风险投资项目总体运行趋势

近年来，中国创业风险投资机构累计投资项目的运行趋势表现出如下特征（见表4-7）：

2006年以来，中国创业风险投资机构累计投资项目中成功上市的比例稳步上升，从2006年的4.3%上升至2010年的7.6%，但2008年仅有2.9%的项目上市，这主要来自国际金融危机对全球资本市场的负面影响，随着这种影响的消退，2009年有6.4%的项目成功上市，2010年则进一步提高至7.6%。

投资项目中被原股东或管理层收购的比重近年来有较大波动；被其他法人或自然人收购的比重则出现了较为明显的下降，特别是2008年下降了3.8个百分点。

① 有效样本数为597份。

表 4-7　截至 2010 年底累计被投资项目的总体运行状况（2006~2010）　单位：%

被投资项目运行情况	已上市		准备上市		被收购			原股东收购	管理层收购	继续运行	清算
	境内	境外	境内	境外	境内上市公司	境内非上市公司	境外收购				
2006	2.5	1.8	4.0	1.2	0.7	6.7	0.7	4.9	1.2	73.4	3.0
2007	3.7	2.0	10.3	0.6	0.7	6.0	0.6	13.0	1.7	59.1	2.2
2008	1.8	1.1	5.1	0.3	0.2	2.9	0.4	6.2	0.6	79.9	1.6
2009	4.6	1.8	9.9	0.5	0.5	4.0	0.3	13.2	1.0	60.8	3.3
2010	5.9	1.7	16.4	0.9	0.6	4.1	0.4	10.6	0.9	56.1	2.5

受资本市场回暖的影响，2010 年准备上市项目比重达到 17.3%，比 2009 年上升了 6.9 个百分点，其中准备境内上市的项目占比 16.4%，准备境外上市的项目占比 0.9%。

4.4 中国创业风险投资机构的总体运行情况评价

4.4.1 中国创业风险投资机构对自身发展状况的评价①

2010 年，创业风险投资机构对自身发展状况的评价基本维持了历年的状态，认为自身发展较好的机构最多，其次是发展一般的机构，认为自身发展很好和不好的机构比例最低，接近正态分布（见图 4-8、表 4-8）。

2010 年，有 66.9%的创业风险投资机构认为自身发展较为乐观，其中 10.5%的机构认为自身在 2010 年发展很好，56.4%的机构认为自身发展较好。同时也发现，对 2010 年的自身发展给出负面评价的机构比重有所提高，达到 4.5%，仅低于 2008 年的 7.5%。认为机构自身发展一般的比重连续下降，2010 年有 28.6%的机构对此给出了中性评价。

表 4-8　中国创业风险投资机构对自身发展状况的评价（2006~2010）　单位：%

年份＼整体评价	很好	较好	一般	不好
2006	10.0	52.4	34.1	3.5
2007	13.5	56.3	27.1	3.1
2008	7.9	39.8	44.9	7.5
2009	12.1	50.9	33.1	3.9
2010	10.5	56.4	28.6	4.5

① 有效样本数为 686 份。

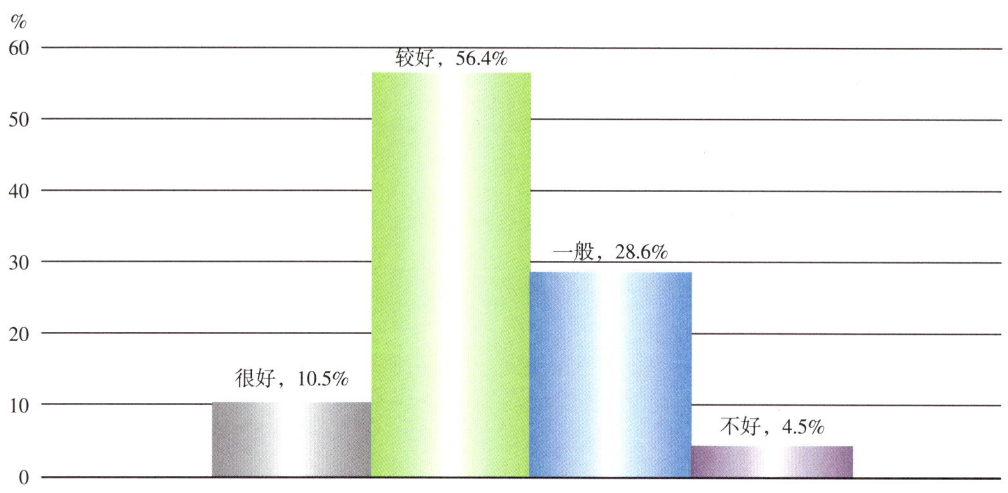

图 4-8 中国创业风险投资机构对自身发展状况的评价（2010）

4.4.2 中国创业风险投资机构对全行业发展情况的评价①

2010 年，49.3%的机构认为创业风险投资机构全行业发展情况好，略高于 2009 年的 48.8%；45%的机构认为全行业发展情况与往年持平；仅有 5.7%的机构认为 2010 年全行业发展差，与 2007 年的水平相当（见图 4-9、表 4-9）。

表 4-9 中国创业风险投资机构对全行业的整体评价（2006~2010） 单位：%

年份 \ 整体评价	好	持平	差
2006	44.8	51.6	3.6
2007	60.0	34.3	5.7
2008	21.4	51.4	27.2
2009	48.8	42.2	9.0
2010	49.3	45.0	5.7

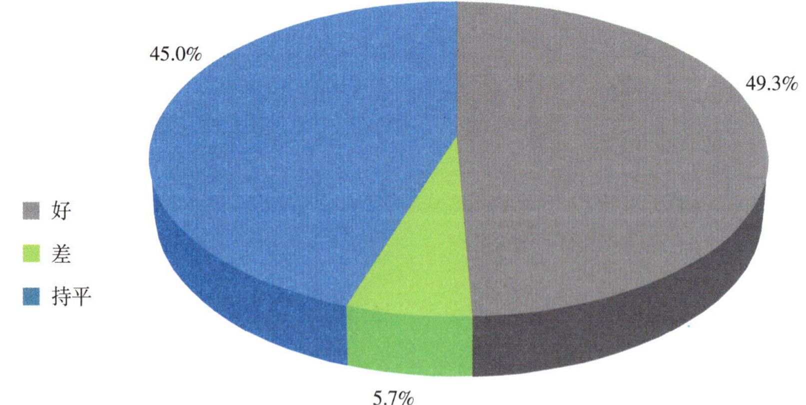

图 4-9 中国创业风险投资机构对全行业的整体评价（2010）

① 有效样本数为 686 份。

4.4.3 中国创业风险投资机构对 2011 年投资前景的预测①

2010 年，46.8%的机构看好 2011 年的投资前景，42.0%的机构认为 2011 年的创业风险投资还将处于调整阶段，同时分别有 9.5%和 1.7%的机构认为 2011 年创业风险投资不会有大的改善和可能出现衰退（见图 4–10、表 4–10）。

与 2009 年相比，看好 2011 年创业风险投资前景的机构比重下降了 4.8 个百分点，认为继续处于调整阶段的机构比重则上升了 4.2 个百分点，较为悲观（认为没有多大改善和可能会衰退）的机构比重上升了 0.6 个百分点。

表 4–10　中国创业风险投资机构对未来一年投资前景的预测（2006~2010）　单位：%

整体评价 年份	将明显好转	继续处于调整阶段	没有多大改善	可能会衰退
2006	48.6	39.9	11.0	0.5
2007	59.6	33.2	6.7	0.5
2008	24.7	63.5	5.7	6.1
2009	51.6	37.8	9.9	0.7
2010	46.8	42.0	9.5	1.7

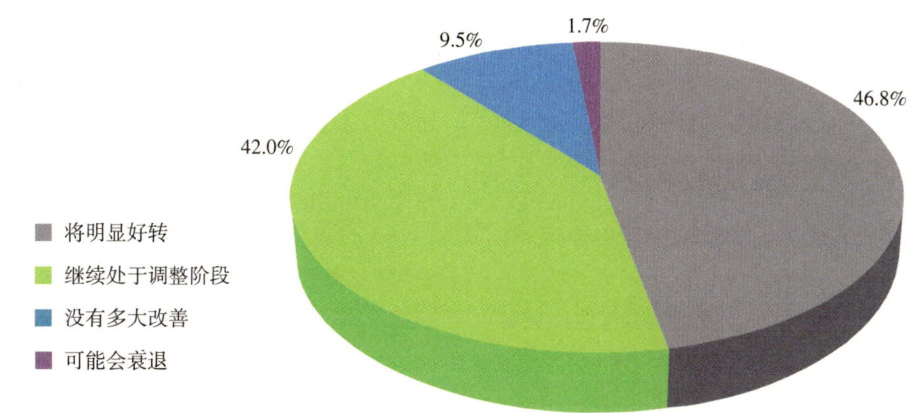

图 4–10　中国创业风险投资机构对 2011 年创业投资前景的评价

① 有效样本数为 686 份。

5 中国创业风险投资的经营管理

5.1 中国创业风险投资的项目来源

调查显示①（见图 5-1），2010 年创业风险投资的项目来源渠道未见实质性变化，但呈现出一些新的特征：

（1）前三大来源渠道依然为"政府部门推荐"、"项目中介机构"、"朋友介绍"，三项占比继 2009 年首度超过 60%后，在 2010 年续升至 62.6%。其中，"政府部门推荐"作为首要的项目来源渠道，随着各地政府引导基金的兴起，该比例由 2009 年的 25.9%上升到 26.2%，创业风险投资的政府主导性特征更显突出；来源于"项目中介机构"介绍的项目比例在 2010 年有较大幅度的上升，由 16.1%上升到 18.5%，重要性由第三位升至第二位，表明中介机构在项目识别方面的能力有所提高；而来源于"朋友介绍"的项目比例却有一定幅度的下降，2010 年该比例为 17.9%。

（2）来源于"股东推荐"和"项目业主"的项目来源比重继续呈现下降趋势。特别是来自于"项目业主"的比重下降趋势较为明显，2007~2010 年该比例分别为 18.5%、15.5%、13%和 11.3%。

（3）"银行介绍"的比重虽然未能突破 10%量级，但处于持续上升趋势中。2010 年该比例达到 7.2%，较上年增加 0.6 个百分点，表明间接融资在促进风险投资项目挖掘中的作用正得以逐步强化。

（4）"媒体宣传"的渠道作用依然不够突出。2010 年来自于该渠道的项目占比为 2.9%，与上年基本持平。

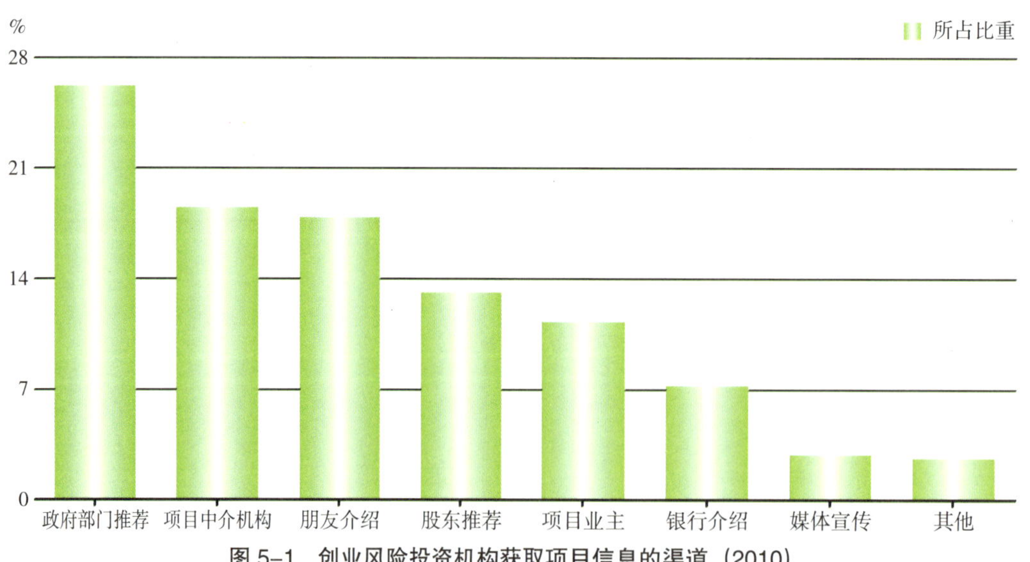

图 5-1 创业风险投资机构获取项目信息的渠道（2010）

① 有效样本数为 711 份。

5.2 中国创业风险投资的决策要素

2010年的调查显示[1]（见图5-2），“市场前景”和“管理团队”仍然是中国创业风险投资决策过程中考虑的主要因素，比重分别为23.3%和22.1%，但重要性程度相对往年有所下滑；“技术因素”、“盈利模式”、“财务状况”和“公司治理结构”也是风险投资决策中得到较多关注的因素，比重分别达到13.2%、12.8%、9.6%和6.3%；对“股权价格”、“资信状况”、“竞争对手情况”、“投资地点”和“中介服务质量”的关注程度依然较低。

进一步分析要素的历史变化趋势，呈现出以下特征：(1)“市场前景”成为调查以来第八次列为首要考虑的要素，表明项目的商业化前景对风险投资机构而言意义依然非常显著；(2)“技术因素”、“盈利模式”和“公司治理结构”的重要性程度有所上升，结合对“管理团队”重视程度的分析，说明中国风险投资机构更为重视所投资项目的管理水平及核心技术竞争力；(3)对“财务状况”的重视程度在2009年达到历史峰值10.1%后，2010年出现了下滑，表明风险投资决策中财务状况的制约性有所放松；(4)随着中国资本市场在2010年的震荡企稳特别是创业板市场IPO进程的稳步推进，“股权价格”作为风险投资退出时需要考虑的要素，其在投资决策时的重要性得到了更多反映，比重由2009年的3.4%上升至4.2%；(5)对“投资地点”的关注程度在上年短暂提升后，2010年再度下滑至2006~2008年的平均水平附近，趋势发生逆转，表明决策中对区域因素的考量有所淡化。

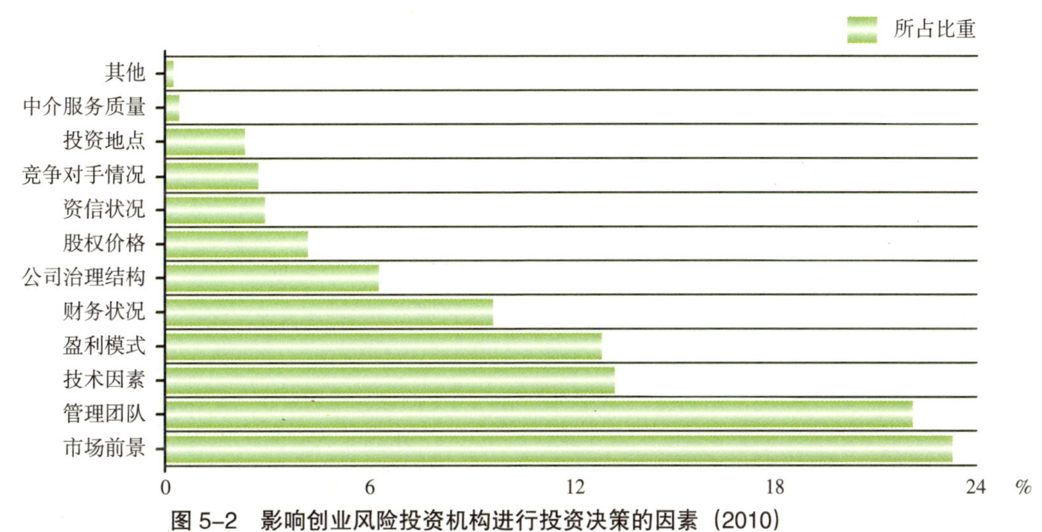

图5-2 影响创业风险投资机构进行投资决策的因素（2010）

① 有效样本数为712份。

5.3 中国创业风险投资对被投资项目的监管方式

据 2010 年的调查统计资料①（见图 5-3），“提供管理咨询”作为风险投资机构对被投资企业的首要监管方式，与 2009 年相比未发生显著变化，依然为 33.3%；“董事会席位”和“财务咨询”两种监管方式的比重与 2009 年相比则有一定程度的下降，分别为 30.5%和 23.2%；与前述两种监管方式变化趋势相反的是，“只限监管”方式比重较上年上升 1.7 个百分点至 11%。综合分析上述指标变化趋势可以认为，我国创业风险投资机构直接参与被投资企业经营管理和财务管理活动的程度有所削弱，转而更加强调间接监管方式的运用。

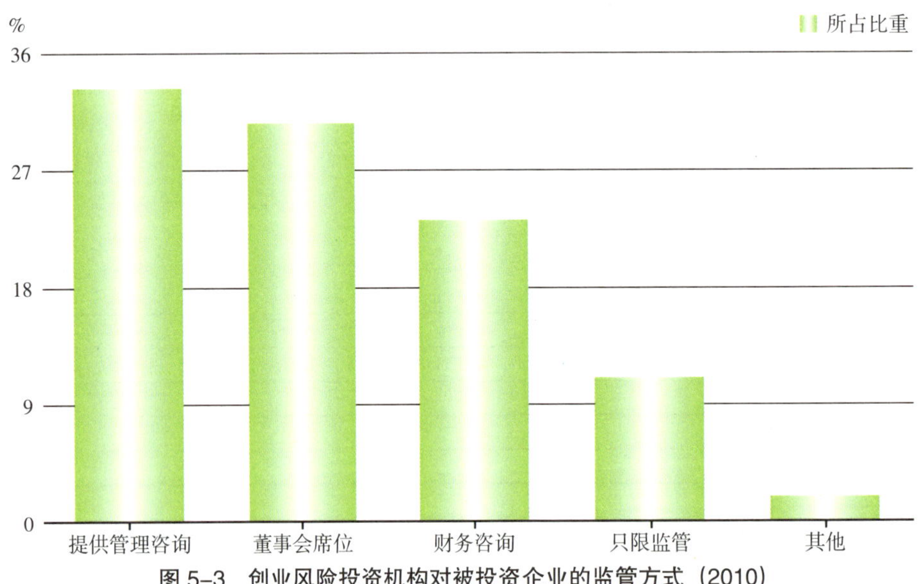

图 5-3 创业风险投资机构对被投资企业的监管方式（2010）

在风险投资机构对被投资企业的股权参与方式调查方面②（见图 5-4），2010 年有以下显著变化：（1）“绝对控股”和“相对控股”的比重显著下降，分别为 3.7%和 12.1%，为近五年来的最低值；（2）与上述两项变化趋势相反的是，“一般参股”所占比重在 2010 年有较大幅度上升，达 84.2%，为有调查以来的最高值。说明中国风险投资机构在投资过程中并不以控制企业为终极诉求，而是更加注重风险分散化投资策略的运用。

① 有效样本数为 704 份。
② 有效样本数为 1623 份。

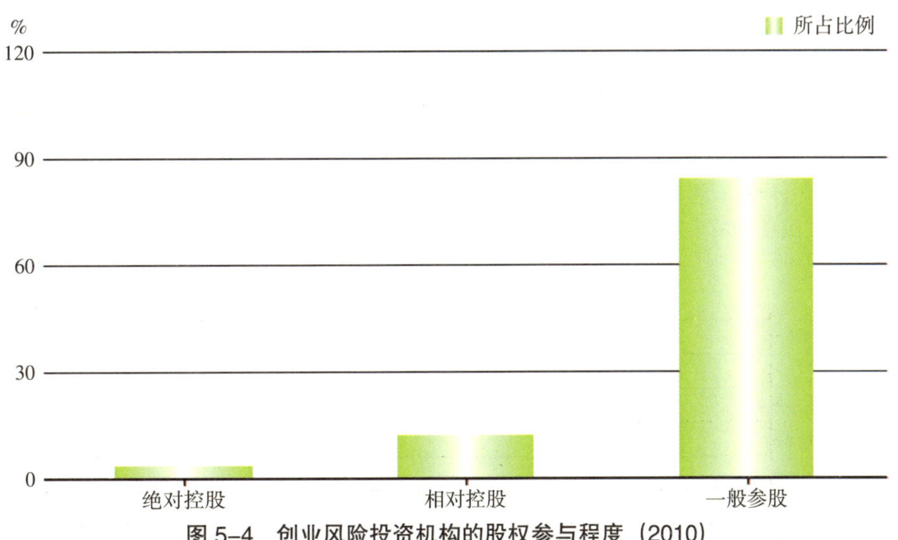

图 5-4 创业风险投资机构的股权参与程度（2010）

5.4 与创业风险投资经营管理有关的人力资源因素

通过对 2010 年调查资料的整理[①]（见图 5-5），可以归纳出创业风险投资机构所认可的合格经营管理人才应具备的素质具有如下趋势性特征：

（1）风险投资机构对员工“资本运作能力”与“判断力和洞察力”的重视程度虽依然位列第一和第二，但与分布差距缩小相一致的是，2010 年两项素质比重均有所下降，分别为 21.2%和 20.2%。

（2）“商务谈判能力”、“人际关系网络和协调能力”及“财务管理能力”三项比重 2009 年均维持在 15%左右。但 2010 年对“商务谈判能力”更加强调，比重较上年上升 1 个百分点至 16.3%；对“人际关系网络和协调能力”的强调程度则有所下降，至 15.7%。

（3）与 2009 年对“技术背景”的重视有显著下降相反的是，2010 年风险投资机构对员工的技术背景要求重新有所强调，比重由上年的 8.7%上升至 11.2%，与 2008 年基本持平，但与 2006 年和 2007 年相比，重视程度依然不够高。

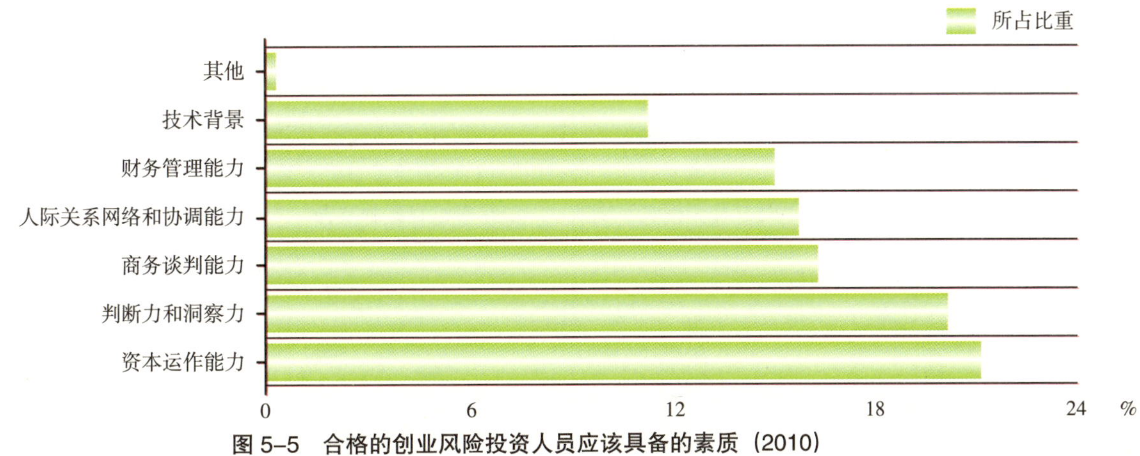

图 5-5 合格的创业风险投资人员应该具备的素质（2010）

① 有效样本数为 707 份。

调查显示[①]（见图 5-6），风险投资机构认为 2010 年风险投资人员最缺乏的依然是“技术评估”能力，而“资本运作”能力的缺乏程度位列第二，两项比重分别为 17.7%和 17.1%，与 2009 年相比均有上升，这与风险投资机构所要求的人员素质具有内在的统一性，两项比重连续三年上升表明风险投资人员在这两个方面的素质依旧需要提升；“企业管理”能力不高的问题在 2010 年较为凸显，比重上升至 14.3%，位居第三；“项目识别”能力的缺失则延续了历史趋势，比重下降至 13.5%；“法律知识”的缺乏程度自 2008 年以来出现了首度下降，“技术背景”、“财务管理能力”和“商务谈判能力”的缺乏程度则没有发生显著变化。

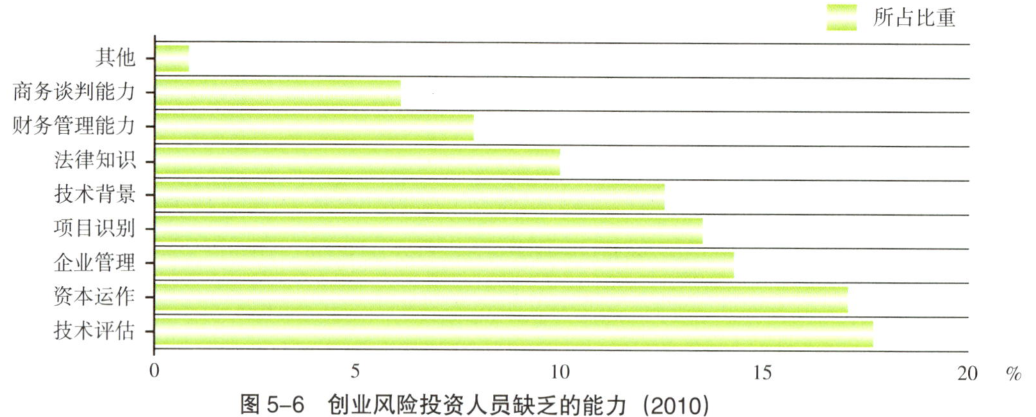

图 5-6 创业风险投资人员缺乏的能力（2010）

5.5 投资效果不理想的主要原因

通过与历史调查数据的对比，2010 年风险投资机构所认为的导致投资效果不理想的主要原因呈现出以下特征[②]（见图 5-7）：

（1）“内部管理水平有限”仍然是掣肘投资效果的首要原因，但调查中只有 18.7%的风险投资机构认同。制约性呈持续下降趋势，反映出近年来风险投资机构的项目筛选能力和被投资企业的管理水平有所提升。

（2）2010 年中国宏观经济发展中出现了一些新的问题，宏观经济政策总体收紧趋势较为明显，风险投资行业因此受到一定的负面冲击。这反映为“政策环境变化”的负面影响力在 2010 年有所上升，达到 17.7%，比上年升逾 1.6 个百分点。

（3）“市场竞争”、“退出渠道不畅”及“技术不成熟”对风险投资效果的负面影响力也有所增强，比重分别达到 16.2%、14.2%和 13.4%。其中，“市场竞争”、“退出渠道不畅”较 2009 年增幅较大，分别上升 2.8 和 1.6 个百分点。这一趋势性变化反映出我国风险投资行业近年来竞争程度有所加剧，竞争环境有待优化；同时也表明，并购、IPO 等创业风险投资退出机制亟待进一步完善。

（4）“后续融资不力”对风险投资效果的制约性有较大程度的弱化，比重降至 9.7%。充分表明在各级科技管理及金融部门的共同努力下，中国风险投资与其他融资方式的融合效率已有较大提升；与此同时，“缺乏诚信”的负面影响力已连续第四年下降，仅占 9.6%，较 2007 年 18.8%的比重下降近一半，说明被投资企业的信用状况近年来已有显著改善。

① 有效样本数为 695 份。
② 有效样本数为 697 份。

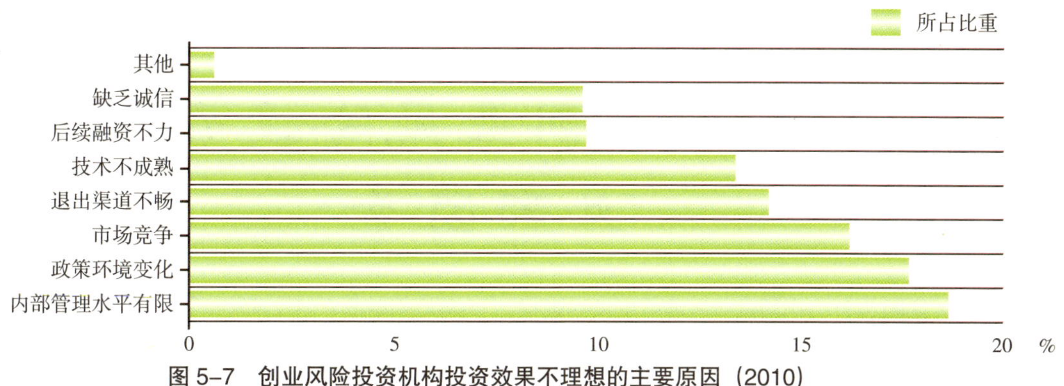

图 5-7 创业风险投资机构投资效果不理想的主要原因（2010）

5.6 中国创业风险投资机构的预期持股时间

2010 年对创业风险投资机构预期持股时间的调查结果显示[①]（见图 5-8），3~5 年依然是预期持股期限的主分布区间，比重达 64.5%；2~3 年和 5 年以上的预期持股时间占比分别为 22.4%和 12.1%；持股期限 1 年以下的占比最小，仅有 1%。

伴随我国创业板市场的稳步扩容，“创富”效应对创业风险投资机构的预期持股时间产生了较为显著的影响：与 2009 年呈现大幅下降相反，3~5 年的持股期限占比在 2010 年出现了较大幅度的反弹。这是由于 3~5 年的持股期限和《首次公开发行股票并在创业板上市管理暂行办法》等法规所要求的上市公司至少持续经营 3 年的规定有明显交叉，风险投资机构因此有较强的动机在创业板市场进行 IPO，从而实现低成本、高回报的退出。

与此相对应的是，创业风险投资机构的预期持股期限在 1 年以下、2~3 年及 5 年以上的占比均有不同程度的下降，除了可进一步佐证前述结论外，还表明我国创业风险投资机构存在一个显著的倾向，即主动回避短期及其他难以实现最大化预期投资回报的持股期限结构模式。

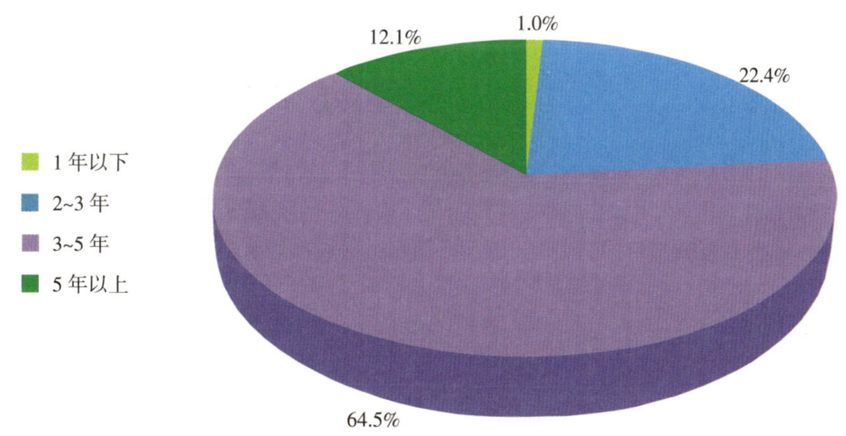

图 5-8 创业风险投资机构对被投资企业的预期持股时间（2010）

① 有效样本数为 686 份。

5.7 影响中国创业风险投资经营的外部因素

调查显示①（见图 5-9），中国创业风险投资发展过程中面临的障碍主要集中在以下几个方面：

（1）尽管近年我国多层次资本市场体系建设取得了诸多成就，特别是创业板的推出，一度让 2009 年“多层次资本市场不完善”对创业风险投资发展的制约性有所弱化。但在 2010 年，受创业板市场扩容速度低于预期、代办股份转让系统扩容基本陷于停滞等不利因素的影响，风险投资机构再度强化了对“多层次资本市场不完善”的关注，比例由上年的 27.9%上升至 29.7%。

（2）“政策不明朗”和“缺乏创业投资行业法律法规”对创业风险投资发展的阻滞强度分列第二、第三位，但比重较上年均有所降低。这些变化主要得益于 2010 年科技部、财政部等部委先后联合颁行的《关于豁免国有创业投资机构和国有创业投资引导基金国有股转持义务有关问题的通知》、《科技型中小企业创业投资引导基金股权投资收入收缴暂行办法》、《促进科技和金融结合试点实施方案》等规章制度，创业风险投资机构的发展得到了有效规范和促进。其中，由科技部和“一行三会”联合颁行的《促进科技和金融结合试点实施方案》，不仅为我国创业风险投资发展提供了科学的战略指引，同时还通过所建立的科技、银行、证券、保险联席工作机制，进一步拓展了创业风险投资的发展空间。

（3）“缺乏好项目”及“创业投资人员的素质低”对创业风险投资发展的负面作用在 2010 年有所强化，占比分别由 2009 年的 10.9%和 9.4%升至 12.3%和 11.4%，“企业管理水平”同样也是影响创业风险投资发展的主要障碍，比重达 12.6%。综合分析上述三个要素占比并结合第 5.4 节对从业人员所需及缺乏素质方面的调查分析，可以认为我国创业风险投资业在未来发展过程中，必须着力提升人员素质，其中提升从业人员的技术评估能力尤为迫切。

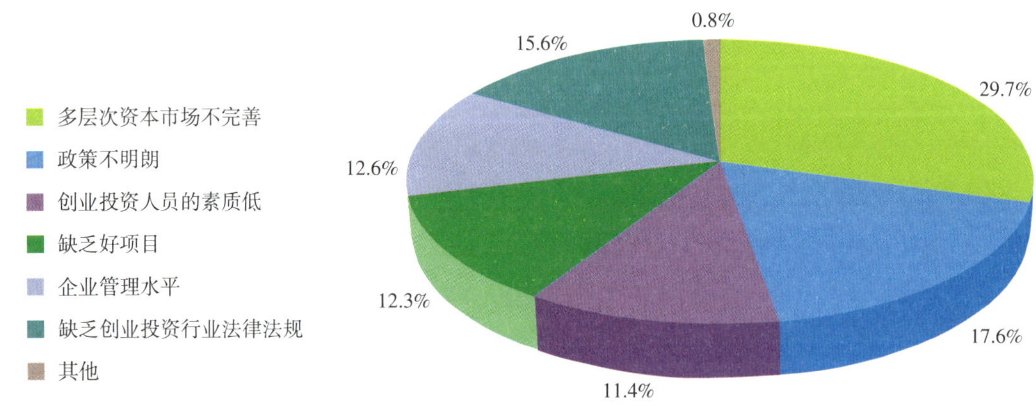

图 5-9 影响创业风险投资发展的主要困难（2010）

① 有效样本数为 699 份。

6 中国创业风险投资区域运行情况

6.1 创业风险投资机构数量和管理资本的地区分布

截至2010年底，中国创业风险投资机构总计912家，分布在全国28个省、直辖市、自治区内（见表6-1、图6-1）。

2010年，中国创业风险投资机构最多的地区是江苏省，有224家，其中管理机构有51家；其次是浙江省，有173家，其中管理机构有39家；广东省（包括深圳）排名第三，有80家创业风险投资机构，其中管理机构17家。

2010年，湖北省、湖南省、陕西省和安徽省等中西部地区创业风险投资机构数量明显增多，其中，湖北省创投机构数量达到46家，湖南省有42家，陕西省有31家，安徽省有25家。

表6-1　2010年部分地区的创业风险投资机构数量

地区	江苏	浙江	广东	上海	湖北	湖南	北京	天津	陕西	安徽	四川	辽宁	福建
创投机构总量（家）	224	173	80	70	46	42	40	36	31	25	23	18	14
创投基金（家）	173	134	63	47	36	27	30	28	26	23	21	17	13
创投管理机构（家）	51	39	17	23	10	15	10	8	5	2	2	1	1

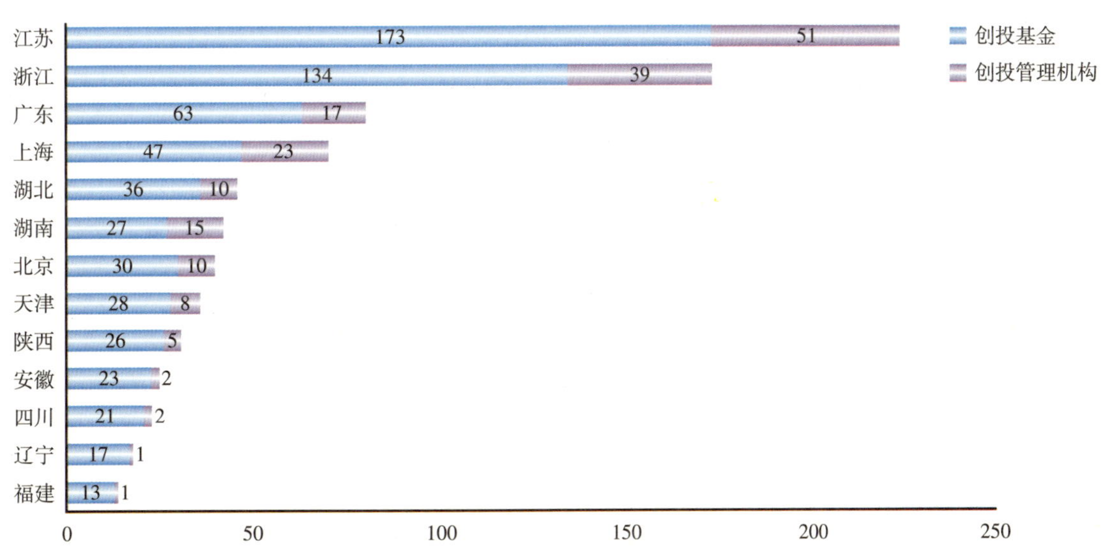

图6-1　部分地区创业风险投资机构数量分布（2010）

在参与调查的地区中，江苏省和浙江省的创业风险投资机构数量持续增加，高居国内前两位，这与江苏省、浙江省各级政府的大力推动和支持密不可分。地方政府充分认识到创业风险投资对发展地方经济、促进科技成果转化，改善经济结构的重要作用；而引导基金的设立，对于促进地方的创业风险投资机构设立也起到了重要作用。如，2009 年，江苏省设立了省级创业投资引导基金，浙江省也设立了规模达到 5 亿元的省级创业投资引导基金。此外，江苏省和浙江省下属的多个城市也设立了市级引导基金。其中，江苏省苏州市设立了三个引导基金，分别是苏州高新区管委会主管的苏州高新区创业投资集团有限公司引导基金、苏州高新区科技局主管的苏州高新区创业科技投资管理公司引导基金、苏州工业园区科技发展产业促进处主管的苏州工业园区创业投资引导基金，无锡市也由无锡创新创业投资有限公司设立了无锡创新创业投资有限公司引导基金；浙江省的杭州市设立了杭州市创业投资引导基金。

2010 年我国主要地区创业风险投资管理资本规模差距很大（见表 6–2、图 6–2）。管理资本总量排在第一位是江苏省，达到 639.5 亿元，其中基金直接管理资本达到 597.2 亿元；排名第二的广东省管理的资本规模达到 564.1 亿元，其中基金直接管理资本达到 491.4 亿元。浙江省和上海市分列第三和第四位，管理资本规模超过 100 亿元的地区还有北京、天津和湖南。湖北、安徽、山东、新疆和四川等地创业风险资本管理规模也相对较多，管理资本规模都达到数十亿元。

与 2009 年相比，2010 年创业风险管理资本规模分布呈现以下几个特点：

（1）地区差距较大。排名前列的江苏省、广东省、浙江省和上海市，管理资本总量达到了几百亿元，而中西部很多地区的管理资本规模都在 5 亿元以下。

（2）管理资本集中在东部发达地区。管理资本超过 100 亿元的地区分别是江苏省、广东省、浙江省、北京市、上海、天津和湖南省。

（3）中西部部分地区管理资本增长较快。湖南省、新疆、安徽、湖北等地创业风险投资机构的管理资本增长幅度较大，尤其是湖南省的管理资金规模超过了 100 亿元。

（4）创业风险投资机构的资金管理规模差异较大。虽然浙江省的创业风险投资机构数量在全国位居第二位，达到了 173 家，但是管理资本规模却只排在第三位；广东省的机构数量排在第三位，但是管理的资本规模却排在第二位，超过浙江省 200 多亿元。

表 6–2　　部分地区创业风险投资管理资本分布（2010）　　单位：亿元

地区	江苏	广东	浙江	上海	北京	湖南	天津	湖北	安徽	新疆	四川	山东	陕西
管理资本总量①	639.5	564.1	334.0	306.8	223.4	121.1	112.3	75.7	66.5	41.2	38.9	29.9	28.4
基金管理资本	597.2	491.4	281.0	239.7	190.2	108.6	81.9	71.8	65.0	38.7	37.0	29.9	26.5
管理机构管理资本	145.5	233.5	96.3	129.1	75.4	17.5	82.9	9.0	1.8	4.5	4.0	0.0	4.6

① 从 2010 年起，统计中有效区分了创投管理机构与创投机构（基金）的机构数量与管理资金规模，在全年创投机构总量的管理资金规模统计中，剔除了管理机构与关联基金之间的管理资本重复计算。

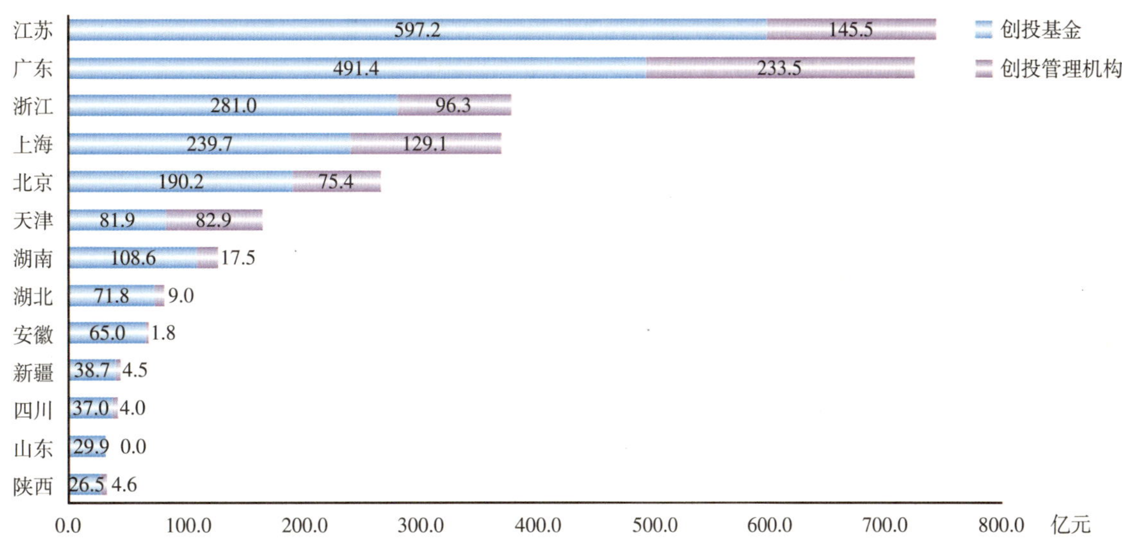

图 6-2 部分地区创业风险投资管理资本结构分布（2010）

6.2 各地区创业风险投资机构的规模分布

与2009年相似，2010年全国各地区的创业风险投资机构整体上以规模在1亿~2亿元之间的居多。部分地区的创业风险投资机构管理资金规模比较集中，云南和贵州分别在5000万元以下和1亿~2亿元之间，内蒙古和江西都在1亿~2亿元之间，山西在5000万元以下和5亿元之上，广西都在5000万元以下（见表6-3、图6-3）。

表 6-3 各地区不同规模创业风险投资机构的数量分布（2010）① 单位：%

	5000万元以下	5000万~1亿元	1亿~2亿元	2亿~5亿元	5亿元以上
湖 北	18.2	20.5	34.1	20.5	6.8
新 疆	33.3	11.1	33.3	11.1	11.1
云 南	66.7	0.0	0.0	33.3	0.0
贵 州	33.3	0.0	50.0	16.7	0.0
天 津	26.5	20.6	14.7	17.7	20.6
湖 南	27.6	20.7	24.1	17.2	10.3
上 海	20.6	17.7	20.6	17.7	23.5
陕 西	21.7	21.7	43.5	13.0	0.0
重 庆	30.0	0.0	0.0	60.0	10.0
宁 夏	25.0	75.0	0.0	0.0	0.0
山 西	50.0	0.0	0.0	0.0	50.0
河 北	45.5	36.4	0.0	9.1	9.1
四 川	21.7	17.4	21.7	26.1	13.0
广 西	100.0	0.0	0.0	0.0	0.0
北 京	15.4	19.2	23.1	11.5	30.8
浙 江	20.4	16.3	30.6	23.8	8.8

① 有效样本数为762份。

续表

	5000 万元以下	5000 万~1 亿元	1 亿~2 亿元	2 亿~5 亿元	5 亿元以上
安 徽	3.9	15.4	23.1	38.5	19.2
甘 肃	75.0	12.5	12.5	0.0	0.0
福 建	28.6	21.4	21.4	7.1	21.4
河 南	33.3	16.7	33.3	16.7	0.0
广 东	17.7	16.1	16.1	19.4	30.7
江 苏	14.8	18.2	31.0	28.1	7.9
辽 宁	27.3	18.2	45.5	0.0	9.1
吉 林	0.0	33.3	0.0	66.7	0.0
黑龙江	0.0	33.3	16.7	33.3	16.7
海 南	0.0	33.3	33.3	33.3	0.0
山 东	0.0	40.0	30.0	20.0	10.0
内蒙古	0.0	0.0	100.0	0.0	0.0
江 西	0.0	0.0	100.0	0.0	0.0

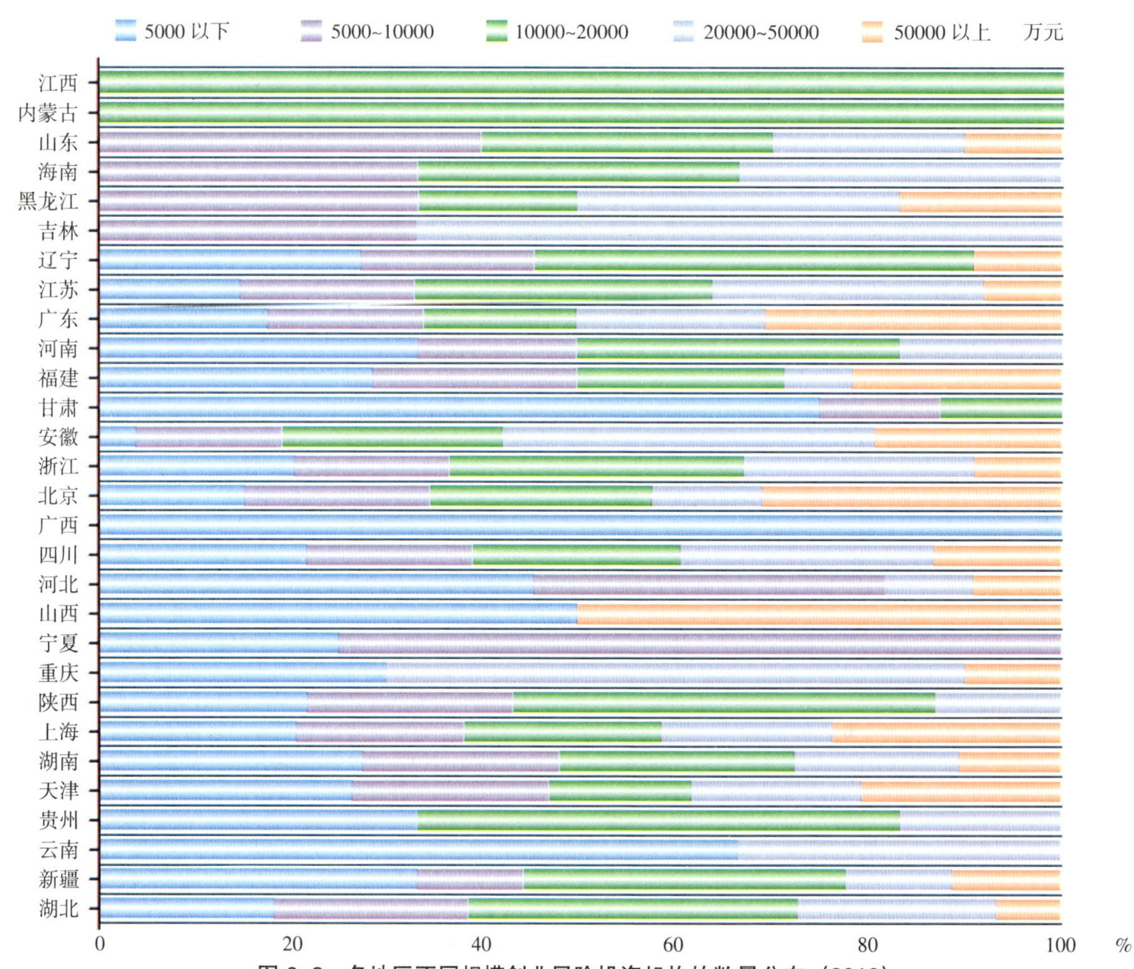

图 6-3 各地区不同规模创业风险投资机构的数量分布（2010）

6.3 各地区创业风险投资机构的资本来源

2010年全国各地区创业风险投资机构的资本来源见图6-4。整体上看，2010年全国大部分地区创业风险投资机构的资本来源是以国有独资机构、政府出资和企业为主。政府出资超过50%的地区有新疆、山西、湖南、海南和吉林，其中，新疆政府出资比例达到了89.3%，山西的政府出资比例达到了86.8%，湖南省政府出资比例达到了74.9%。2010年湖南省的创业风险投资机构数和管理资金都位居国内前列，政府的大力支持起到了决定性作用。黑龙江、上海、贵州和云南的政府出资比例也都在三分之一以上。山东、江苏、浙江、四川、福建和北京政府出资的比重都在10%以下。江西、安徽、四川、吉林、福建和江苏的国有独立投资机构占比都超过了三分之一。2010年，全国各地创业风险投资机构的资本来源的另外一个特点是个人投资的比例开始提高。海南、广东、云南、北京、浙江和甘肃等地个人投资占全部资本的比例都超过了20%。

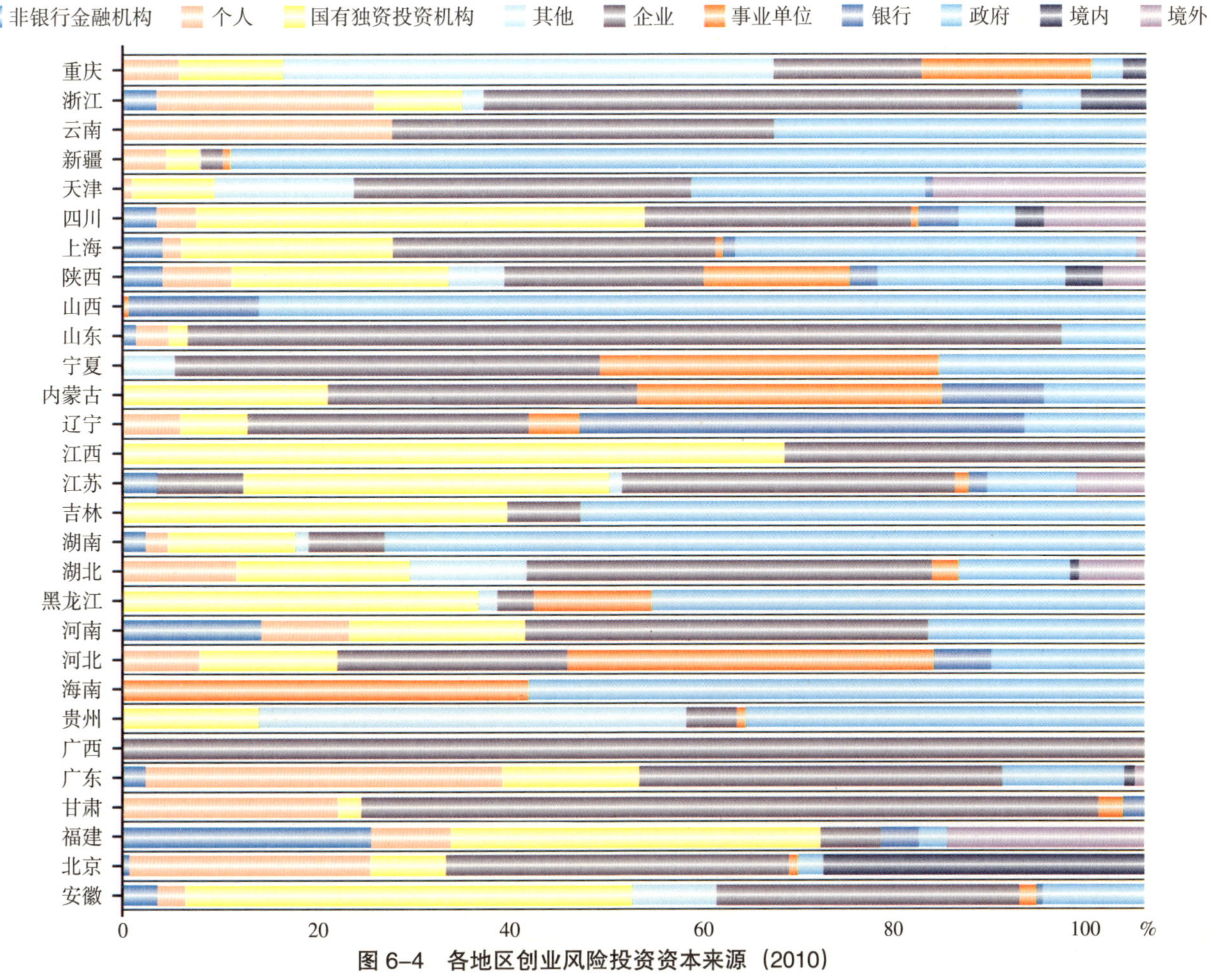

图6-4 各地区创业风险投资资本来源（2010）

6.4 各地区创业风险投资特征

6.4.1 各地区创业风险投资的投资强度

2010 年，我国各地的创业风险投资机构所投资项目的投资强度差距较大（见表 6-4、图 6-5），辽宁省最高，达到了 9000 多万元，内蒙古排名第二，达 6000 万元，最低的是吉林省，只有 202 万元。北京和上海在 3500 万元左右，其他大部分地区的创业风险投资机构的平均投资金额在 1000 万~3000 万元之间，个别地区如甘肃、山西和吉林在 500 万元之下。

表 6-4 2010 年各地区创业风险投资的投资强度① 单位：万元

地 区	项目投资强度
辽 宁	9145
内蒙古	6000
北 京	3576
上 海	3574
湖 南	2892
海 南	2858
陕 西	2809
广 东	2629
安 徽	2170
四 川	2168
浙 江	1902
重 庆	1468
河 北	1426
黑龙江	1345
山 东	1314
福 建	1305
天 津	1271
江 苏	1242
河 南	1055
新 疆	999
贵 州	989
云 南	987
湖 北	921
江 西	827
广 西	500
甘 肃	325
山 西	261
吉 林	202

① 有效样本数为 1912 份。

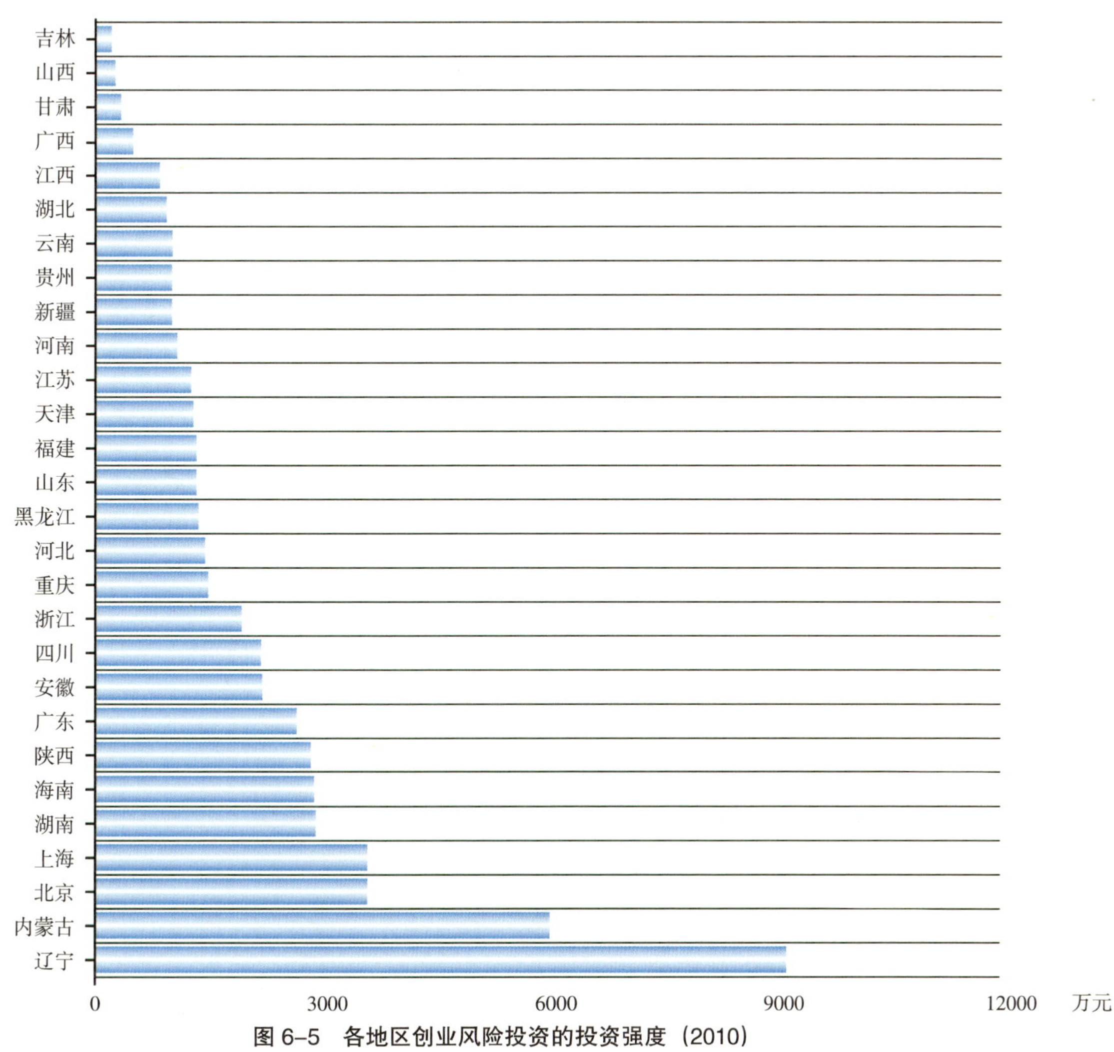

图 6–5 各地区创业风险投资的投资强度（2010）

6.4.2 各地区创业风险投资机构的持股结构

表 6–5 和图 6–6 显示了 2010 年中国创业风险投资机构所投资项目持股结构的地区分布。

表 6–5 2010 年中国创业风险投资机构所投资项目持股结构的地区分布[①] 单位：%

地 区	持股比例≥50%	持股比例<50%
辽 宁	66.7	33.3
贵 州	33.3	66.7
河 北	30.0	70.0
福 建	29.4	70.6
云 南	20.0	80.0
天 津	13.3	86.7
安 徽	12.5	87.5
上 海	11.1	88.9

① 有效样本数为 1623 份。

续表

地　区	持股比例≥50%	持股比例<50%
河　南	11.1	88.9
新　疆	11.1	88.9
北　京	10.0	90.0
重　庆	7.7	92.3
四　川	6.9	93.1
湖　北	5.5	94.5
陕　西	4.5	95.5
湖　南	3.9	96.1
浙　江	3.6	96.4
江　苏	2.8	97.2
广　东	1.9	98.1
黑龙江	0.0	100.0
内蒙古	0.0	100.0
海　南	0.0	100.0
山　东	0.0	100.0
广　西	0.0	100.0
甘　肃	0.0	100.0
吉　林	0.0	100.0
江　西	0.0	100.0
山　西	0.0	100.0

2010 年，中国各地的创业风险投资机构对项目投资不以绝对控股为主（见表 6–5、图 6–6）。其中辽宁省较为特殊，2010 年辽宁省的创业风险投资机构的投资是以绝对控股为主，投资项目持股比例超过 50%的占总数的 66.7%。贵州、河北和福建投资项目股比例超过 50%的占总数的三分之一左右。有 9 个地区的创业风险投资机构对项目完全不以绝对控股为主，所投资项目完全是持股比例<50%的，分别是黑龙江、内蒙古、海南、山东、广西、甘肃、吉林、江西和山西。

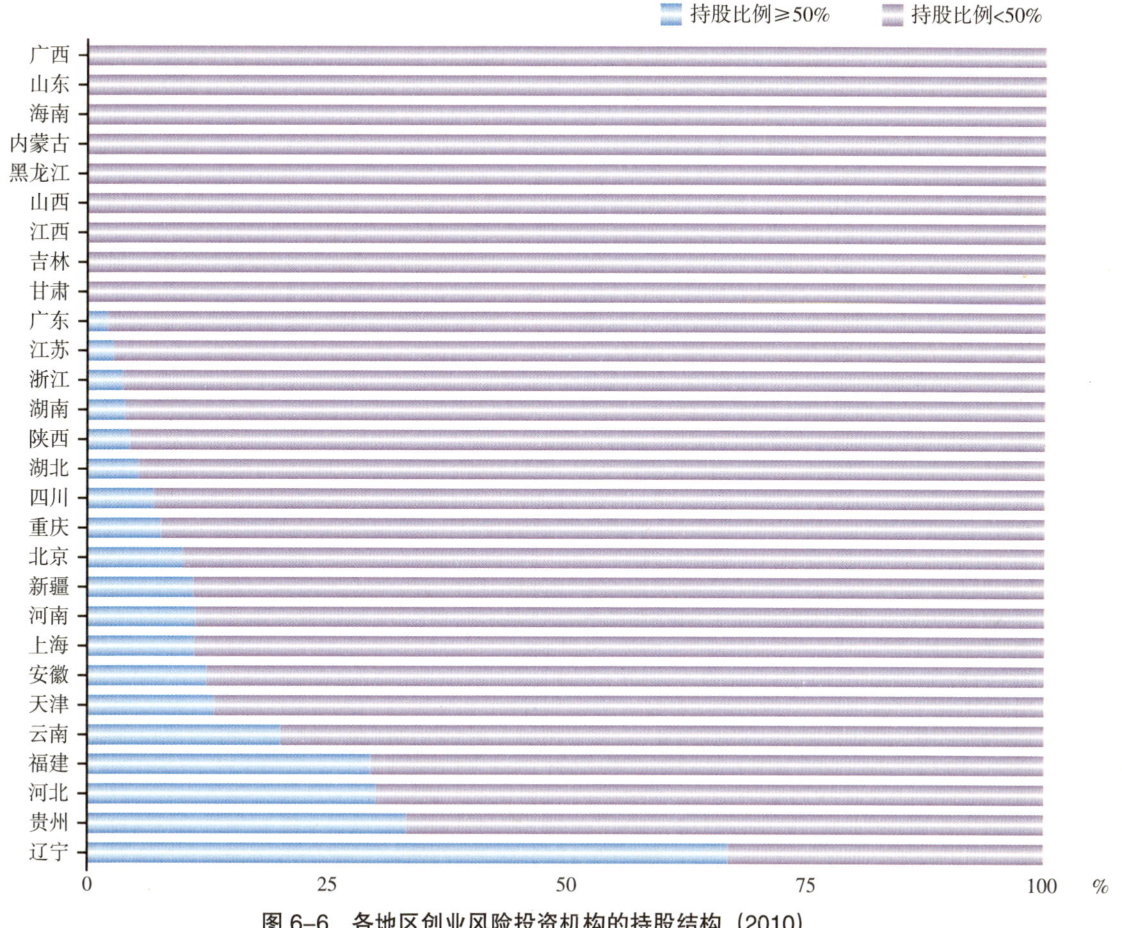

图 6-6 各地区创业风险投资机构的持股结构（2010）

6.4.3 各地区创业风险投资项目的所处阶段

我国各地创业风险投资机构在 2010 年度内投资的项目大部分是在企业的成长（扩展）期阶段，其次是起步期和种子期，投资比例最少的是重建期的企业，这种情况与 2009 年基本相同（见表 6-6、图 6-7）。

2010 年，中国创业风险投资的投资阶段有以下明显特征：

一是越来越多地区关注支持早期阶段的企业。投资于种子期和起步期两个阶段的比例之和超过 50%的地区有 13 个，包括有海南、甘肃、天津、湖北、新疆、湖南、湖北、上海、江苏、黑龙江、辽宁、山西、天津，超过 2009 年 10 个地区的数量。

二是部分地区投资于种子期阶段的项目比例较高，比例都超过 20%，如山东、山西、福建、江苏、湖南。

三是中西部欠发达地区逐步重视对处于早期阶段科技型企业的扶育和培养。在投资于种子期和起步期阶段较高的地区中，湖南、湖北、山西、新疆、甘肃等地都位列其中，这说明在建设创新性国家的形势下，欠发达地区已经开始认识到培育科技型中小企业对于促进本地经济增长和调整产业结构的重要性。

表 6-6　各地区创业风险投资项目所处阶段（2010）[1]　单位：%

地　区	种子期	起步期	成长（扩张）期	成熟（过渡）期	重建期
北　京	16.4	14.9	46.3	22.4	0.0
天　津	16.1	58.1	17.7	8.1	0.0
河　北	10.0	35.0	55.0	0.0	0.0
山　西	28.6	35.7	35.7	0.0	0.0
内蒙古	0.0	0.0	100.0	0.0	0.0
辽　宁	9.1	63.6	18.2	9.1	0.0
吉　林	20.0	20.0	60.0	0.0	0.0
黑龙江	20.0	60.0	20.0	0.0	0.0
上　海	18.2	36.4	21.2	9.1	15.2
江　苏	27.1	31.5	29.5	8.1	3.8
浙　江	17.0	24.8	42.2	16.1	0.0
安　徽	15.2	24.2	50.0	7.6	3.0
福　建	36.0	28.0	28.0	8.0	0.0
江　西	0.0	37.5	62.5	0.0	0.0
山　东	33.3	0.0	50.0	0.0	16.7
河　南	0.0	44.4	22.2	33.3	0.0
湖　北	17.5	35.0	40.0	7.5	0.0
湖　南	32.0	20.0	30.0	18.0	0.0
广　东	11.8	14.2	63.8	9.1	1.1
海　南	11.1	88.9	0.0	0.0	0.0
四　川	12.5	6.3	62.5	12.5	6.3
贵　州	0.0	33.3	50.0	16.7	0.0
重　庆	13.3	13.3	60.0	13.3	0.0
陕　西	0.0	25.0	60.0	15.0	0.0
甘　肃	50.0	25.0	25.0	0.0	0.0
新　疆	18.8	43.8	37.5	0.0	0.0

① 有效样本数为 1809 份。

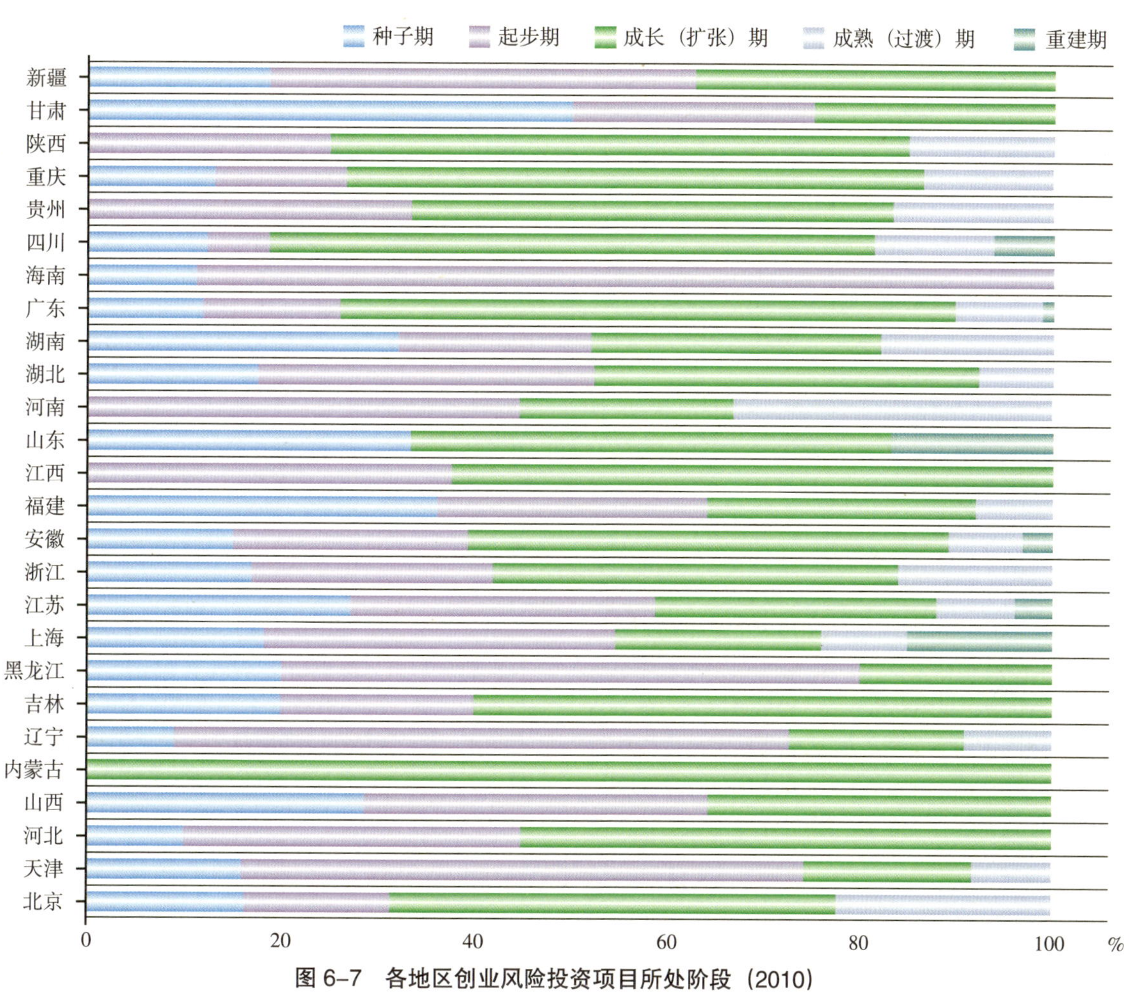

图 6-7 各地区创业风险投资项目所处阶段（2010）

6.4.4 部分地区创业风险投资对不同行业的投资

根据 2010 年全国创业风险投资调查，下面分析 2010 年我国创业风险投资较为活跃地区的投资项目行业分布和资金情况（见表 6-7 至表 6-15）。

表 6-7 2010 年北京市创业风险投资投资的行业特点①

项目数		投资强度	
行业	百分比（%）	行业	行业投资强度（万元）
其他行业	15.2	生物科技	17683.3
医药保健	15.2	传统制造业	6405.7
网络产业	9.1	其他 IT 产业	4500.0
消费产品和服务	9.1	消费产品和服务	4233.3
新材料工业	6.1	医药保健	3943.0
环保工程	6.1	新材料工业	3452.5
新能源 / 高效节能技术	6.1	农业	2750.0
计算机硬件产业	4.5	环保工程	2678.1

① 有效样本数为 66 份。

续表

项目数		投资强度	
行业	百分比（%）	行业	行业投资强度（万元）
传统制造业	4.5	其他行业	2522.6
生物科技	4.5	网络产业	2395.0
软件产业	3.0	计算机硬件产业	2274.0
半导体	3.0	光电子与光机电一体化	2205.0
金融服务	3.0	金融服务	1750.0
农业	3.0	IT 服务业	1500.0
光电子与光机电一体化	3.0	媒体和娱乐业	1230.0
媒体和娱乐业	1.5	新能源 / 高效节能技术	946.3
其他 IT 产业	1.5	半导体	928.9
IT 服务业	1.5	软件产业	300.0

2010 年，北京市的创业风险投资所投资的行业分布在 18 个行业，行业总数与 2009 年持平。与 2009 年创业风险投资集中于软件产业的情况比较，2010 年北京市创业风险投资所关注的领域相对分散，其中，投资最多的行业是医药保健、其他行业，另外网络产业、消费产品和服务、新材料工业、环保工程、新能源/高效节能技术也投资相对较多。而且，医药保健和网络产业的投资项目上升较快。

2010 年北京市创业风险投资的行业投资强度有以下几个显著特点：一是不同行业的投资强度差距明显，最高的生物科技有 17683.3 万元，最低的软件产业只有 300 万元。二是从整体上看，2010 年北京市创业风险投资的行业投资强度明显加大，除了新能源/高效节能技术、半导体和软件产业之外，其余行业的平均投资资金规模都在 1000 万元以上，除了生物科技超过 1 亿元之外，传统制造业甚至高达 6405.7 万元，其他 IT 产业高达 4500 万元，远远超过 2009 年的投资强度。

表 6-8　　2010 年天津市创业风险投资项目的行业特点[①]

项目数		投资强度	
行业	百分比（%）	行业	行业投资强度（万元）
金融服务	13.1	新能源 / 高效节能技术	3407.0
光电子与光机电一体化	11.5	农业	2900.0
软件产业	11.5	传统制造业	2147.3
其他行业	11.5	资源开发工业	2015.0
新材料工业	9.8	其他行业	1439.1
传统制造业	8.2	生物科技	1182.5
生物科技	6.6	金融服务	816.5
农业	4.9	半导体	500.0
网络产业	4.9	医药保健	380.0
其他 IT 产业	3.3	IT 服务业	100.0
新能源 / 高效节能技术	3.3	新材料工业	91.7
资源开发工业	3.3	网络产业	53.3
半导体	1.6	计算机硬件产业	30.0
IT 服务业	1.6	光电子与光机电一体化	30.0
计算机硬件产业	1.6	软件产业	30.0
科技服务	1.6	其他 IT 产业	20.5
医药保健	1.6	科技服务	4.0

① 有效样本数为 61 份。

2010 年，天津市创业风险投资所投资的行业分布在17 个行业中，远远多于 2009 年的 5 个行业，说明 2010 年天津市的创业风险投资关注的行业更为广泛；主要投资于金融服务、光电子与光机电一体化、软件产业、其他行业、新材料工业、传统制造业 6 个行业，其中金融服务行业最高，占比达到了 13.1%；另外生物科技领域的投资也相对较多。

2010 年天津市创业风险投资的行业投资强度差距较大，明显分为两个档次，一些行业的平均投资规模在 1000 万元以上，包括新能源/高效节能技术、农业、传统制造业、资源开发工业、其他行业和生物科技 6 个行业，其中最高的新能源/高效节能技术达到了 3407.0 万元，最低的生物科技也有 1182.5 万元；而另一部分行业的投资强度在 100 万元以下，包括新材料工业在内的 7 个行业，某些行业的投资强度只有几十万元，如计算机硬件产业、光电子与光机电一体化和软件产业都是 30 万元，科技服务只有 4 万元。

表 6-9　　2010 年上海市创业风险投资项目的行业特点①

项目数		投资强度	
行业	百分比（%）	行业	行业投资强度（万元）
其他行业	38.5	金融服务	19966.7
软件产业	10.3	IT 服务业	10000.0
金融服务	7.7	计算机硬件产业	3188.8
半导体	7.7	其他行业	2299.0
新材料工业	5.1	半导体	1950.7
医药保健	5.1	新材料工业	1804.0
生物科技	5.1	生物科技	1800.0
其他 IT 产业	5.1	医药保健	787.5
IT 服务业	2.6	软件产业	725.3
科技服务	2.6	传统制造业	700.0
网络产业	2.6	光电子与光机电一体化	400.0
传统制造业	2.6	其他 IT 产业	322.6
计算机硬件产业	2.6	网络产业	295.6
光电子与光机电一体化	2.6	科技服务	41.0

① 有效样本数为 39 份。

2010年，上海市创业风险投资所投资的行业有14个，比2009年增加了1个行业。投资的行业重点与2009年基本相同，主要集中在其他行业和软件产业，另外，金融服务和半导体行业的投资也相对较多。

与2009年相比，2010年上海市创业风险投资的行业投资强度相差更大，最高的是金融服务，达到19966.7万元，排在第二的IT服务业有10000万元，远远高于2009年最高的医药保健6000万元；2010年最低的是科技服务，只有41万元，也远远低于2009年最低的通讯252万元。

表6-10　　2010年广东省创业风险投资项目的行业特点[①]

项目数		投资强度	
行业	百分比（%）	行业	行业投资强度（万元）
新能源/高效节能技术	10.1	资源开发工业	26500.0
消费产品和服务	10.1	金融服务	4529.3
传统制造业	9.3	传统制造业	3502.9
新材料工业	9.0	零售和批发	3393.0
其他行业	8.5	消费产品和服务	3175.4
网络产业	5.8	环保工程	2926.4
医药保健	5.3	新材料工业	2774.1
光电子与光机电一体化	4.8	其他行业	2696.1
环保工程	4.5	农业	2689.2
软件产业	4.5	科技服务	2315.4
科技服务	4.2	IT服务业	2308.7
农业	4.0	计算机硬件产业	2175.3
媒体和娱乐业	4.0	医药保健	2173.2
金融服务	2.6	其他IT产业	2158.4
IT服务业	2.6	光电子与光机电一体化	1967.9
通讯	1.9	软件产业	1901.4
其他IT产业	1.9	媒体和娱乐业	1856.7
半导体	1.9	网络产业	1822.0
计算机硬件产业	1.9	新能源/高效节能技术	1800.8
生物科技	1.9	半导体	1788.4
零售和批发	1.1	通讯	1685.7
资源开发工业	0.5	生物科技	1542.6

① 有效样本数为378份。

2010年，广东省创业风险投资所投资的行业有22个，比2009年增加3个行业。与2009年创业风险投资分布相对平均的情况相似，2010年广东省创业风险投资项目所在行业也相对比较平均，主要分布在新能源/高效节能技术、消费产品和服务、传统制造业、新材料工业和其他行业5个行业中，其中新能源/高效节能技术和消费产品和服务并列最高，达到10.1%；另外网络产业和医药保健也相对较高。与2009年比较，新能源/高效节能技术、消费产品和服务、传统制造业成为2010年广东省创业风险投资最关注的领域，而软件产业、生物科技、通讯等行业的投资则有所下降。

2010年广东省的创业风险投资的行业投资强度比2009年明显提高，行业投资强度都在1500万元以上。2010年，广东省的创业风险投资的行业投资强度最高的是资源开发工业，达到26500万元，最低的生物科技也达到1542.6万元，远远超过2009年最低的科技服务的166.7万元。

表6-11 2010年江苏省创业风险投资项目的行业特点①

项目数		投资强度	
行业	百分比（%）	行业	行业投资强度（万元）
新材料工业	11.3	金融服务	5301.5
软件产业	9.2	媒体和娱乐业	3378.8
其他行业	8.9	农业	2358.3
新能源/高效节能技术	8.7	传统制造业	2129.6
生物科技	8.0	新能源/高效节能技术	1963.9
光电子与光机电一体化	6.0	消费产品和服务	1886.5
医药保健	5.6	计算机硬件产业	1664.5
传统制造业	5.4	其他行业	1565.3
网络产业	5.0	新材料工业	1488.9
通讯	4.8	环保工程	1347.6
IT服务业	4.7	科技服务	1143.2
半导体	4.4	零售和批发	1021.0
环保工程	3.2	医药保健	932.5
其他IT产业	3.0	其他IT产业	795.3
科技服务	2.4	网络产业	729.7
金融服务	2.3	光电子与光机电一体化	682.9
农业	2.1	软件产业	594.7
消费产品和服务	1.8	资源开发工业	563.0
媒体和娱乐业	1.2	通讯	539.5
计算机硬件产业	0.9	半导体	490.9
零售和批发	0.8	IT服务业	392.1
资源开发工业	0.5	生物科技	334.2

① 有效样本数为664份。

2010 年，江苏省创业风险投资所投资的行业有 22 个，比 2009 年多出 1 个行业。与 2009 年基本相似，主要投资在新材料工业、软件产业、其他行业、新能源/高效节能技术、生物科技、光电子与光机电一体化、医药保健、传统制造业、网络产业。主要变化是 2010 年新材料工业所占比例上升，而软件和半导体行业则有所下降。

2010 年江苏省创业风险投资的行业投资强度有所提高，其中有 12 个行业的投资强度都在 1000 万元以上。2010 年投资强度最高的仍旧是金融服务，达 5301.5 万元，超过 2009 年金融服务的 4919.1 万元；2010 年投资强度最低的是生物科技，达到了 334.2 万元，也超过 2009 年投资强度最低的医药保健的 264.3 万元。

文本框 6-1

走在中国创业风险投资前列的江苏省

江苏省主要从三个方面推动加快创业风险投资的发展。一抓面上培育，迅速扩大规模。早在 20 世纪 90 年代初，江苏就鼓励创投机构的发展。2008 年底，在受国际金融危机影响最严重的时期，全省坚持抓创新资源发动，省政府出台《关于加快创业投资发展的若干意见》，通过给予启动补贴、设立引导资金、加大税收扶持等，推动创投机构进一步扩大。随着创投市场的繁荣，资本来源已由最初政府为主出资，发展到企业、民间资本及外资的多渠道投入，现已备案的创投机构中民间资本为主的已占 42%，凯雷、弘毅、鼎晖、高盛等国际知名创投基金先后投资顺大、林洋、远景、中复连众等一批新兴产业骨干企业。全省建立的 200 多家各类科技企业孵化器中，50%设有科技经费引导的种子资金，27%具备投融资抚育功能。创业投资的较快发展，直接推动着像无锡尚德这样从孵化器出来的高科技企业裂变式增长。二抓点上突破，做大做强龙头示范。江苏高科技投资集团作为国内较早的国有创投公司，已建立覆盖全省的创投（基金）公司网络，组建了 27 支创投基金，管理规模达 60 亿元，累计投资 220 个项目，80%集中在新能源、新材料、新医药等新兴产业，成为国内管理规模较大、机构实力较强的本土创投机构之一。苏州工业园区的中新创投公司坚持高点定位、高位起步，创立之初就坚持走国际化道路，先后与以色列合作设立国内第一个非法人制的中外合作创投基金，与国家开发银行合作成立国内第一家按照国际惯例运作的投资母基金，短短几年，已组建 17 支创投基金，管理规模 115 亿元，投资项目 146 个，成为处于全国前列、具有一定国际影响的创投企业。三抓服务引导，聚焦方向目标。各级政府通过优化环境、搭建平台，积极为创业投资发展争取资源，搞好服务。在科技部支持下，中国技术创业年度峰会永久性落户无锡，苏南等地每年举行创投与科技项目的对接洽商。目前，经政府支持并有创投进入的科技型企业已有 51 家在海内外上市，还有 143 家被投企业已准备好上市，创业投资助推新兴产业发展形成良好势头。

表 6-12　**2010 年浙江省创业风险投资项目的行业特点**①

项目数		投资强度	
行业	百分比（%）	行业	投资强度（万元）
其他行业	13.3	金融服务	3283.2
IT 服务业	8.9	消费产品和服务	3082.8
传统制造业	8.4	医药保健	2902.2
新材料工业	8.4	科技服务	2862.0
新能源 / 高效节能技术	7.6	半导体	2304.4
网络产业	7.6	传统制造业	2270.2
消费产品和服务	5.3	光电子与光机电一体化	2162.1
光电子与光机电一体化	5.3	IT 服务业	2129.0
软件产业	4.4	其他行业	1995.2
医药保健	4.0	农业	1994.6
生物科技	4.0	新材料工业	1922.2
环保工程	3.6	环保工程	1858.4
农业	3.6	新能源 / 高效节能技术	1732.1
金融服务	3.6	媒体和娱乐业	1381.2
媒体和娱乐业	2.7	生物科技	1282.6
科技服务	2.2	零售和批发	1200.0
计算机硬件产业	1.8	软件产业	1107.2
其他 IT 产业	1.8	其他 IT 产业	803.5
通讯	1.8	资源开发工业	800.0
半导体	0.9	网络产业	747.6
零售和批发	0.4	通讯	660.0
资源开发工业	0.4	计算机硬件产业	607.5

2010 年，浙江省创业风险投资项目的行业有 22 个，比 2009 年多 2 个。主要集中在其他行业、IT 服务业、传统制造业、新材料工业、新能源/高效节能技术和网络产业，上述行业的项目占总数的 54.2%。另外消费产品和服务和光电子与光机电一体化行业也相对较多，均占总量的 5.3%。与 2009 年比较，2010 年浙江省创业风险投资所投资的行业更加分散，其中，消费产品和服务、软件产业的投资占比有所下降。

2010 年浙江省创业风险投资不同行业的投资强度差距在降低，最高的金融服务行业为 3283.2 万元，低于 2009 年最高的光电子与光机电一体化的 7250 万元；最低的是计算机硬件产业，投资强度是 607.5 万元，高于 2009 年最低的医药保健的 96.7 万元。在 22 个行业中，有 17 个行业的平均投资规模在 1000 万元以上。

表 6-13　**2010 年湖北省创业风险投资项目的行业特点**②

项目数		投资强度	
行业	百分比（%）	行业	行业投资强度（万元）
光电子与光机电一体化	17.9	其他行业	1863.8
其他行业	16.4	消费产品和服务	1200.0
新材料工业	11.9	传统制造业	1107.0
生物科技	10.4	科技服务	960.0
软件产业	9.0	金融服务	959.5

① 有效样本数为 225 份。
② 有效样本数为 67 份。

续表

项目数		投资强度	
行业	百分比（%）	行业	行业投资强度（万元）
传统制造业	7.5	生物科技	639.3
金融服务	6.0	光电子与光机电一体化	613.3
新能源 / 高效节能技术	4.5	农业	550.0
医药保健	4.5	医药保健	533.3
其他 IT 产业	3.0	新材料工业	400.0
科技服务	3.0	媒体和娱乐业	300.0
农业	3.0	新能源 / 高效节能技术	285.7
媒体和娱乐业	1.5	软件产业	272.7
消费产品和服务	1.5	其他 IT 产业	13.0

2010 年，湖北省创业风险投资的项目分布在 14 个行业，比 2009 年减少 1 个。主要分布在光电子与光机电一体化、其他行业、新材料工业、生物科技、软件产业和传统制造业等 6 个行业，其项目占比之和为 73.1%。与 2009 比较，光电子与光机电一体化、生物科技、软件产业成为湖北省创业风险投资机构在 2010 年的新的投资热点。

2010 年湖北省创业风险投资的行业投资强度超过 1000 万元的只有 3 个行业，依次是其他行业、消费产品和服务、传统制造业；其余大部分行业的平均投资规模在几百万元左右。与 2009 年比较，传统制造业、媒体和娱乐业、农业、新能源/高效节能技术等行业的投资强度下降幅度都很大，而科技服务行业的投资强度则有很大提高。

表 6-14　　2010 年安徽省创业风险投资项目的行业特点[①]

项目数		投资强度	
行业	百分比（%）	行业	投资强度（万元）
其他行业	16.1	农业	3840.0
传统制造业	16.1	传统制造业	3001.1
新材料工业	14.5	医药保健	2552.0
光电子与光机电一体化	11.3	资源开发工业	1750.0
农业	8.1	新材料工业	1604.0
新能源 / 高效节能技术	4.8	软件产业	1520.0
科技服务	4.8	半导体	1500.0
软件产业	3.2	其他行业	1229.6
环保工程	3.2	消费产品和服务	1100.0
零售和批发	3.2	零售和批发	1042.9
计算机硬件产业	3.2	光电子与光机电一体化	954.9
资源开发工业	3.2	通讯	900.0
医药保健	1.6	科技服务	858.3
消费产品和服务	1.6	新能源 / 高效节能技术	664.0
媒体和娱乐业	1.6	环保工程	650.0
通讯	1.6	媒体和娱乐业	500.0
半导体	1.6	计算机硬件产业	220.0

① 有效样本数为 62 份。

2010年，安徽省创业风险投资项目分布在17个行业，从各个行业的比例来看，安徽省创业风险投资在2010年的投资相对集中，主要在其他行业、传统制造业、新材料工业、光电子与光机电一体化、农业等5个行业，其行业占比之和为66.1%。

2010年安徽省创业风险投资项目的行业投资强度较高，投资强度超过1000万元的行业有10个行业，其中最高的农业是3840万元，最低的计算机硬件产业是220万元。

表6-15　2010年湖南省创业风险投资项目的行业特点①

项目数		投资强度	
行业	百分比（%）	行业	投资强度（万元）
其他行业	17.3	消费产品和服务	13835.5
金融服务	15.4	其他行业	9693.6
医药保健	15.4	传统制造业	2192.8
新材料工业	11.5	农业	1970.0
生物科技	7.7	新材料工业	1766.5
环保工程	5.8	软件产业	1364.0
传统制造业	3.8	资源开发工业	1363.5
消费产品和服务	3.8	光电子与光机电一体化	1200.0
农业	3.8	科技服务	1100.0
资源开发工业	3.8	医药保健	1043.5
媒体和娱乐业	3.8	金融服务	763.6
新能源 / 高效节能技术	1.9	环保工程	718.5
光电子与光机电一体化	1.9	生物科技	650.0
软件产业	1.9	媒体和娱乐业	250.0
科技服务	1.9	新能源 / 高效节能技术	145.4

2010年，湖南省创业风险投资项目分布在15个行业，主要集中在其他行业、金融服务、医药保健、新材料工业、生物科技等5个行业。

2010年湖南省创业风险投资各个行业的平均投资规模有两个明显特点：一是行业的投资强度较大。在15个行业中，有10个行业的平均投资规模在1000万元以上，其中最高的消费产品和服务达到了13835.5万元。二是行业之间的差距较大。最高的消费产品和服务超过了1亿元，而最低的新能源/高效节能技术的投资强度只有145.4万元。

① 有效样本数为52份。

6.5 各经济区域创业投资活动情况

本节从经济区域角度来比较、分析我国 2010 年创业风险投资的运行状况。进行经济区域比较的目的之一就是通过比较经济发达、有特色的地区与经济相对不发达、创投活动不活跃的地区的差异，从而对以后的我国的创业风险投资的发展起到指引作用。

本文的区域划分，是根据经济发展的联系紧密程度以及发展特色，并参照国家现有的经济区域划分的依据，并本着研究的连续性来划分的。当前我国最为关注的几个经济区域增长带是珠三角、长三角以及围绕北京、天津这样的大型城市、具有知识高密度的京津冀地区等，同时还有正在重新振兴的东北三省老工业区。因此本文划分的区域有：

1. 京津冀地区
2. 长三角地区（包括浙江、上海、江苏）
3. 珠三角地区（广东、深圳）
4. 东北三省地区（辽宁、吉林、黑龙江）
5. 其他区域（福建省放在这个部分统计）

本文划分这五个区域，出发点之一是前三个区域是中国目前经济发展最快也是最有活力的区域，可以充分代表当前我国创业投资的前沿面。东北地区是我国的老工业基地，国有企业比重大，现在正面临经济转型，而且国家也提出了振兴东北的政策，而创业投资的发展可以鼓励民营和科技经济发展，有效提升产业转型和升级，因此把东北三省单独列出来。最后，把其余的地区归并到一起，用以比较这些地区与上述地区的不同。

6.5.1 2010 年我国不同区域创业风险投资的投资强度

表 6–16 和图 6–8 显示了 2010 年中国各经济区域内创业风险投资的投资强度。2010 年，东北三省的投资强度最高，达到了 5158.4 万元，大约是珠三角地区的 2 倍，最低的是长三角地区，只有 1516.8 万元，不到东北三省的三分之一。

表 6–16　2010 年中国创业风险投资强度的区域分布①　单位：万元

区域	东北三省	珠三角	京津冀	其他	长三角
投资强度	5158.4	2628.8	2307.2	1714.0	1516.8

① 有效样本数为 1912 份。

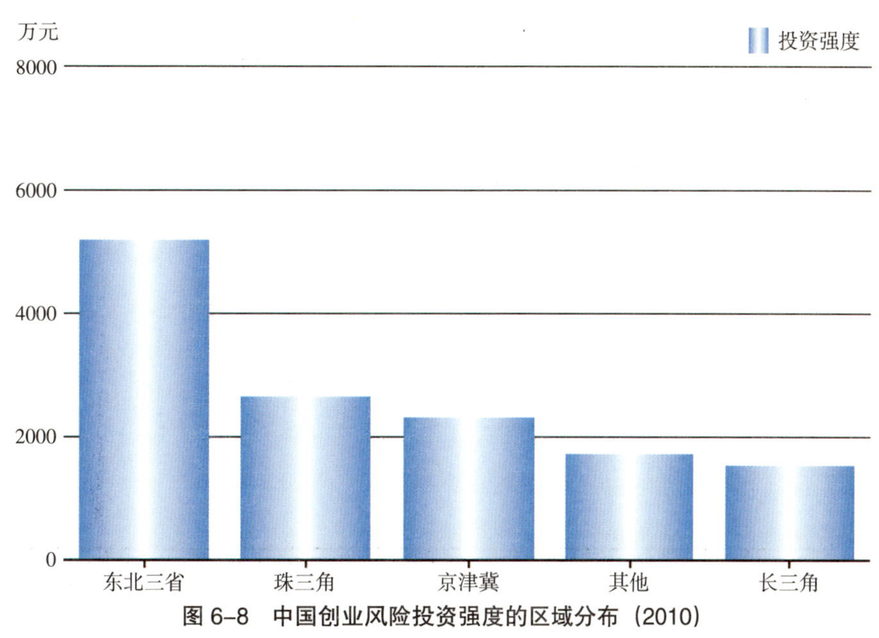

图 6-8 中国创业风险投资强度的区域分布（2010）

6.5.2 不同经济区域创业风险投资的持股结构

2010 年，全国各经济区域的创业风险投资机构在投资项目时仍旧以持股比例<50%的项目为主。具体来看，珠三角和长三角地区的创业风险投资机构在投资时，已经基本不以绝对投资控股为主，持股比例≥50%的项目占比非常低，珠三角只有 1.9%，长三角仅 3.4%。相比之下，东北三省和京津冀地区的创业风险投资，在投资时绝对控股的比例还较高，东北三省创业风险投资在投资时持股比例≥50%的项目比例达 16.7%，京津冀地区也有 14.6%（见表 6-17、图 6-9）。

表 6-17 2010 年各经济区域创业风险投资的持股结构① 单位：%

区域	东北三省	京津冀	其他	长三角	珠三角
持股比例≥50%	16.7	14.6	8.1	3.4	1.9
持股比例<50%	83.3	85.4	91.9	96.6	98.1

① 有效样本数为 1623 份。

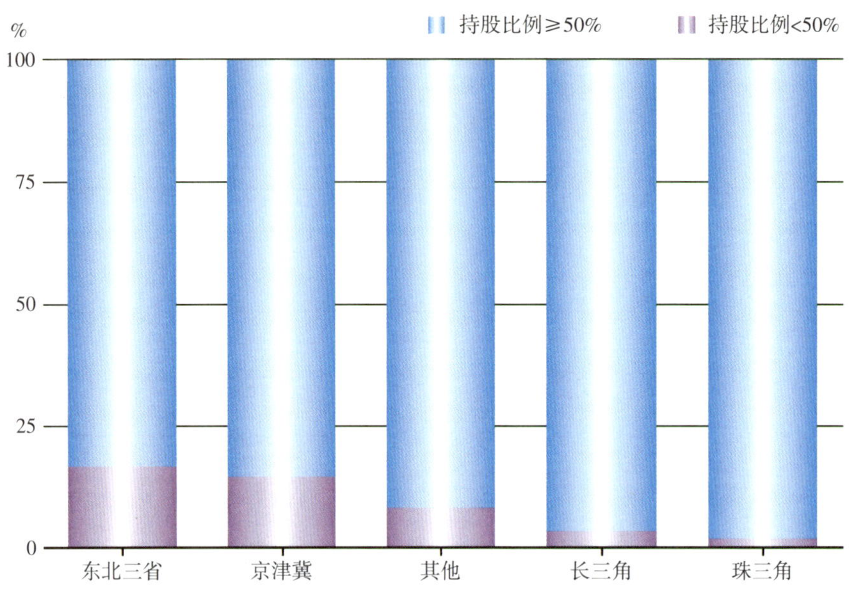

图 6-9　各经济区域创业风险投资的持股结构（2010）

6.5.3　不同经济区域创业风险投资项目所处阶段

2010 年，除了东北三省之外，各区域内创业风险投资所投资比例最多的项目仍主要集中在成长（扩张）期阶段，其中，最高的珠三角地区在成长（扩张）期阶段投资的项目占比达到 63.8%；东北三省，投资于起步期阶段的项目最多，达到 52.4%。值得注意的是，各地区对于早期阶段的企业都非常关注，除珠三角以外，各地区投资在种子期和起步期阶段的项目比例之和都超过了 50%（见表 6-18、图 6-10）。

表 6-18　　2010 年各区域创业风险投资项目所处阶段①　　单位：%

区域	种子期	起步期	成长（扩张）期	成熟（过渡）期	重建期
长三角	24.4	30.1	32.2	10.1	3.3
其他	19.1	28.2	41.9	9.4	1.4
京津冀	15.4	35.6	35.6	13.4	0.0
东北三省	14.3	52.4	28.6	4.8	0.0
珠三角	11.8	14.2	63.8	9.1	1.1

① 有效样本数为 1809 份。

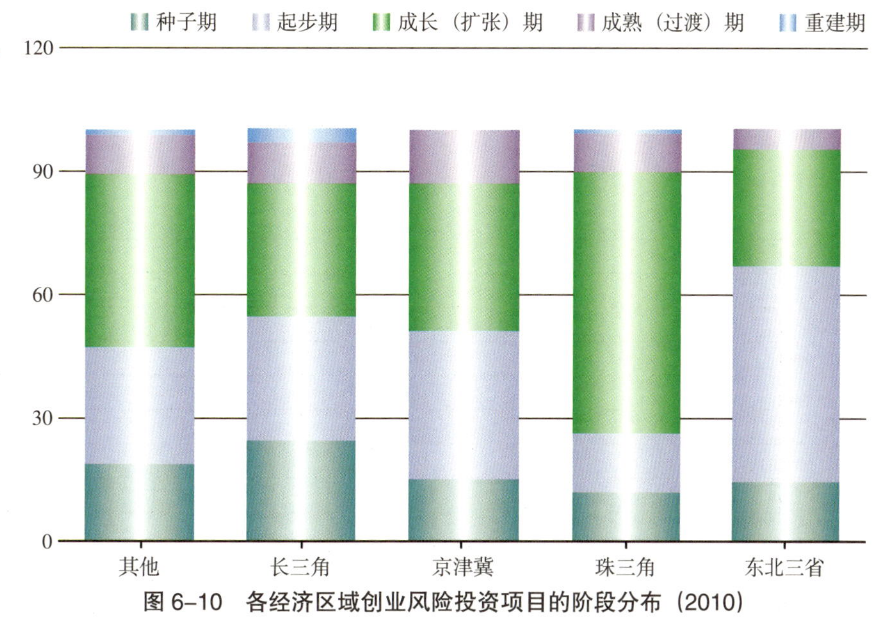

图 6-10 各经济区域创业风险投资项目的阶段分布（2010）

6.5.4 各经济区域创业风险投资项目的行业分布

图 6-11 至 图 6-15 分别显示了 2010 年我国不同经济区域创业风险投资的行业分布。

2010 年，我国长三角地区的创业风险投资分布在 22 个行业，行业总数与 2009 年持平，主要投资于其他行业、新材料工业、软件产业、新能源/高效节能技术、生物科技、传统制造业等行业，这 6 个行业的投资占比超过 50%。与 2009 年相比，光电子与光机电一体化行业项目比例下降较大（见图 6-11）。

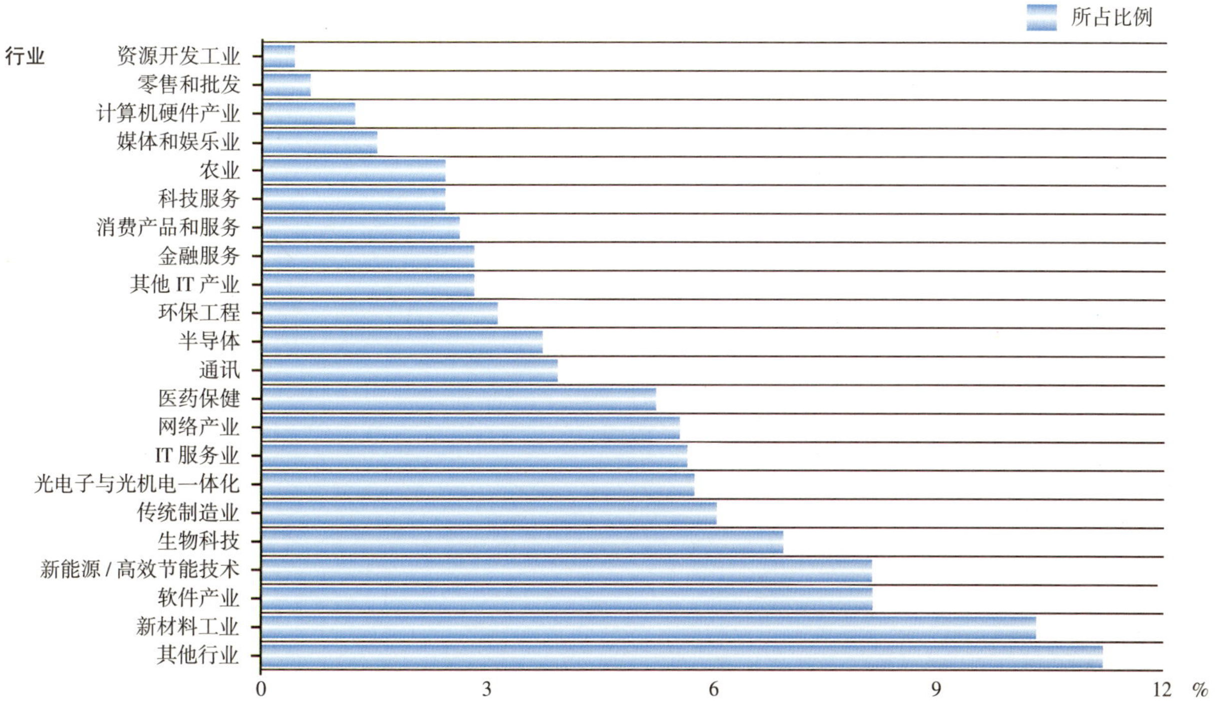

图 6-11 长三角地区创业风险投资项目的行业分布（2010）

2010 年，京津冀地区的创业风险投资分布在 21 个行业，比 2009 年多出 2 个行业，主要分布在其他行业、软件产业、医药保健、光电子与光机电一体化、新材料工业、传统制造业、网络产业、金融服务行业，以上行业占全部的比例达到 64.6%。其中，其他行业最高，达 11.6%，软件产业占 9.5%，医药保健占 8.8%。与 2009 年相比，医药保健、网络产业则成为京津冀地区创业风险投资相对关注的行业（见图 6-12）。

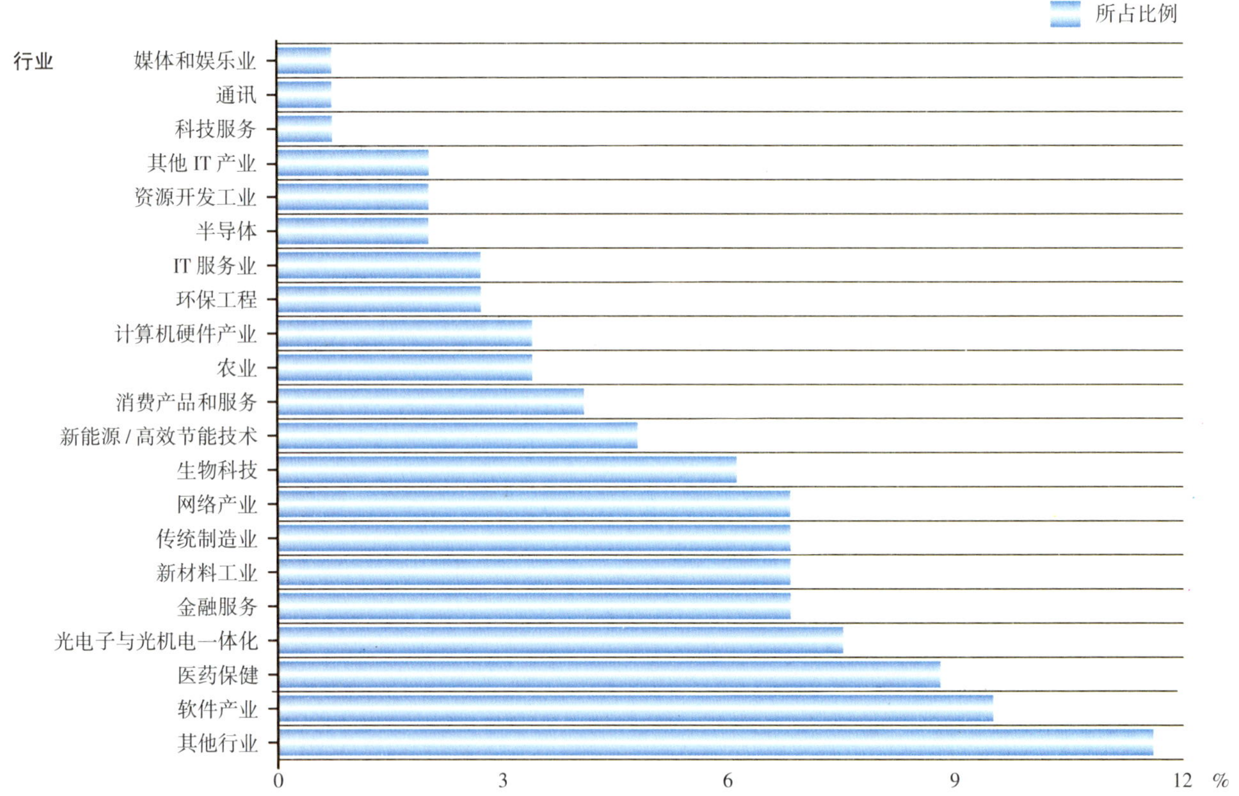

图 6-12 京津冀地区创业风险投资项目的行业分布（2010）

2010年，珠三角地区创业风险投资的行业分布在22个行业，比2009年多出3个行业。投资比例较高的行业有新能源/高效节能技术、消费产品和服务、传统制造业、新材料工业、其他行业、网络产业和医药保健，投资在上述行业的项目占总数的58.1%。与2009年比较，新能源/高效节能技术和消费产品和服务成为珠三角地区创业风险投资最乐意投资的领域，两者的项目均占总数的10.1%，而金融服务、软件产业、生物科技、通讯等行业受关注的程度在降低（见图6-13）。

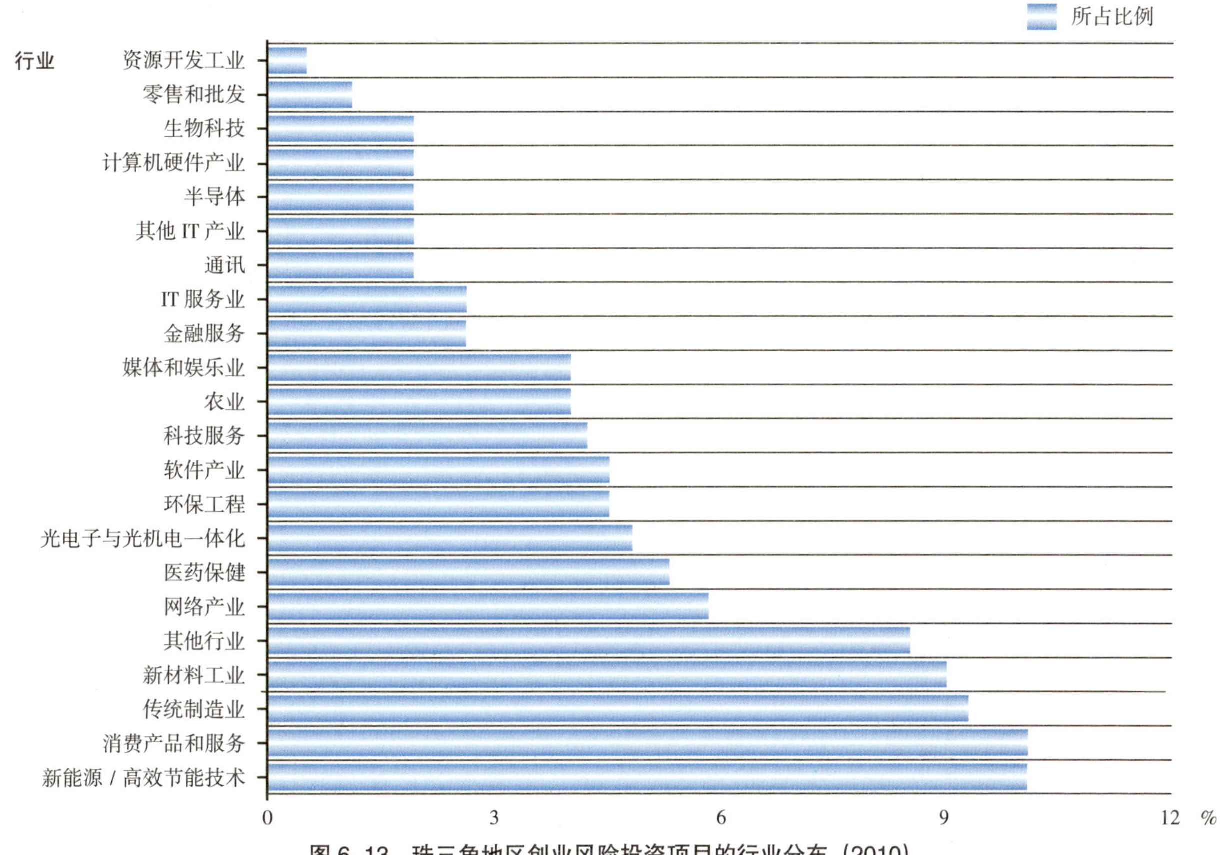

图6-13 珠三角地区创业风险投资项目的行业分布（2010）

2010 年，东北三省地区创业风险投资分布在 10 个行业，比 2009 年减少 1 个行业，主要集中在其他行业、新材料工业、传统制造业、软件产业和光电子与光机电一体化领域。与 2009 年相比，2010 年东北三省地区创业风险投资对新材料工业的关注度在下降，而光电子与光机电一体化则成为新的关注领域（见图 6-14）。

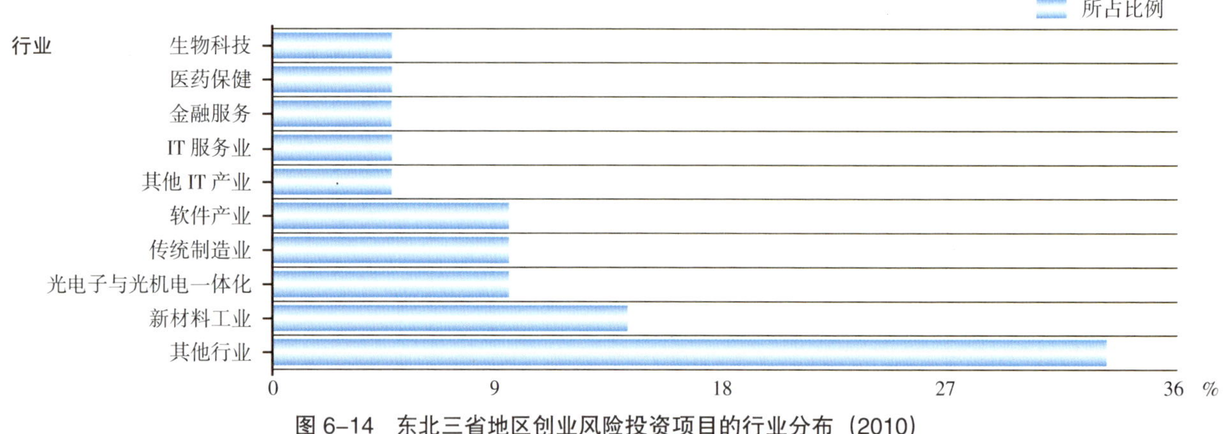

图 6-14 东北三省地区创业风险投资项目的行业分布（2010）

2010 年，其他区域的创业风险投资分布在 22 个行业，比 2009 年少 1 个。2010 年其他区域的创业风险投资主要投资集中在其他行业、新材料工业、传统制造业、金融服务、光电子与光机电一体化、医药保健、新能源/高效节能技术、生物科技和软件产业（见图 6-15）。

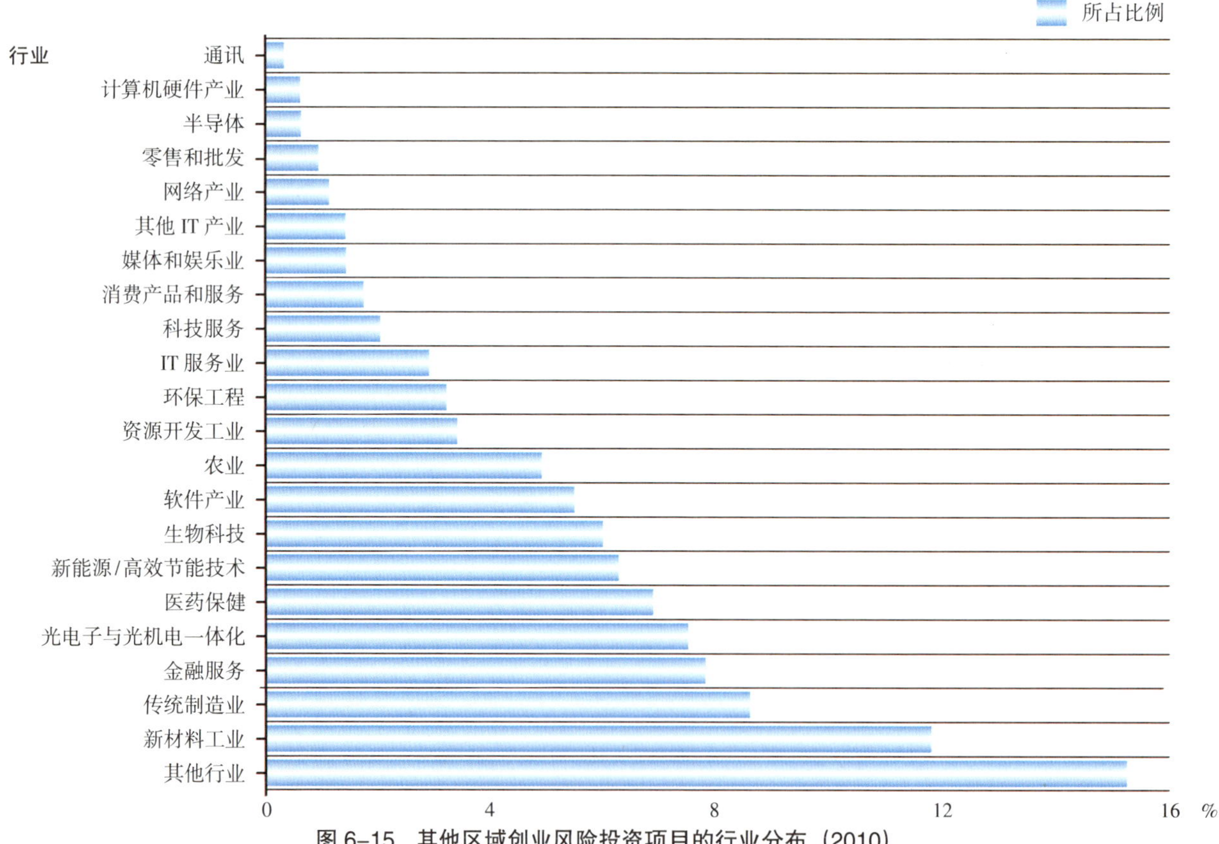

图 6-15 其他区域创业风险投资项目的行业分布（2010）

7 外资创业投资机构的运作

外资创业投资机构包括境内和境外两个部分。境内外资是指通过外商独资（含港、澳、台）和合资合作而取得的创业资本。境外资金是指境外机构通过在中国大陆设立办事机构等方式投资于中国大陆的创业资本。本章统计分析主要依据参与调查的48家外资创业投资机构，以中外合资机构为主。由于样本的局限性，虽然不能完全反映外资创业投资机构的真实情况，但通过与我国创业投资的整体情况进行对比，还是能够发现一些值得关注的问题。

7.1 外资创业投资项目的行业分布①

与2009年相比，2010年外资创业投资机构投资项目的行业分布集中度有一定下降。从投资金额来看，前五大行业所占比重为68.4%，远低于2009年的75.9%；从投资项目来看，前五大行业所占比重为51.6%，与2009年的51.8%基本持平。从具体行业来看，金融服务、新能源/高效节能技术成为两年来的持续投资热点，连续两年位居第二、三名；新材料和媒体娱乐业的地位也有显著提升，这些均属于国家大力促进发展的新兴产业，再次证明了外资创业投资机构对我国产业政策具有很强的敏感性。值得一提的是，其他行业无论是投资项目还是投资金额都位居第一，从另外一个侧面反映了外资创业投资机构投资领域的多样性（见表7-1、图7-1、图7-2）。

表7-1　2010年外资创业投资项目行业分布：投资金额与投资项目　单位：%

行业	投资金额所占比例	投资项目比例
其他行业	19.9	21.3
金融服务	19.5	4.9
新能源/高效节能技术	14.2	9.8
新材料工业	9.5	12.3
媒体和娱乐业	5.3	3.3
传统制造业	4.9	8.2
农业	4.5	4.1
医药保健	4.5	7.4
网络产业	4.0	4.9
生物科技	3.4	5.7
其他IT产业	2.6	4.1
环保工程	2.5	3.3
消费产品和服务	2.1	3.3
资源开发工业	1.2	0.8
软件产业	0.7	2.5
半导体	0.6	1.6
科技服务	0.3	0.8
零售和批发	0.2	1.6

① 有效样本数为122份。

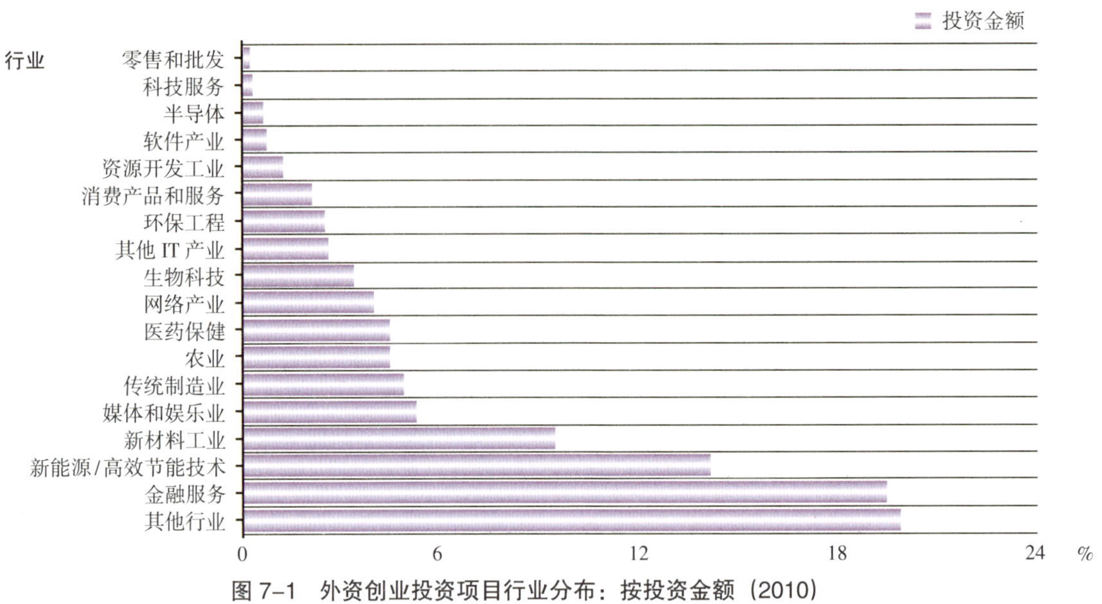

图 7-1 外资创业投资项目行业分布：按投资金额（2010）

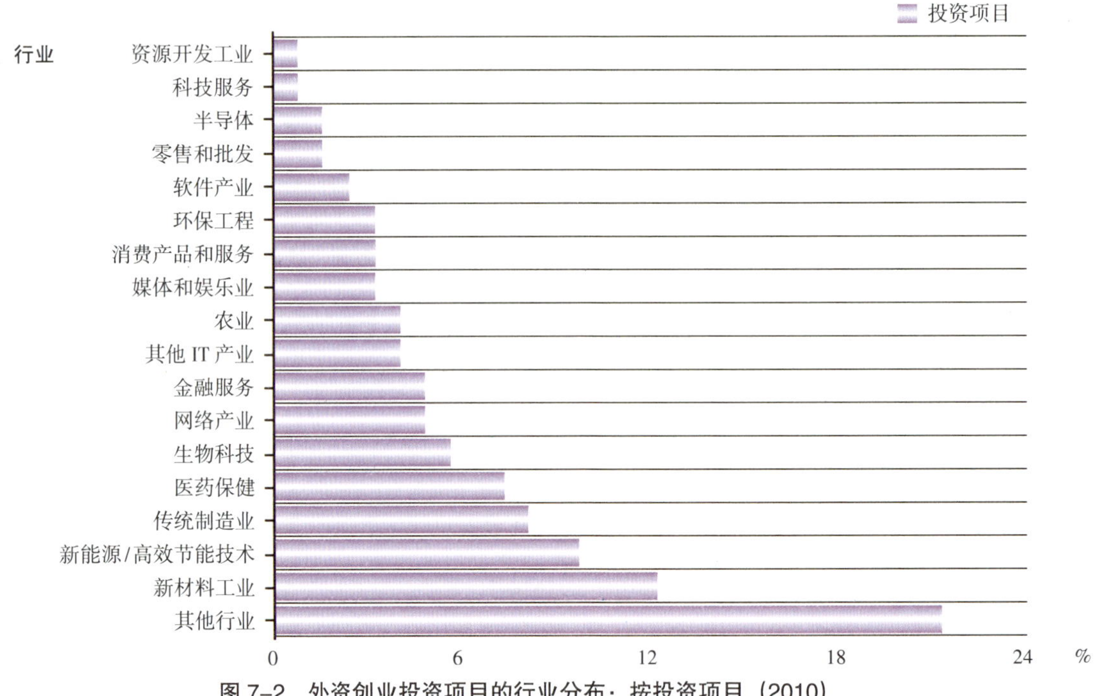

图 7-2 外资创业投资项目的行业分布：按投资项目（2010）

对比内、外资创业投资机构的投资行业分布，两者所关注的行业较为一致。从投资金额来看，共有 8 个行业同时进入中外机构关注的十大行业，特别是金融服务、新材料工业及新能源/高效节能技术同时位居内、外资投资金额的前五名，是双方共同关注的热点。相对内资机构来讲，外资所关注的行业集中趋势十分明显，位居前三位的其他行业、金融服务和新能源/高效节能技术占到全部投资金额的 53.6%；而内资机构关注的行业较为分散，位居前三位行业的投资金额仅占全部投资金额的 35.2%，即使金额较大前五位行业的投资金额也仅占到 50.4%。需要指出的是，外资机构投资行业的前五位发生了较大变化。2010年投资的前五位行业中，只有金融服务和新能源/高效节能技术仍位列其中，其余行业均发生了变化。特别是其他行业有了显著增长，新材料工业和媒体娱乐业也有大幅提升，这些都说明外资对新兴产业的关注敏感程度以及追踪热点、快速跟进的能力（见表7-2）。

表7-2　2010年外资创业投资项目行业分布：投资金额与投资项目　单位：%

行业	内资		行业	外资	
	投资金额	投资项目		投资金额	投资项目
其他行业	15.2	11.0	其他行业	19.9	21.3
传统制造业	10.7	7.2	金融服务	19.5	4.9
新材料工业	9.3	9.9	新能源/高效节能技术	14.2	9.8
消费产品和服务	7.6	4.1	新材料工业	9.5	12.3
新能源/高效节能技术	7.6	7.6	媒体和娱乐业	5.3	3.3
金融服务	6.6	4.0	传统制造业	4.9	8.2
医药保健	5.4	5.7	医药保健	4.5	7.4
光电子与光机电一体化	4.7	6.5	农业	4.5	4.1
农业	4.1	3.2	网络产业	4.0	4.9
生物科技	4.0	5.6	生物科技	3.4	5.7

7.2 外资创业投资项目所处阶段[①]

2010年，外资创业投资机构的投资阶段仍然集中在成长期和成熟期企业，但所占比例有所下降（见图7-3）。从投资金额来看，2010年投资于成长期和成熟期的投资金额占全部投资金额的71.1%，低于2009年的85%。相应的，投资于种子期和起步期的比例则有明显增加，从2009年的9.2%增长到2010年的21.4%。这可能与外资创业投资机构加大了前期投资力度，更多地投资于金融服务、媒体娱乐、新材料等新兴产业有关。

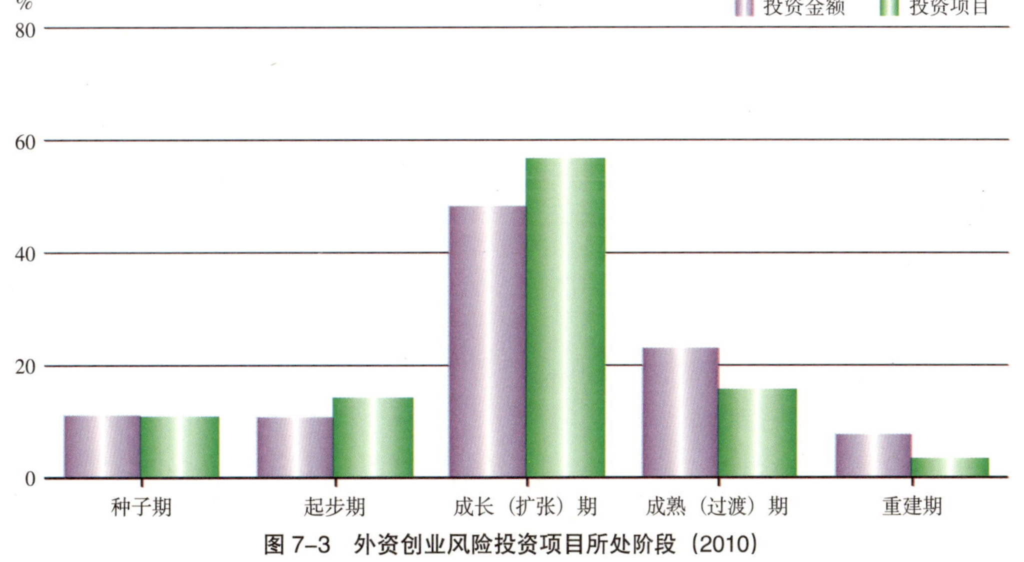

图7-3　外资创业风险投资项目所处阶段（2010）

① 有效样本数为122份。

从中外创业投资机构的比较来看，两者都较为重视对成长期项目的投资，分别达到投资金额的 49.3%和 48.2%。相对而言，内资机构对种子期和起步期的项目更为重视，投资金额所占比重达到 28.3%，远高于外资的 21.4%。值得一提的是，内资机构对起步期项目的投资呈增长态势，投资金额由 2009 年的 13.5%增至 18.2%。从整体情况来看，内外资创业投资机构虽然对不同阶段创业企业的投资比例比较接近，但内资企业相对来讲更加靠近创业前期。这一点从投资项目来看更为明显（见表 7-3）。

表 7-3 内资与外资创业投资项目所处投资阶段（2010） 单位：%

投资阶段	投资项目		投资金额	
	内资	外资	内资	外资
种子期	20.6	10.7	10.1	10.8
起步期	28.1	13.9	18.2	10.6
成长期	39.7	56.6	49.3	48.2
成熟期	9.5	15.6	19.9	22.9
重建期	2.1	3.3	2.5	7.5

7.3 外资创业投资的投资强度[①]

2010 年，外资创业投资机构所投资项目的规模有了进一步提升，单项投资规模主要集中在 1000 万元以上，所占比重由 2009 年的 86.2%增加到 2010 年的 94.2%。其中，投资规模在 2000 万元以上的项目所占比重明显增长，从 2009 年的 71.2%增至 2010 年的 77.5%。同时，投资规模在 1000 万元以下的项目所占比重均明显降低（见表 7-4、图 7-4）。

表 7-4 2009~2010 年外资创业投资单项投资金额的规模分布 单位：%

投资金额（万元）	100 以下	100 ~ 300	300 ~ 500	500 ~ 1000	1000 ~ 2000	2000 以上	合计
2009 年	0.2	0.5	3.1	9.9	15.0	71.2	100.0
2010 年	0.0	0.3	1.2	4.2	16.7	77.5	100.0

① 有效样本数为 135 份。

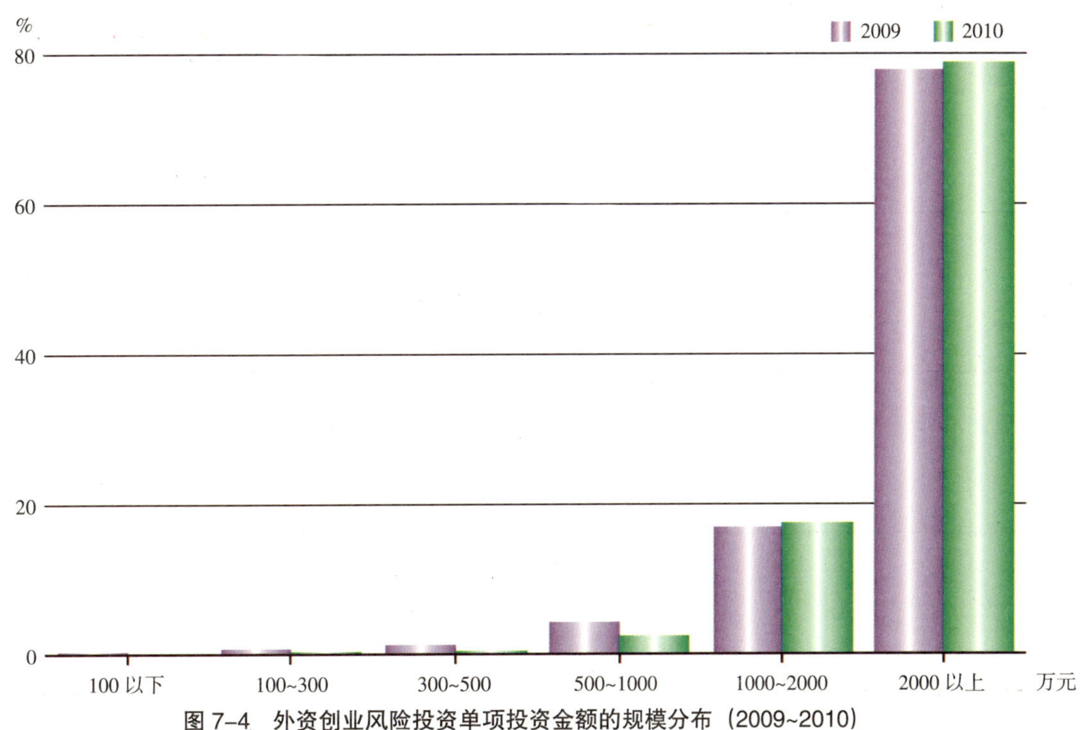

图 7-4 外资创业风险投资单项投资金额的规模分布（2009~2010）

与内资创业投资规模相比，外资创投机构的单项投资规模明显高于内资机构，但两者正在逐步接近。2010 年，外资机构投资规模超过 500 万元的达到 98.4%，而内资机构仅为 95.6%。具体来看，内资与外资投资规模的差距主要体现在 2000 万元以上的项目中，外资机构投资 2000 万元以上项目的比重为 77.5%，而内资机构为 70.7%。值得高兴的是，内资机构投资项目的规模正在稳步提高，表明内资机构的实力正在稳步增强（见表 7-5）。

表 7-5　2010 年内资与外资创业投资单项投资金额的规模分布　单位：%

投资金额（万元）	100 以下	100 ~ 300	300 ~ 500	500 ~ 1000	1000 ~ 2000	2000 以上	合计
外资	0.0	0.3	1.2	4.2	16.7	77.5	100.0
内资	0.4	1.8	2.1	7.7	17.2	70.7	100.0

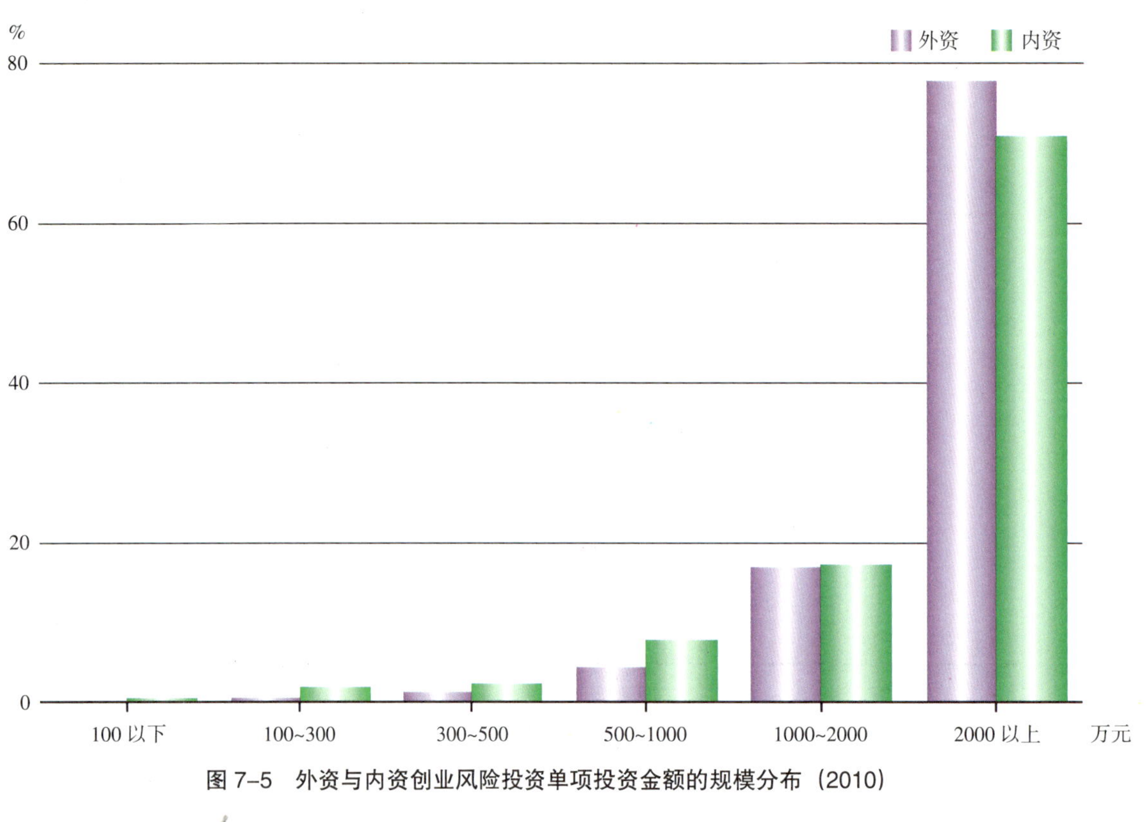

图 7-5 外资与内资创业风险投资单项投资金额的规模分布（2010）

7.4 外资创业投资项目状况分析

7.4.1 创业投资项目的实收资本①

2010 年外资创业投资机构投资项目的实收资本规模有所增加。与 2009 年相比，1000 万元以上的项目明显增多，所占比例分别由 2009 年的 17.4%和 31.9%增加到 21.1%和 44.7%；而 1000 万元以下的项目所占比重则显著减少，分别由 2009 年的 11.6%和 17.4%降低到 2010 年的 9.2%和 5.3%（见表 7-6、图 7-6）。

表 7-6 2009~2010 年外资创业投资项目实收资本的规模分布 单位：%

实收资本（万元）	500 以下	500 ~ 1000	1000 ~ 3000	3000 ~ 5000	5000 以上
2009 年	17.4	11.6	17.4	21.7	31.9
2010 年	5.3	9.2	21.1	19.7	44.7

① 有效样本数为 76 份。

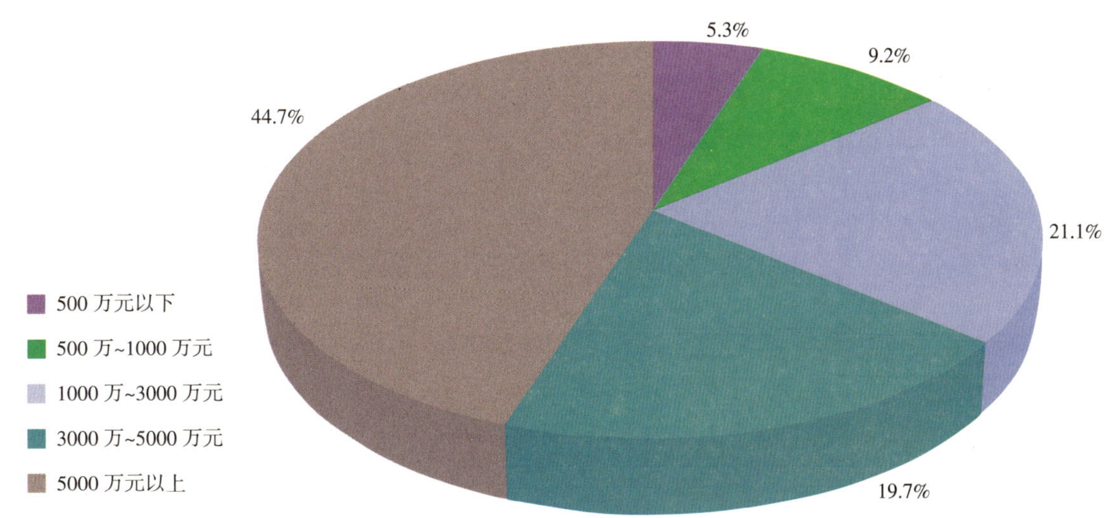

图 7–6 外资创业风险投资项目实收资本的规模分布（2010）

与内资创业投资机构相比，外资机构所投资项目的资本实力较雄厚。投资项目的实收资本主要集中在 3000 万~5000 万元以及 5000 万元以上，所占比重分别为 19.7%和 44.7%，均明显高于内资机构，而 3000 万元以下的项目所占比重则低于内资机构（见表 7–7、图 7–7）。

表 7–7 2010 年内资与外资创业投资项目实收资本的规模分布 单位：%

实收资本（万元）	500 以下	500 ~ 1000	1000 ~ 3000	3000 ~ 5000	5000 以上
外资	5.3	9.2	21.1	19.7	44.7
内资	27.9	12.7	23.6	12.6	23.2

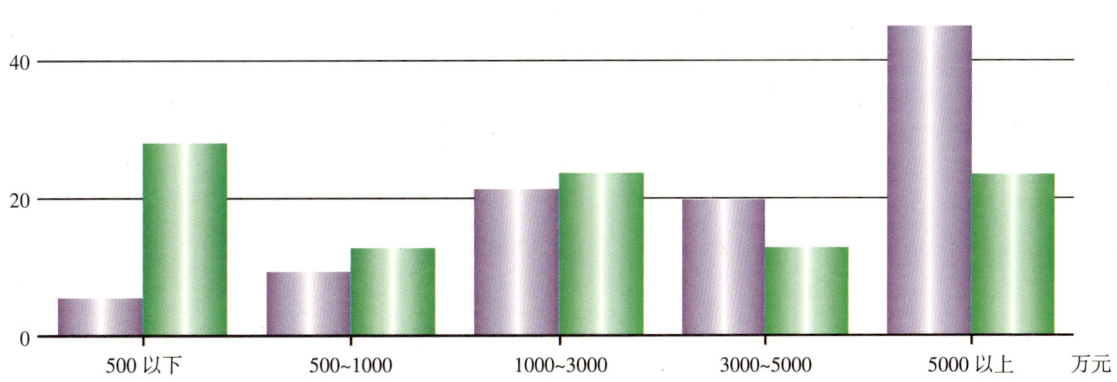

图 7–7 外资与内资创业风险投资项目实收资本的规模分布（2010）

7.4.2 创业投资项目的雇员①

从创业投资项目的雇员人数来看，投资项目的规模呈增大趋势。具体来说，2010 年主要投资于雇员人数超过 150 人的项目，所占比重达到 61.4%，，远超 2009 年的 54.3%，而且 200 人以上的项目增幅较大，由 2009 年的 47.5%增至 2010 年的 50.7%；在 150 人以下的项目中，人员规模在 100~150 人的投资项目有明显增加外，而 10~50 人的投资项目所占比重则有大幅下降（见表 7-8、图 7-8）。

表 7-8　2009~2010 年外资创业投资项目雇员人数分布　单位：%

雇员数（人）	10 以下	10 ~ 50	50 ~ 100	100 ~ 150	150 ~ 200	200 以上
2009 年	0.0	20.3	13.6	8.5	6.8	47.5
2010 年	2.7	8.0	14.7	13.3	10.7	50.7

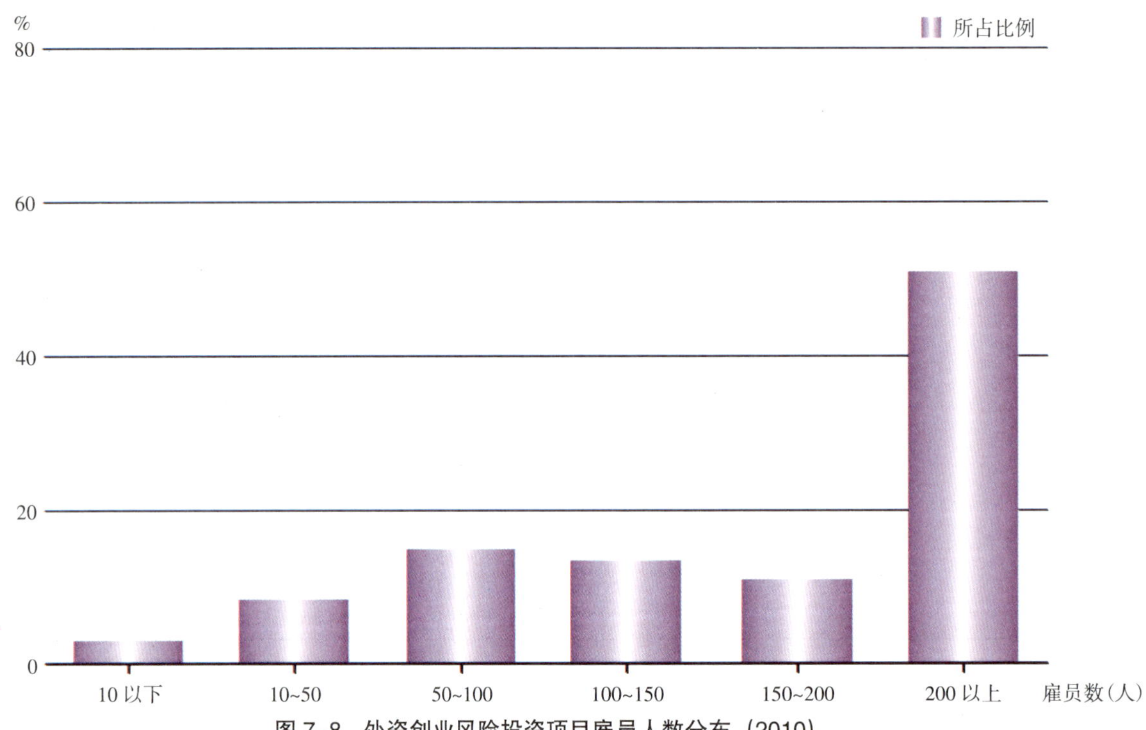

图 7-8　外资创业风险投资项目雇员人数分布（2010）

① 有效样本数为 75 份。

对外资创业投资机构与内资创业投资机构的项目雇员人数进行对比可以发现，外资更多投资于规模较大的企业，主要集中在200人以上的企业，占全部投资项目的50.7%。而内资创业投资机构则更多投资于50人以下的项目，占到全部项目的47.1%，其中10~50人以下企业又占有较大比重。这与内资企业更多投资于种子期的项目也有一定关系（见表7–9、图7–9）。

表7–9 2010年外资与内资创业投资项目雇员人数分布 单位：%

雇员数（人）	10以下	10～50	50～100	100～150	150～200	200以上
外资	2.7	8.0	14.7	13.3	10.7	50.7
内资	15.9	31.2	14.0	7.8	5.5	25.6

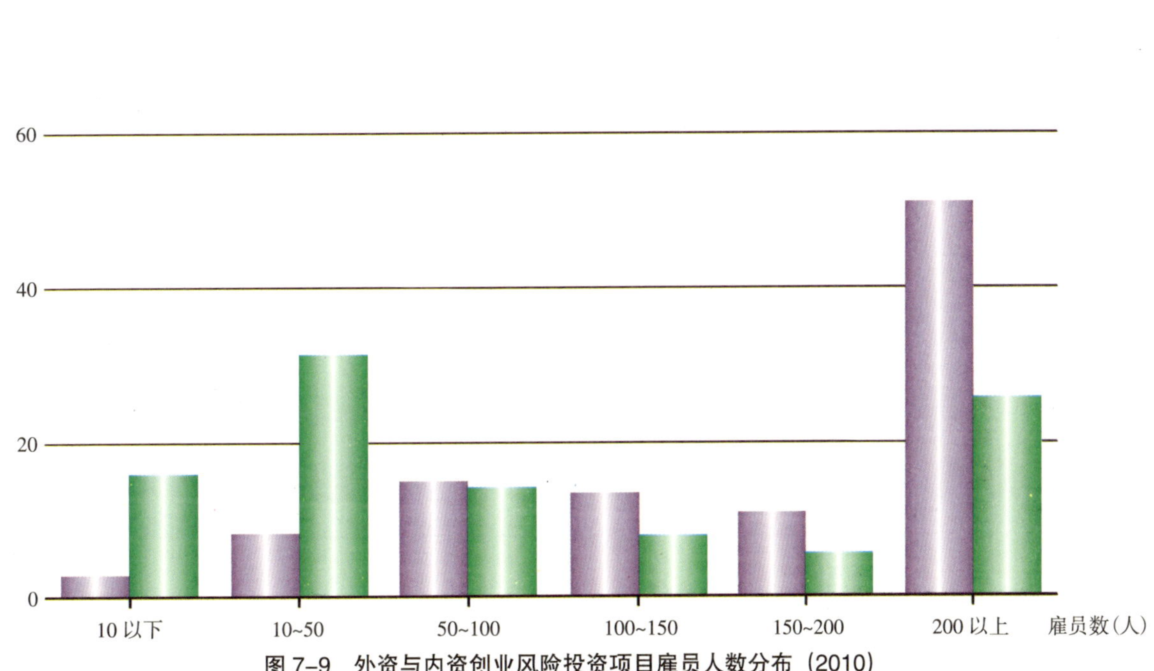

图7–9 外资与内资创业风险投资项目雇员人数分布（2010）

7.5 外资创业投资项目的总体运作状况[①]

截至 2010 年底，在外资创业投资机构所投资的企业中，除了继续运行外，准备上市、已上市以及原股东回购是三种主要的运行方式，所占比例分别为 20.2%、8.3%和 7.3%。对内资创业投资机构来说，准备上市、原股东回购以及已上市则成为三种主要的运行方式，所占比例分别为 17.1%、10.9%和 7.4%。从中可以看出，原始股东回购和上市已经成为中外资创业投资机构实现退出的共同方式。相比较而言，外资机构更愿意通过机构之间的股权转让来实现退出和回收资金，如在外资创业投资所投项目中，有 6.4%的项目被其他机构收购，而内资机构采用这一方式的仅占 4.9%。另外，从上市地点来看，随着国内创业板的推出和资本市场的不断完善，境内上市已经成为一个重要选择。其中，外资机构所投资项目中，已在境内上市或准备境内上市的比例为 22.4%,内资这一比例为 22.2%；外资机构所投资项目中，已在境外上市或准备境外上市的比例为 6.0%，而内资这一比例为 2.3%（见表 7–10、图 7–10、图 7–11）。

表 7–10　　截至 2010 年底内资与外资创业投资项目的运作情况　　单位：%

被投资项目运作状况	已上市		准备上市		被其他机构收购			原股东（创业者）回购	管理层收购	继续运行	清算
	境内上市	境外上市	境内上市	境外上市	境内上市公司收购	境内非上市公司或自然人收购	境外收购				
内资	7.4		17.1		4.9			10.9	0.9	56.5	2.3
	5.8	1.6	16.4	0.7	0.6	4.0	0.4	10.9	0.9	56.5	2.3
外资	8.3		20.2		6.4			7.3	0.9	52.4	4.6
	5.9	2.4	16.5	3.6	0.9	4.9	0.6	7.3	0.9	52.4	4.6

① 34 家外资创业投资机构参与了此问题的调查。

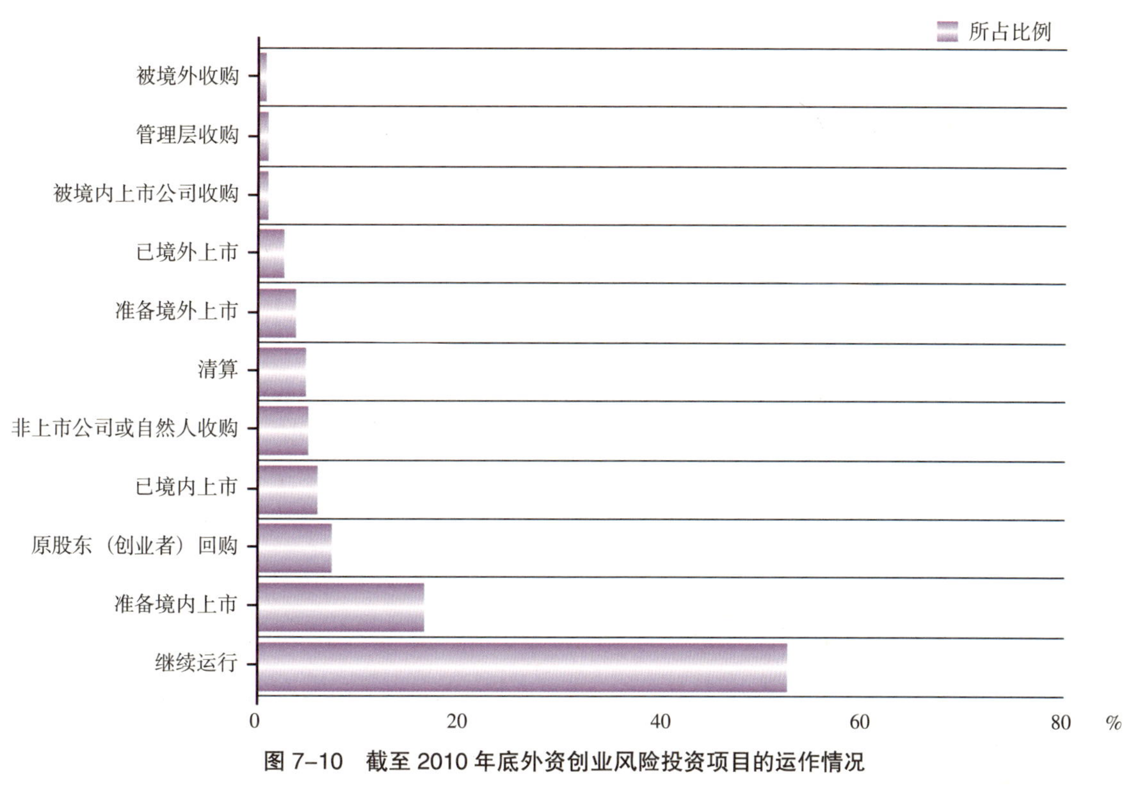

图 7-10 截至 2010 年底外资创业风险投资项目的运作情况

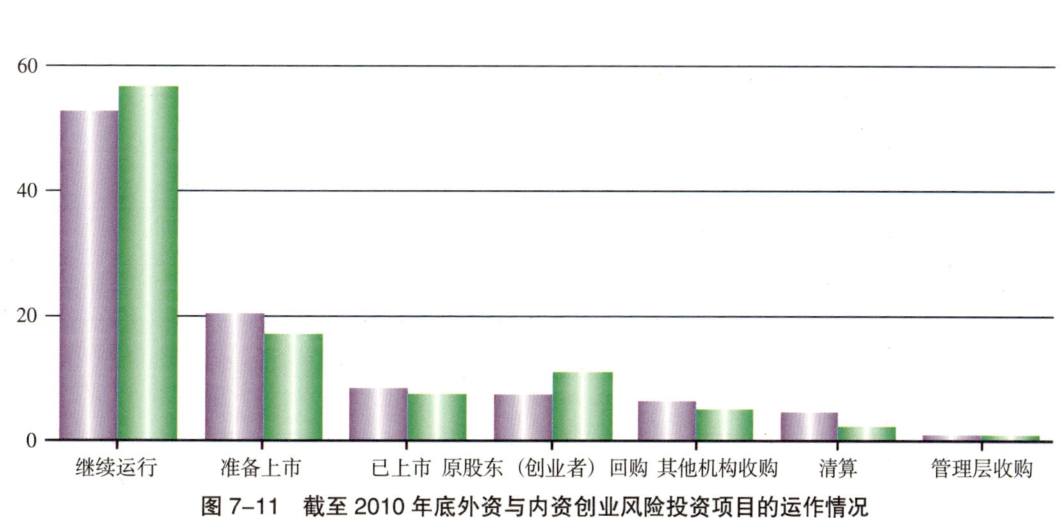

图 7-11 截至 2010 年底外资与内资创业风险投资项目的运作情况

7.6 影响外资创业投资机构投资决策的因素[①]

根据调查情况，2010 年影响外资创业投资机构投资决策的因素依次为“管理团队”、“市场前景”、“技术因素”、“财务状况”、“盈利模式”、“公司治理结构”、“股权价格”，这一顺序与 2009 年的调查结果相比，略有变化，其中对“管理团队”、“技术因素”的重视程度有所加强，另外对“财务状况”也更加关注。但总的来说，“管理团队”、“市场前景”仍然是最重要的两个因素，所占比例远远高于其他因素。对比中外投资机构的影响因素，最重要的五个因素在顺序上基本一致，依次是“管理团队”、“市场前景”、“技术因素”、“财务状况”、“盈利模式”，只是在“财务状况”、“盈利模式”的重视程度略有差别。在其他因素中，外资更注重“公司治理结构”、“股权价格”和“竞争对手情况”，而内资机构则对“公司治理结构”、“股权价格”和“资信状况”更为重视（见图 7–12）。

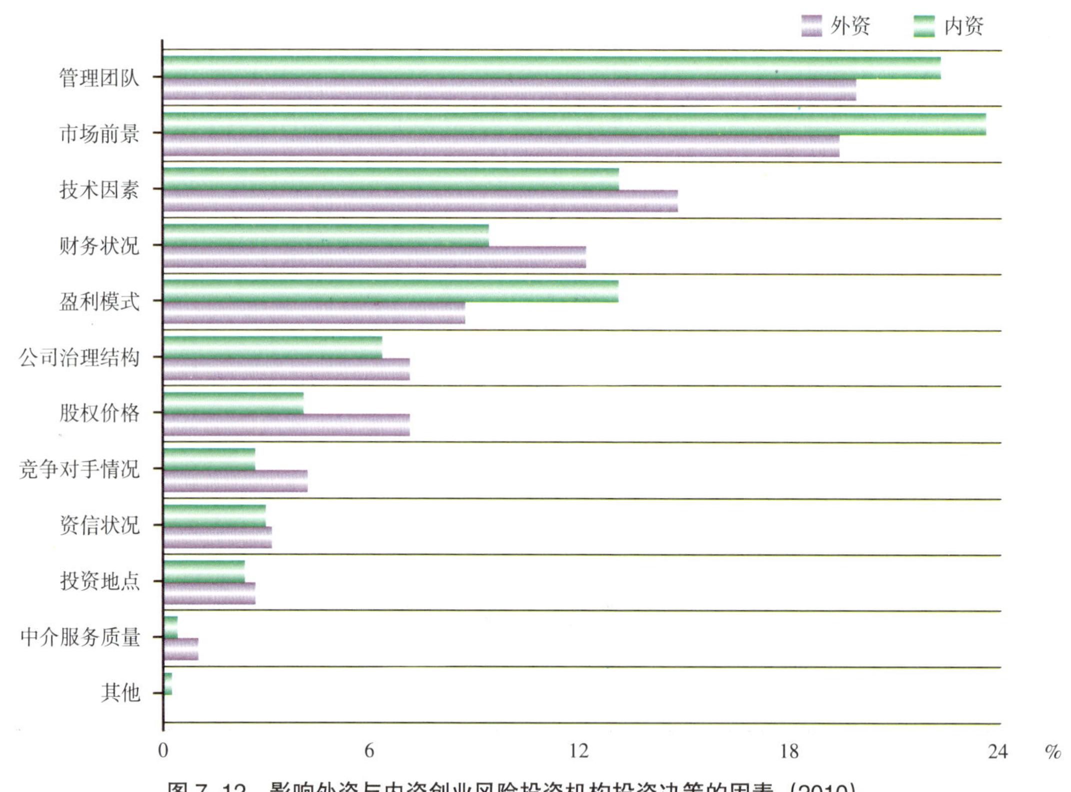

图 7–12 影响外资与内资创业风险投资机构投资决策的因素（2010）

① 41 家机构参与了此问题的调查。

7.7 外资创业投资机构获取信息的主要渠道[①]

调查表明，2010年外资创业投资机构获取信息的五个主要渠道依次为“项目中介机构”、“朋友介绍”、“政府部门推荐”、“项目业主”和“股东推荐”。与2009年相比，“项目中介机构”由去年的第三位上升到第一位，“政府部门推荐”则由原来的第一位下降为第三位，其他没有发生变化。

通过对比发现，中外创业投资机构获得信息的主要渠道基本一致，“项目中介机构”、“朋友介绍”、“政府部门推荐”是中外投资机构获取信息的三个重要渠道，只是内资机构对政府部门更加依赖一些（见图7-13）。

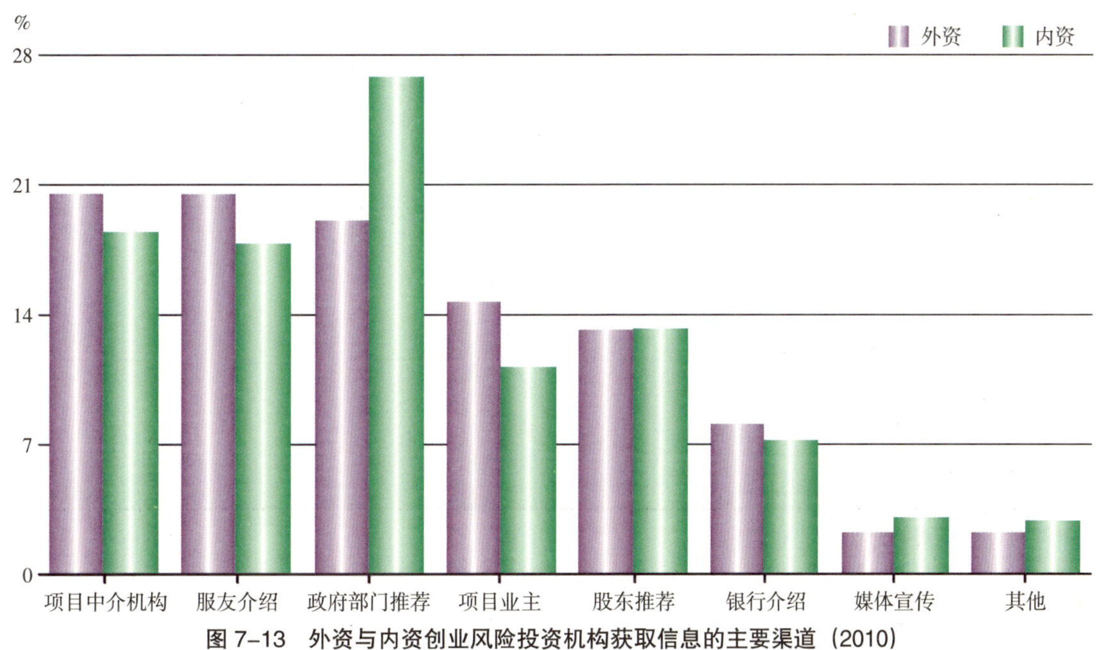

图7-13 外资与内资创业风险投资机构获取信息的主要渠道（2010）

① 41家机构参与了此问题的调查。

7.8 外资创业投资项目的监管模式[①]

根据调查，外资创投机构的管理模式主要包括“提供管理咨询”、“董事会席位”和“财务咨询”三种方式，与2009年基本一致。从中外投资机构比较来看，各种管理模式的重要性基本一致，只是内资机构采用“只限监管”这种方式的比例更多一些（见图7-14）。

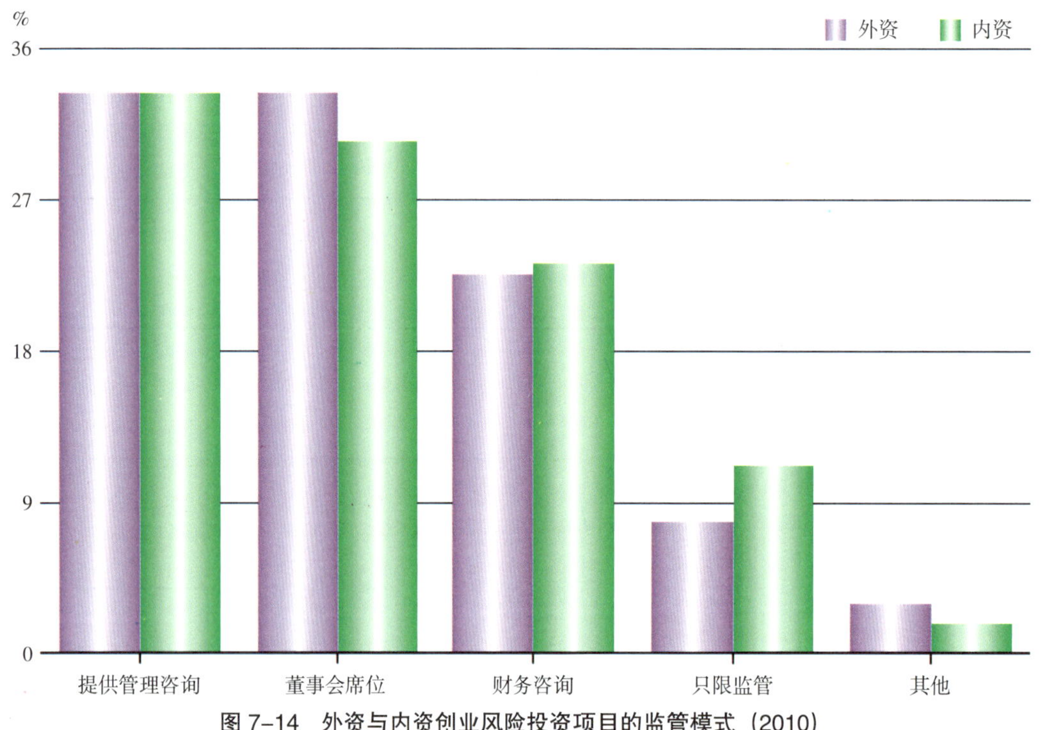

图 7-14 外资与内资创业风险投资项目的监管模式（2010）

① 41家机构参与了此问题的调查。

7.9 与外资创业投资机构经营有关的人力资源因素[①]

根据2010年的调查，一个合格的创业投资人员应该具有各方面的综合素质，其中外资更注重“资本运作能力”、“判断力和洞察力”、“商务谈判能力”、“财务管理能力”、“人际关系网络和协调能力”和“技术背景”。其中，“资本运作能力”取代“判断力和洞察力”成为第一重要的因素。“商务谈判能力”和“财务管理能力”也受到更多重视。

相比较而言，中外创业投资机构对综合素质的关注程度基本一致，只是内资机构更加重视“资本运作能力”，而外资机构更加注重“财务管理能力”(见图7-15)。

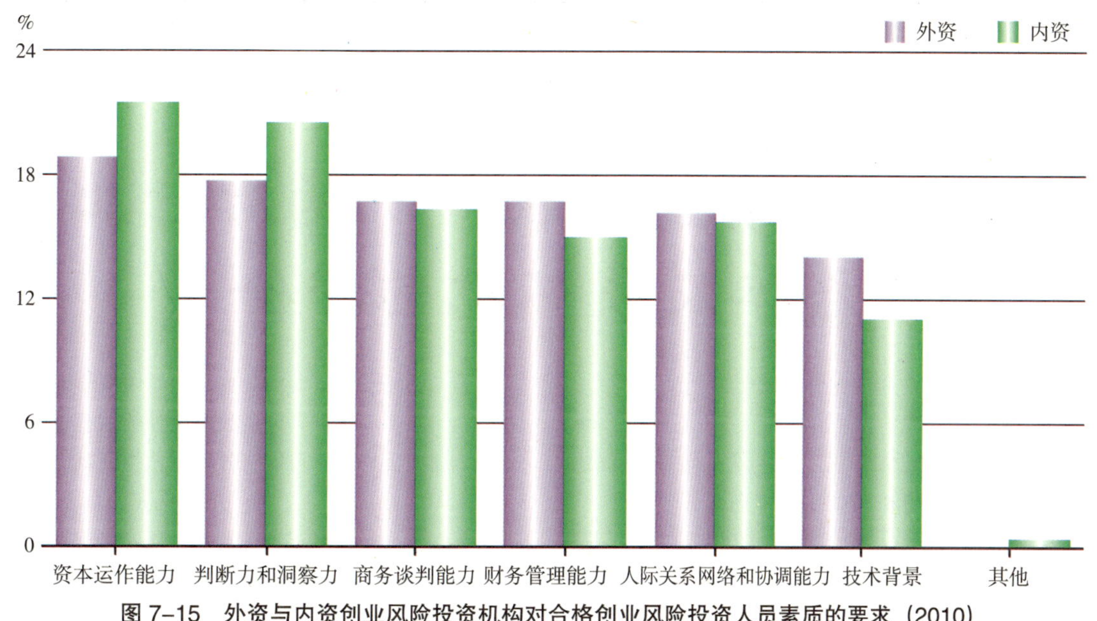

图7-15 外资与内资创业风险投资机构对合格创业风险投资人员素质的要求（2010）

另外，本报告还针对“我国创业投资从业人员缺乏哪些专业知识”进行了调查[②]，中外创业投资机构的回答也基本趋于一致，其中“技术评估”、“资本运作”和“企业管理”能力是最为看重的三种专业知识。对于其他素质要求而言，内资机构更重视“项目识别”、“技术背景”和“法律知识”，而外资机构更重视“技术背景”、“项目识别”和“财务管理能力”（见图7-16）。

① 41家外资机构参与了此问题的调查。
② 39家外资机构参与了此问题的调查。

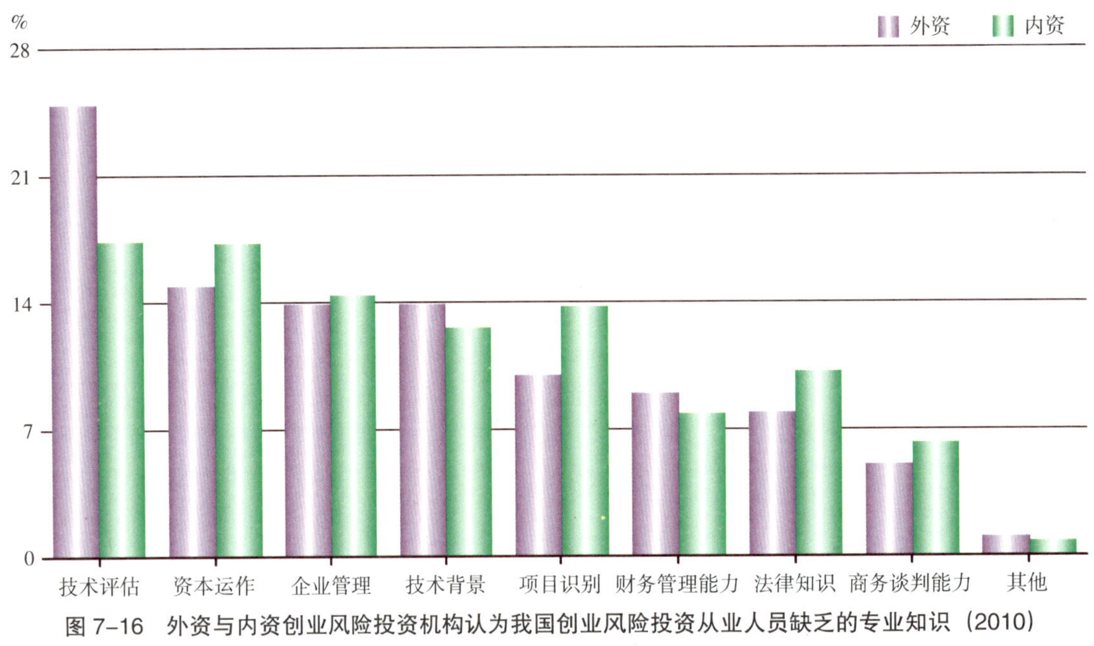

图 7-16 外资与内资创业风险投资机构认为我国创业风险投资从业人员缺乏的专业知识（2010）

7.10 外资创业投资机构对行业总体发展环境的评价

调查发现，对外资创业投资机构来说，"市场竞争"、"政策环境变化"、"内部管理水平有限"、"技术不成熟"和"退出渠道不畅"是投资效果不佳的最主要的原因[①]（见图 7-17）。相对来讲，内资机构则认为"内部管理水平有限"、"政策环境变化"、"市场竞争"、"退出渠道不畅"以及"技术不成熟"是投资效果不佳的主要原因。从中可以看出，内外资对投资效果不佳原因的认识基本一致。外资更注重"市场竞争"而内资更强调"内部管理水平有限"。另外，"技术不成熟"已成为影响外资创业投资机构投资效果的重要因素，这可能与外资创业投资机构更愿意投资于成长期的项目有关。值得指出的是，与 2009 年对比，外资机构再次把"政策环境变化"列为影响投资效果的主要因素，说明我国创业投资的发展环境仍需进一步完善。

① 40 家外资机构参与了此问题的调查。

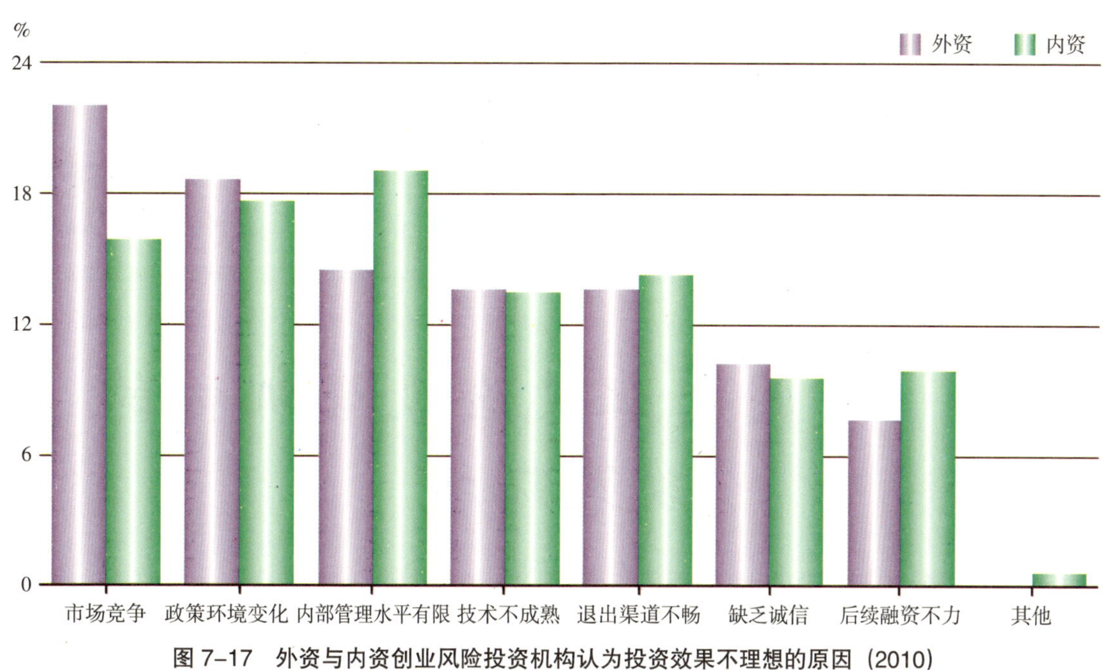

图 7-17 外资与内资创业风险投资机构认为投资效果不理想的原因（2010）

为了进一步考察当前我国创业投资发展所处的环境，我们专门对创业投资发展所面临的困难进行了调查①（见图 7-18）。外资机构仍然把“多层次资本市场不完善”、“政策不明朗”、“缺乏好项目”、“缺乏行业法规”、“企业管理水平低”等列为最主要的问题。可以看出，尽管我国在法律制度建立、资本市场完善方面取得了一定进展，但仍不能满足我国创业投资行业的发展需要，良好的创业投资外部环境的建立，依然任重道远。另外，“缺乏好项目”一直是创业投资发展所面临的困难之一，因此需要提供更为良好的产业化环境，不断培育出更多、更好的项目。

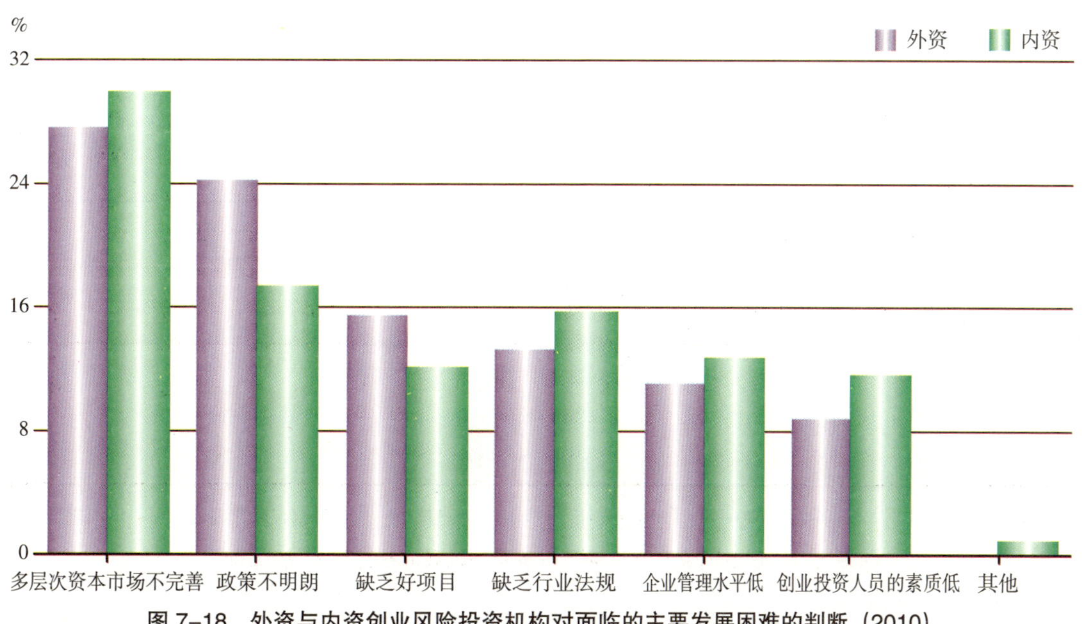

图 7-18 外资与内资创业风险投资机构对面临的主要发展困难的判断（2010）

① 39 家外资机构参与了此问题的调查。

8 中国创业风险投资发展环境及在中小板、创业板中的表现

8.1 中国创业风险投资机构的政策环境

本节主要根据调研样本数据分析中国创业风险投资机构目前的政策环境，梳理中国创业风险投资机构最希望出台的有关政策等信息。

8.1.1 中国创业风险投资机构可以享受到的政府扶持政策

近年来，中央及地方都出台了一系列相关政策支持我国创业风险投资事业发展，在一定程度上推动了我国创业风险投资的发展。2010 年调查显示，28.9%的创业风险投资机构享受到政府资金的支持，28.6%享受到所得税减免政策优惠，25.1%在信息交流方面得到了政府支持，9.5%在人员培训方面获得了政府帮助（见图 8-1）。

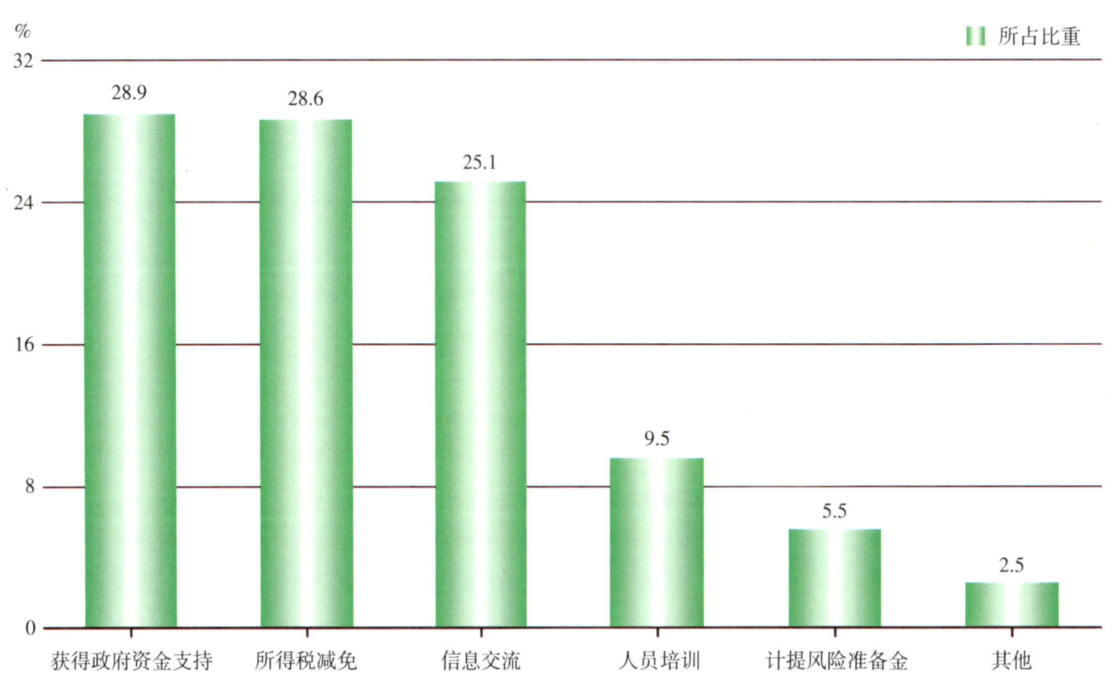

图 8-1 创业风险投资机构可以享受到的政府扶持政策（2010）

2010年调查显示①，各地实施了多项政府扶持政策支持创业风险投资机构发展，各地区平均约有三分之一的创投机构获得了政府资金支持，比例比2009年有所提高，如北京市有32.6%的创投机构可以获得政府资金支持，26.1%的创投机构可以获得所得税减免；新疆47.1%的创投机构可以获得所得税减免；各地普遍为创投风险机构提供信息交流服务；浙江6.4%的创投机构可以计提风险准备金，降低了投资风险和成本等（见图8-2）。各项扶持政策的受惠面进一步扩大，为创投发展营造了良好的环境。

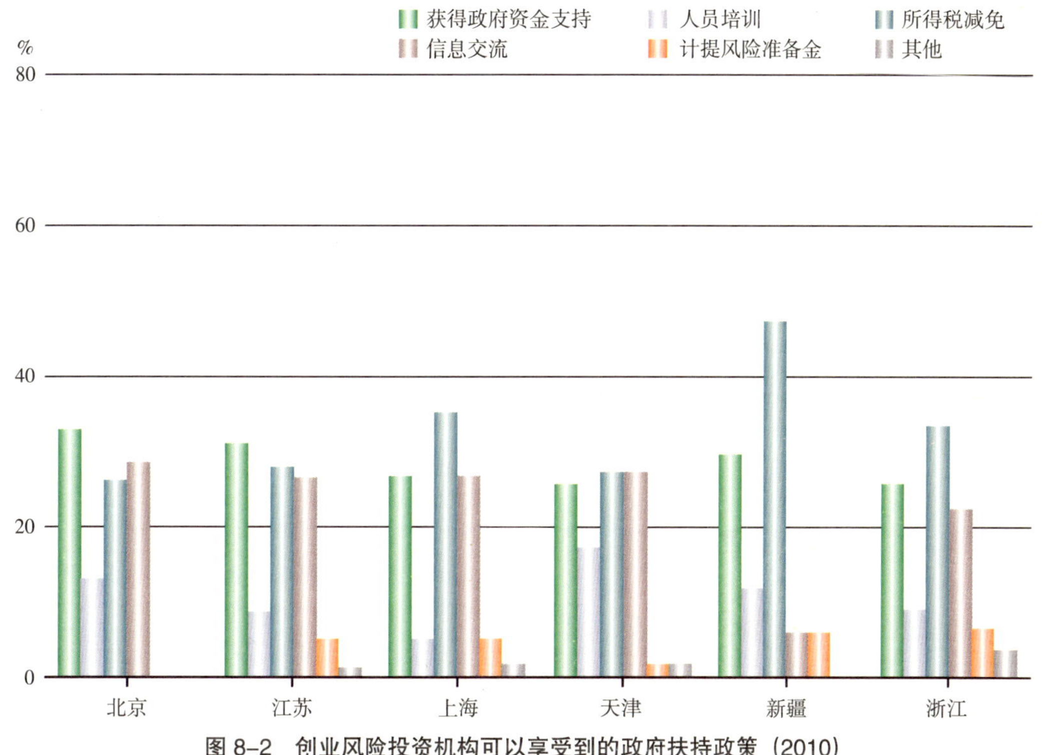

图8-2 创业风险投资机构可以享受到的政府扶持政策（2010）

8.1.2 中国创业风险投资机构税收负担情况

2007年财政部、国家税务总局出台了《关于促进创业投资企业发展有关税收政策的通知》（财税［2007］31号），对创业风险投资机构实行税收优惠政策。根据2010年调查显示，52.9%的创业风险投资机构税收负担在10%以下，19.9%的创投机构税收负担在10%~20%，23.0%的创投机构税收负担在20%~30%，4.2%的创投机构承担着30%以上的高税收负担（见图8-3），与2009年相比，我国创业风险投资行业整体税收负担有所增加，但高税收负担创投机构占比下降，绝大部分创投机构税收占比分布于30%以下，税收环境较为宽松，但仍有一些地区税收优惠政策并未有效落实，影响创投行业发展。

① 有效样本数为393份。

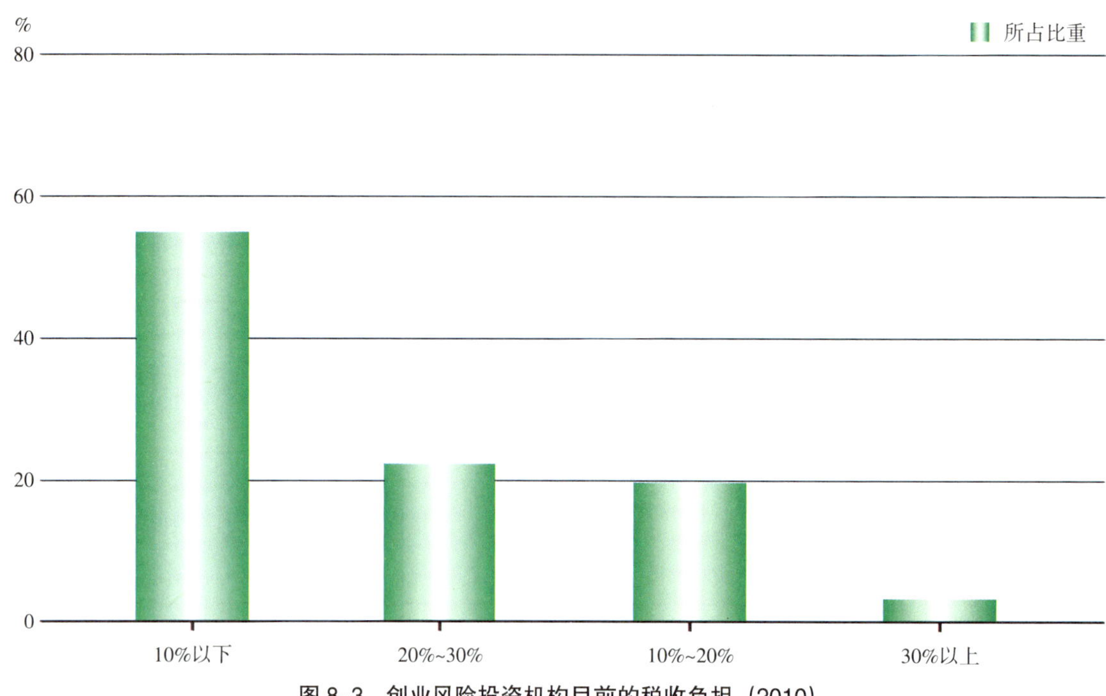

图 8-3 创业风险投资机构目前的税收负担（2010）

8.1.3 中国创业风险投资机构希望的政府激励政策

2010 年调查样本显示，中国创业风险投资机构最希望的政府激励政策主要有以下几类（见图 8-4）：

（1）税收减免。根据调查，中国创业风险投资机构最希望的政府激励政策是税收减免类，占 25.2%，比 2009 年提高 1.2%。尽管 2007 年财政部、国家税务总局出台了《关于促进创业投资企业发展有关税收政策的通知》（财税［2007］31 号），但是其覆盖范围及落实力度仍需进一步完善。

（2）设立政策类引导基金。根据调查，22.2%的调查对象希望设立政策性引导基金，并通过参股或融资担保方式支持创业风险投资业发展。2010 年中央及地方创业风险投资引导基金得到长足的发展，但是受惠创投机构仍然偏少。

（3）完善多层次资本市场。根据调查，17.3%的调查对象希望进一步完善中国多层次资本市场建设。2010 年中小板及创业板新上市中小企业达到 321 家，但是从中小企业总量来看，真正能够通过中小板、创业板实现退出的创业风险投资仍然较少，“股权代办转让系统”市场需进一步扩大发展空间。

（4）政府奖励。根据调查，13%的创业风险投资机构希望能够出台相关政府奖励政策，鼓励创业风险投资发展，支持科技成果转化和科技型中小企业发展。

（5）扩大资金来源。5.3%的创业风险投资机构希望允许保险资金等机构投资者进入创业投资，由于《商业银行法》、《保险法》等的约束，我国数十万亿的社会保险、银行、保险等机构资金还无法进入创业风险投资领域，与欧美等国不同，我国目前创投行业依然以私募为主，公共资金投资上市的企业项目占比不足 10%。

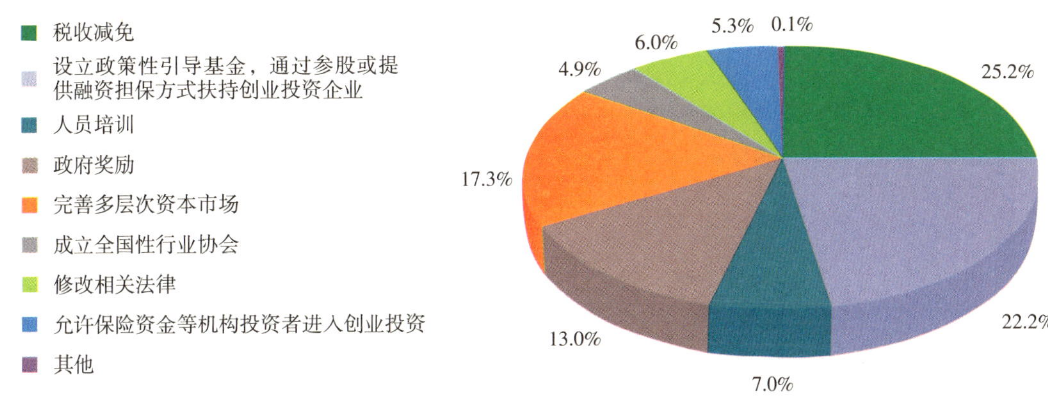

图 8-4 创业风险投资机构希望出台的政府激励政策（2010）

8.2 国家科技计划支持创业风险投资发展

8.2.1 国家科技计划对创业风险投资项目的支持情况

2010 年调查样本显示①，中国创业风险投资项目中，约有 14.74%的项目获得了国家科技计划的支持，相比 2009 年 8.17%有了大幅的增长，大量创投机构获得国家计划支持。其中，5.44%创业风险投资项目获得了科技型中小企业技术创新基金支持，高于 2009 年的 2.35%；有 2.35%和 0.89%创业风险投资项目分别受到火炬计划和“863”计划的支持，约有 5.91%受到了其他国家级计划支持（见图 8-5）。

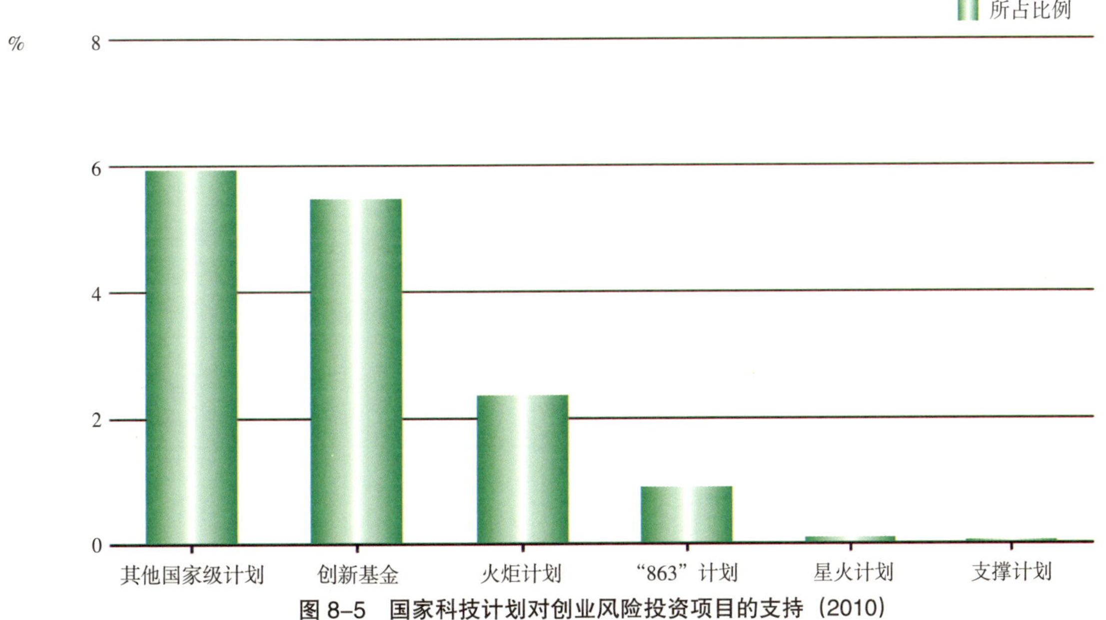

图 8-5 国家科技计划对创业风险投资项目的支持（2010）

① 有效样本数为 1912 份。

8.2.2 国家科技计划与创业风险投资项目对接的关键因素

2010 年调查显示，23.1%的创投机构认为加大基础、应用和开发投入能够促进国家科技计划和创业风险投资项目的对接；17.8%的创投机构认为需要尽快设立科技型中小企业上市的绿色通道；16.5%的创投机构认为应鼓励、资助创业投资与孵化器之间的合作；19.6%的创投机构认为应对创业投资项目给予直接资助（见图 8-6），与 2009 年相比，各类关键因素所占比重没有明显变化。

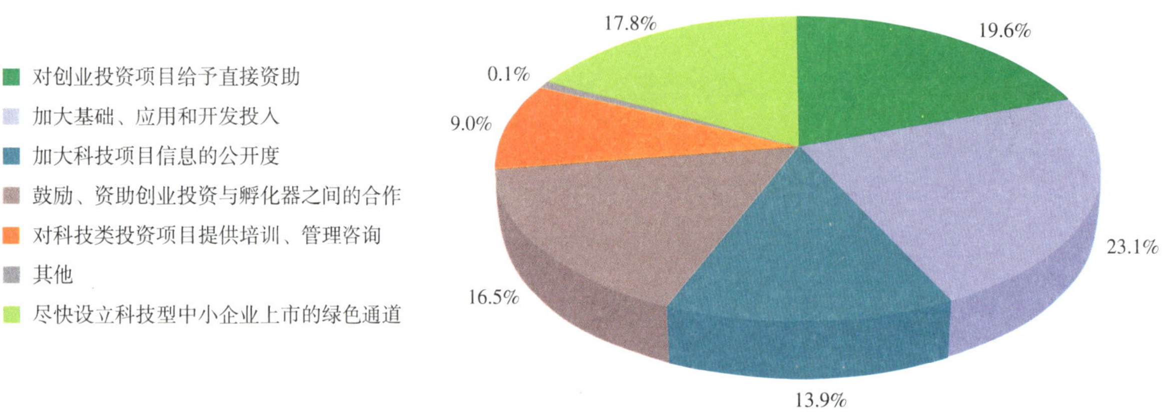

图 8-6　国家科技计划与创业风险投资项目对接的关键因素（2010）

8.3 2010 年中国创业风险投资在中小板的特征表现

2010 年，中小板新上市 204 家企业，高于 2009 年的 54 家，其中有 115 家上市公司获得创业风险投资机构 256 笔投资，包括国有创业风险投资机构投资 22 笔，投资了 14 家企业；民资创业风险投资机构投资 222 笔，投资了 110 家企业；外资创业风险投资机构投资 12 笔，投资了 10 家企业（见表 8-1）。

表 8-1　　中小板创业风险投资投资企业情况（2010）

指标 企业类型	数量（个）	高新技术企业数（个）	平均首发数量（万股）	平均募集资金（亿元）	平均超募资金（亿元）	创投机构平均持股价值（亿元）	平均首发市盈率（倍）	平均净资产收益率（%）
国有创投投资企业	14	13	3787	7.96	4.44	2.91	57	11.90
民资创投投资企业	110	97	3785	9.52	4.87	3.72	55	11.71
外资创投投资企业	10	8	4010	9.59	3.81	7.93	48	11.59
有创投参与的企业	115	100	3637	9.49	4.91	3.85	55	11.62

资料来源：根据 wind 数据库整理而成。

115 家获得创业风险投资的新上市企业中有 100 家为"高新技术企业"，占比 86.96%，高于 2009 年的 81%。数据显示，外资创业风险投资机构投资数额较大，上市后所持股权价值更高，外资创业风险投资机构平均持股价值达 7.93 亿元，且其投资的上市企业发行股份也多，融资规模大；民资创业风险投资平均持股价值也要高于国有创投机构；相比较，国有创投投资规模则相对较小，持股价值相对较低，但是国有创投投资高新技术企业的比例更高。

总的来看，2010 年中小板新上市公司数量的大幅增长，带动了中小板创业风险投资的较快增长，上市企业数同比增长 278%，投资数量同比增长 574%。相比 2009 年，被投资企业平均募集资金同比增长 18.84%，而创投机构平均持股价值同比增长 72.65%；或许是受国有创投机构国有股份转持豁免政策出台影响，国有创投机构平均持股价值同比增长 210%。

从地域来看，115 家中小板创业风险投资投资企业主要分布在广东、江苏、浙江、山东等创业风险投资行业较发达地区，其中广东 24 家，江苏 20 家，浙江 17 家，山东 13 家。

从行业来看，创投投资上市公司行业分布与 2009 年相比有较大变化，机械设备制造及化工行业成为创业风险投资机构投资上市公司的重要领域，电子元器件、信息服务、家用电器的 IT 产业依然是创投机构投资的主流领域，被创投投资的上市公司中，机械设备行业 23 家，化工 13 家，电子元器件 11 家，轻工制造 8 家，纺织服装 8 家，建筑建材 7 家，食品饮料 7 家，有色金融 7 家等（见图 8-7）。

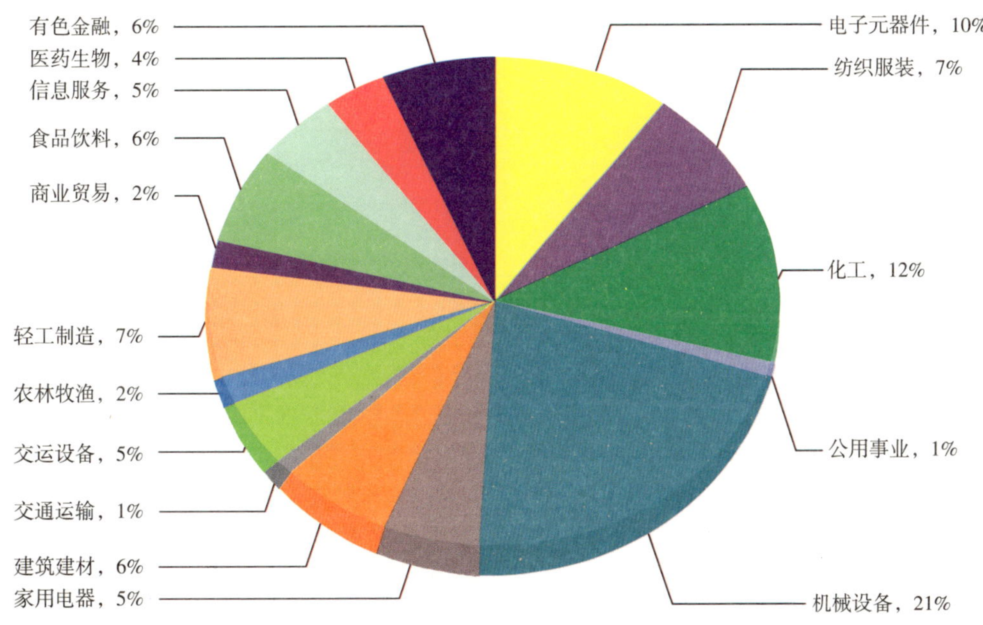

图 8-7 中小板创业风险投资投资项目行业分布（2010）

8.4 2010年中国创业风险投资在创业板的特征表现

2010年，创业板新上市117家企业，高于2009年的36家，其中有77家上市公司获得创业风险投资机构182笔投资，包括国有创业风险投资机构投资了10家企业共计13笔投资；民资创业风险投资机构投资了74家企业共计166笔投资；外资创业风险投资机构投资了2家企业共计3笔投资。77家获得创业风险投资的新上市企业中有72家为“高新技术企业”，占比93.51%。数据显示，外资创业风险投资机构投资数额较大，上市后所持股权价值更高，外资创业风险投资机构平均持股价值达6.85亿元，且其投资的上市企业发行股份也多，融资规模大；与中小板情况相反，国有创投机构平均持股价值要高于民资创业风险投资（见表8-2）。

表8-2 创业板中创业风险投资投资企业情况（2010）

	数量（个）	高新技术企业数（个）	平均首发数量（万股）	平均募集资金（亿元）	平均超募资金（亿元）	创投机构平均持股价值（亿元）	平均首发市盈率（倍）	平均净资产收益率（%）
国有创投投资企业	10	9	2614	6.94	4.43	2.83	78	9.71
民资创投投资企业	74	73	2468	8.52	5.48	1.92	70	10.74
外资创投投资企业	2	2	4025	10.92	6.98	6.85	72	18.43
有创投参与的企业	77	72	2482	8.71	5.61	2.06	70	10.78

资料来源：根据wind数据库整理而成。

总的来看，2010年由于创业板新上市公司数量的大幅增长，创业风险投资增长较快，上市企业数同比增长225%，投资数量同比增长296%。相比2009年，被投资企业平均募集资金同比增长58.94%，而创投机构平均持股价值同比下降35.02%，主要是受创业板上市公司首发市盈率的大幅回落，以及创投行业快速发展导致所投企业股权份额降低影响，如2009年创投机构平均持股571万股，而2010年创投机构平均持股只有454万股。

从地域来看，77家创业板创业风险投资投资企业主要分布在广东、北京、浙江、上海等地区，其中广东19家，北京13家，浙江8家，上海5家等。

从行业来看，创投投资上市公司行业分布与2009年相比有较大变化，医药生物行业占比从2009年的20%下降到8%，而电子元器件、信息服务、信息设备等IT行业占比依然较高，达40%左右。机械设备行业18家，信息服务13家，电子元器件10家，信息设备8家，化工7家，医药生物6家等（见图8-8）。

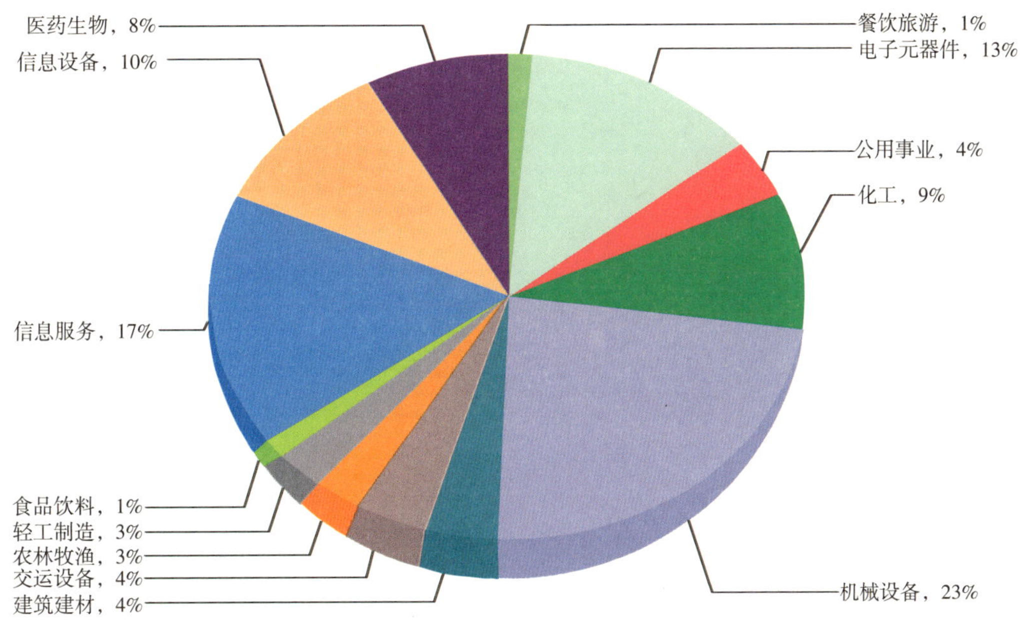

图 8-8 创业板创业风险投资投资项目行业分布（2010）

8.5 中国促进创业风险投资发展的主要政策

本节对中国促进创业风险投资发展出台的国家层面政策文件进行了梳理（见表 8-3），自 1999 年国务院办公厅转发科技部等七部门联合出台的《关于建立风险投资机制的若干意见》开始，我国各有关部门相继出台了支持创业投资发展的相关政策，涉及外商投资创业投资机构、管理监管、税收优惠、专项引导基金等多个方面，有效推动了我国创业风险投资事业的快速健康发展。

表 8–3 中国促进创业风险投资发展的主要政策文件

文件名称	出台时间	出台组织及部门等	主要精神
《关于建立风险投资机制的若干意见》	1999 年	科技部、国家计委、国家经贸委、财政部、人民银行、税务总局、证监会	明确发展风险投资重要意义，并提出指导、规范我国风险投资发展的基本原则
《中华人民共和国信托法》	2001 年	第九届全国人民代表大会常务委员会第二十一次会议通过	明确了委托人和受托人之间的法律关系，为风险投资发展提供依据
《中华人民共和国中小企业促进法》	2002 年	第九届全国人民代表大会常务委员会第二十八次会议通过	提出通过税收政策鼓励各类依法设立的风险投资机构增加对中小企业的投资
《外商投资创业投资企业管理规定》	2003 年	外经贸部、科技部、国家工商总局、国家税务总局、国家外汇管理局	为鼓励、规范外国公司、企业和其他经济组织或个人从事创业投资提供管理依据
《关于外商投资创业投资公司缴纳企业所得税有关税收问题的通知》	2003 年	国家税务总局	为外商投资创业投资企业组建为法人及非法人的创投企业明确了有关税收问题
《关于外商投资举办投资性公司的规定》	2004 年	商务部	对外商投资举办投资性公司的注册资本、组织形式、投资行为等提出了管理规定
《创业投资企业管理暂行办法》	2005 年	发改委、科技部、财政部、商务部、人民银行、税务总局、工商总局、银监会、证监会、国家外汇管理局	对创业投资企业实行备案管理，并对其经营范围、投资行为等进行了规定
《关于促进创业投资企业发展有关税收政策的通知》	2007 年	财政部、国家税务总局	对投资支持中小高新技术企业的创业投资企业给予税收优惠
《科技型中小企业创业投资引导基金管理暂行办法》	2007 年	财政部、科技部	开展设立科技型中小企业创业投资引导基金，支持引导创业投资机构向初创期科技型中小企业投资
《关于创业投资引导基金规范设立与运作的指导意见》	2008 年	国家发展改革委、财政部、商务部	
《关于外商投资创业投资企业创业投资管理企业审批有关事项的通知》	2009 年	商务部	对总投资在 1 亿美元以下的外商投资创业投资企业、创业投资管理企业的审批权限等进行了下放
《关于加强创业投资企业备案管理严格规范创业投资企业募资行为的通知》	2009 年	国家发展改革委	明确创投备案条件，严控“募集有限合伙基金”和“从事代理业务”等名义的非法集资活动
《关于实施创业投资企业所得税优惠问题的通知》	2009 年	国家税务总局	对合伙企业、外商投资创业投资企业等有关问题明确了税收优惠政策
《关于实施新兴产业创投计划、开展产业技术研究与开发资金参股设立创业投资基金试点工作的通知》	2009 年	国家发展改革委、财政部	扩大产业技术研发资金创业投资试点，推动利用国家产业技术研发资金，参股设立创业投资基金（即创业投资企业）试点工作
《首次公开发行股票并在创业板上市管理办法》	2009 年	中国证监会	创业板的推出为我国创业投资发展提供了良好的退出渠道，将进一步促进创业投资事业健康快速发展
《关于豁免国有创业投资机构和国有创业投资引导基金国有股转持义务有关问题的通知》	2010 年	财政部	规避相关政策影响，提高了国有创投机构的积极性，鼓励和引导国有创投机构加大对中早期项目的投资
《科技型中小企业创业投资引导基金股权投资收入收缴暂行办法》	2010 年	财政部	明确了科技型中小企业创业投资引导基金收入的上缴办法及相关管理权责等事宜

其中，2010年10月，财政部出台的《关于豁免国有创业投资机构和国有创业投资引导基金国有股转持义务有关问题的通知》（财企［2010］278号），进一步促进了《境内证券市场转持部分国有股充实全国社会保障基金实施办法》（财企［2009］94号）政策的有效落实，提高了国有资本从事创业投资的积极性，鼓励和引导国有创业投资机构加大对中早期项目的投资，促进了我国创业投资事业的发展和科技创新目标的实现。

2010年12月，财政部出台了关于印发《科技型中小企业创业投资引导基金股权投资收入收缴暂行办法》的通知（财企［2010］361号），进一步规范了科技型中小企业创业投资引导基金股权投资收入的收缴工作，为以国有出资设立创业风险投资引导基金的资本回收提供了依据。

9 中国创业风险投资引导基金发展情况

9.1 中国创业风险投资引导基金发展现状[①]

2010 年调查样本显示：截至 2010 年底，获得政府创业风险投资引导基金支持的创业风险投资机构达到 170 家，政府创业风险投资引导基金累计出资 234.07 亿元（见表 9-1），引导带动的创业风险投资管理资金规模达 924 亿元。

表 9-1 政府创业投资引导基金发展情况（2007~2010）

类型	2007	2008	2009	2010	总计
政府创业风险投资引导基金支持机构数量（个）	29	47	77	116	170
政府创业风险投资引导基金规模（亿元）	16.15	30.01	57.46	115.78	234.07

注：部分机构连续多年获得支持。

2010 年调查样本显示：引导基金支持的创投机构平均管理资本规模达 53492.9 万元，高于非引导基金支持的创投机构的 31973.4 万元（见图 9-1）。

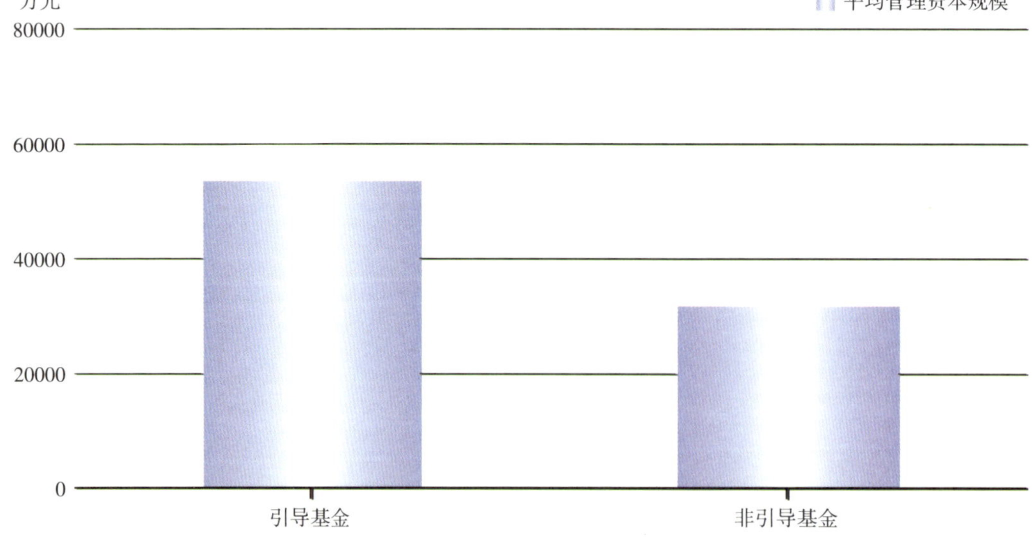

图 9-1 创投机构平均管理资本规模（2010）

① 有效样本数为 728 份。

从资金构成结构来看，有引导基金支持的创投机构资本构成中，28.1%来自于政府部门，16.2%来自于国有独资投资机构，而非引导基金支持的创投机构资本主要来源于国有独资投资机构和个人，分别占到22.3%、17.4%（见图9-2）。

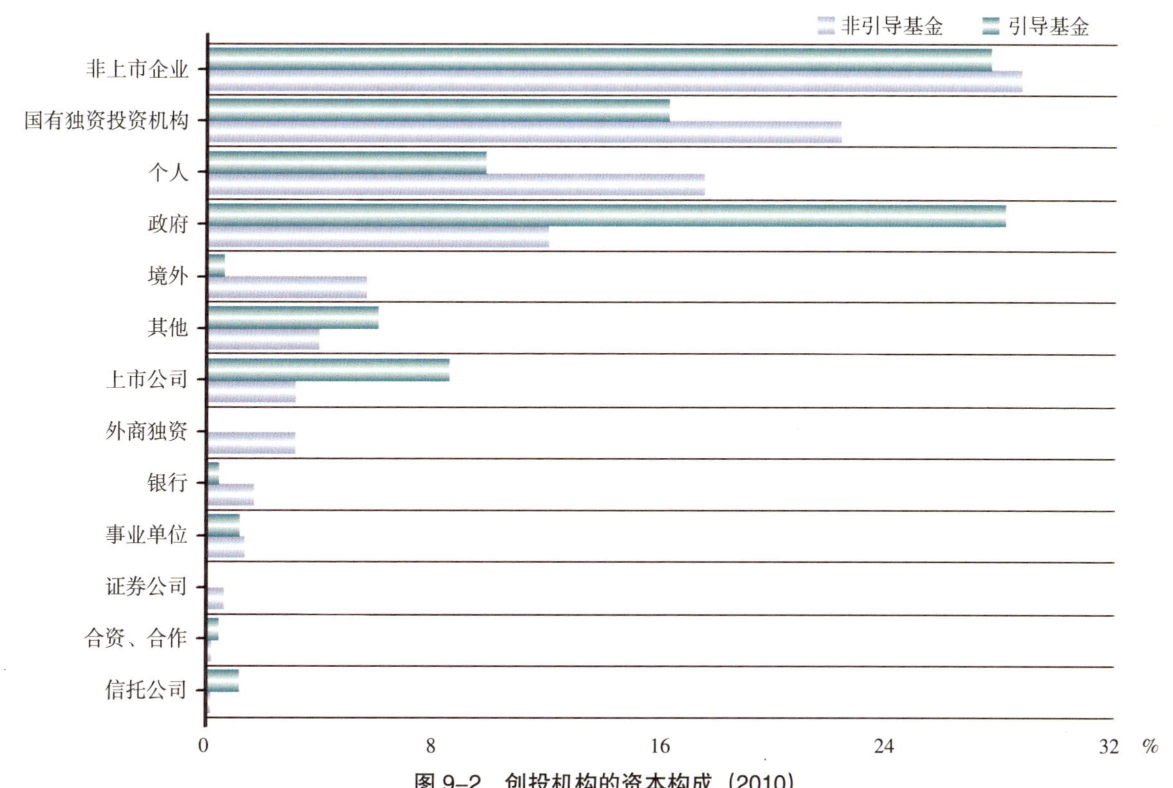

图 9-2 创投机构的资本构成（2010）

从国家层面来看，截至2010年底，由财政部、科技部设立的"科技型中小企业创业投资引导基金"采取风险补助、投资保障、阶段参股等方式，共投入财政资金11.59亿元。其中，通过阶段参股方式，共出资6.59亿元参股设立了25家重点投资于科技型中小企业的创业投资企业，累计注册资本达到44.8亿元；通过风险补助和投资保障方式共立项686项，累计安排补助资金5亿元，支持创业投资机构192家，对创业投资机构重点跟踪的354家初创期科技型中小企业给予了直接资助，这些企业有望获得投资机构10.8亿元投资资本，对投资于1062家初创期科技型中小企业的46.9亿元投资资本给予了风险补助（见表9-2）。

表 9-2 科技部科技型中小企业创业投资引导基金运行情况（2007~2010）

分类 年份	风险补助		投资保障		投资保障（投资后）		共计	
	数量（项）	资金（万元）	数量（项）	资金（万元）	数量（项）	资金（万元）	数量（项）	资金（万元）
2007	50	7115	52	2885	—	—	102	10000
2008	77	6590	75	3410	—	—	152	10000
2009	55	4670	95	7530	36	2800	186	15000
2010	66	4540	132	7265	48	3195	246	15000
共计	248	22915	354	21090	84	5995	686	50000

资料来源：科技部火炬中心。

9.2 中国创业风险投资引导基金投资项目的行业分布[①]

从投资金额分布来看，引导基金支持的创投机构有13.1%的资金投向传统制造业，12.6%的资金投向新材料工业；从投资项目数来看，10.9%的投资投向新材料工业，8.8%的投资投向软件产业；综合来看，2010 年新材料工业成为有引导基金支持创投机构的最主要投资领域，其余行业如软件、新能源高效/节能等也获得了大量投资，但是单笔投资金额较低（见表 9-3）。

表 9-3　引导基金支持创投机构投资项目行业分布（2010）[②]　单位：%

投资行业	投资金额	投资项目
传统制造业	13.1	7.4
新材料工业	12.6	10.9
其他行业	9.9	9.2
消费产品和服务	7.3	3.2
金融服务	7.1	4.8
新能源 / 高效节能技术	6.8	6.3
光电子与光机电一体化	6.3	5.2
医药保健	5.2	4.3
环保工程	4.4	3.8
农业	3.9	2.6
科技服务	3.8	3.7
IT 服务业	3.4	4.7
软件产业	3.3	8.8
网络产业	3.0	5.1
生物科技	2.1	6.5
媒体和娱乐业	2.1	2.1
其他 IT 产业	1.5	2.3
计算机硬件产业	1.4	1.6
通讯	1.0	2.9
半导体	0.7	2.9
零售和批发	0.7	0.7
资源开发工业	0.3	1.1

① 有效样本：获引导基金支持创投 728 份、非引导基金支持创投 1094 份。
② 有效样本数为 728 份。

与非引导基金支持创投机构相比，引导基金支持创投机构投资项目行业分布有着较为明显的差异（见图 9-3），有引导基金支持的创投机构投资于新兴产业领域的比重更高，如新材料工业、软件行业、生物科技、半导体、通讯、科技服务、环保工程、IT 服务业、金融服务、网络产业。非引导基金支持的创投机构更加倾向于投资传统行业，如农业、消费产品和服务、医药保健等。

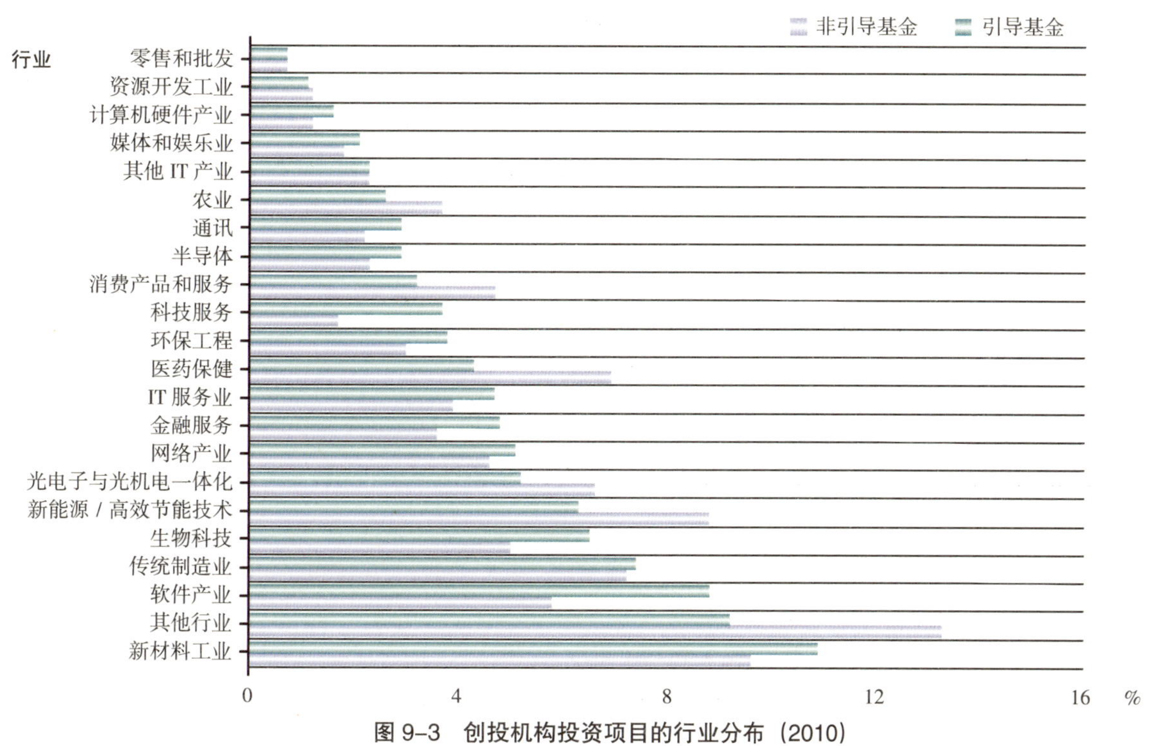

图 9-3 创投机构投资项目的行业分布（2010）

9.3 中国创业风险投资引导基金投资项目所处阶段①

2010 年，由政府引导基金的创投机构投资项目所处阶段主要分布在种子期、起步期和成长期，投资金额分别占 10.6%、18%、53.1%；投资项目数分别占 29.8%、25%、36.6%。从投资金额与投资项目的比例可以看出，有引导基金支持的机构投资于早前期项目的金额相对较小，符合引导基金的政策导向（见图 9-4）。与非引导基金支持创投机构相比，引导基金支持创投机构投资于种子期、起步期和成长期阶段的企业项目数比例更高（见图 9-5）。

① 有效样本：获引导基金支持创投 727 份、非引导基金支持创投 1082 份。

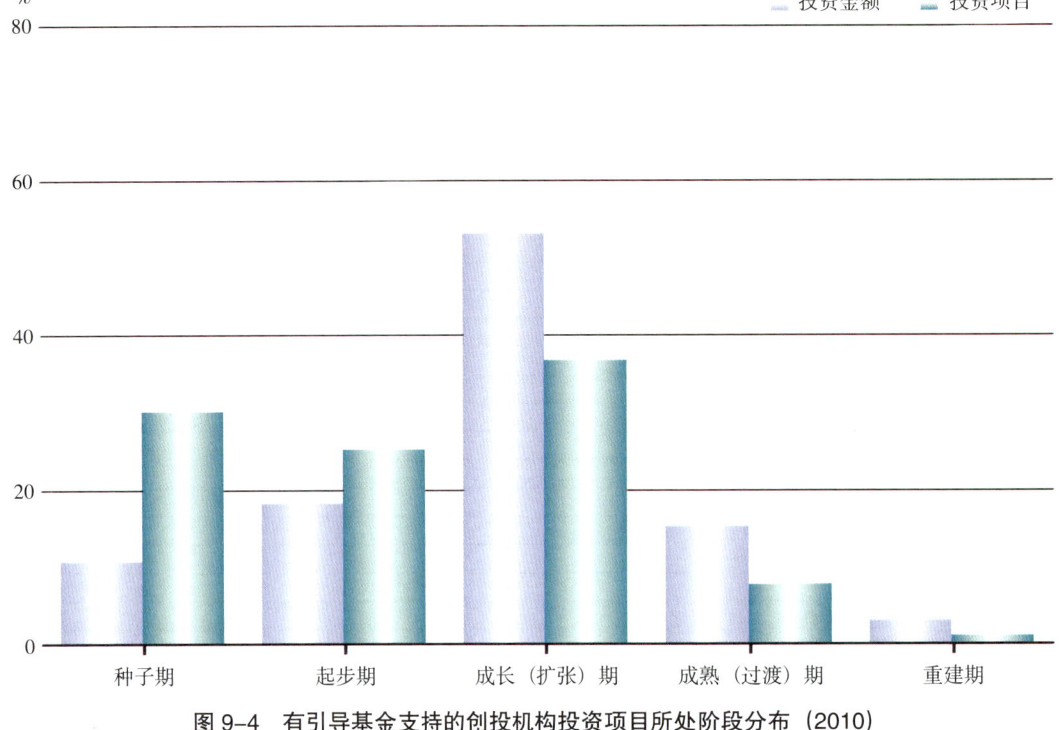

图 9-4 有引导基金支持的创投机构投资项目所处阶段分布（2010）

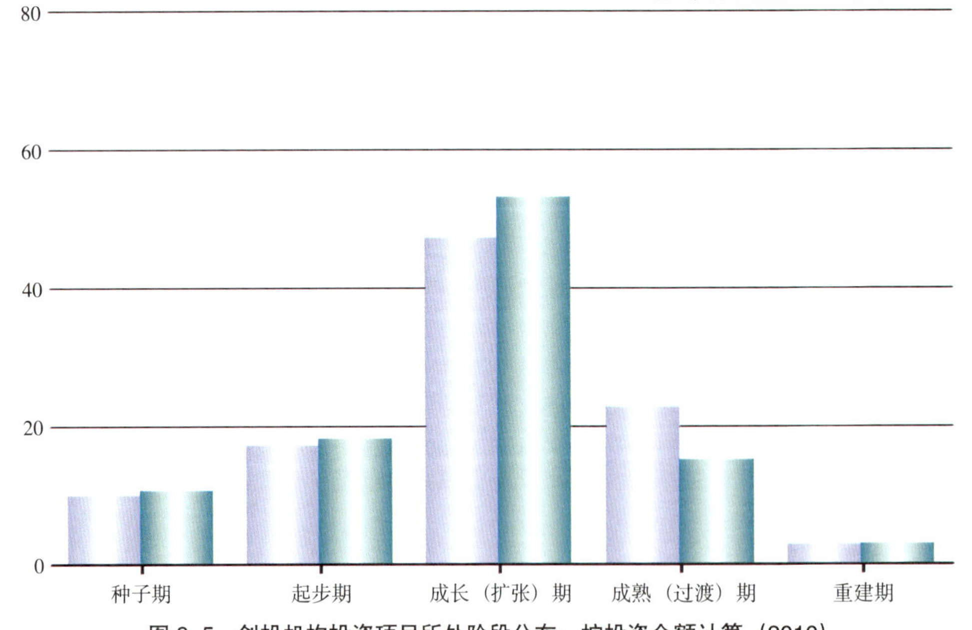

图 9-5 创投机构投资项目所处阶段分布：按投资金额计算（2010）

9.4 中国创业风险投资引导基金投资项目运作状况[①]

2010年调查样本显示：在投资强度方面，有引导基金支持的创投机构与非引导基金支持的创投机构没有明显差异，单笔投资金额在1000万元以上的占比超过87%，单笔投资低于500万元的占比不足6%（见表9-4、图9-6）。

表9-4　　创投机构的项目投资金额比较（2010）　　单位：%

投资金额（万元）	100以下	100~300	300~500	500~1000	1000~2000	2000以上
引导基金	0.6	2.3	2.4	7.1	17.7	70.0
非引导基金	0.3	1.3	1.9	7.7	16.9	72.0

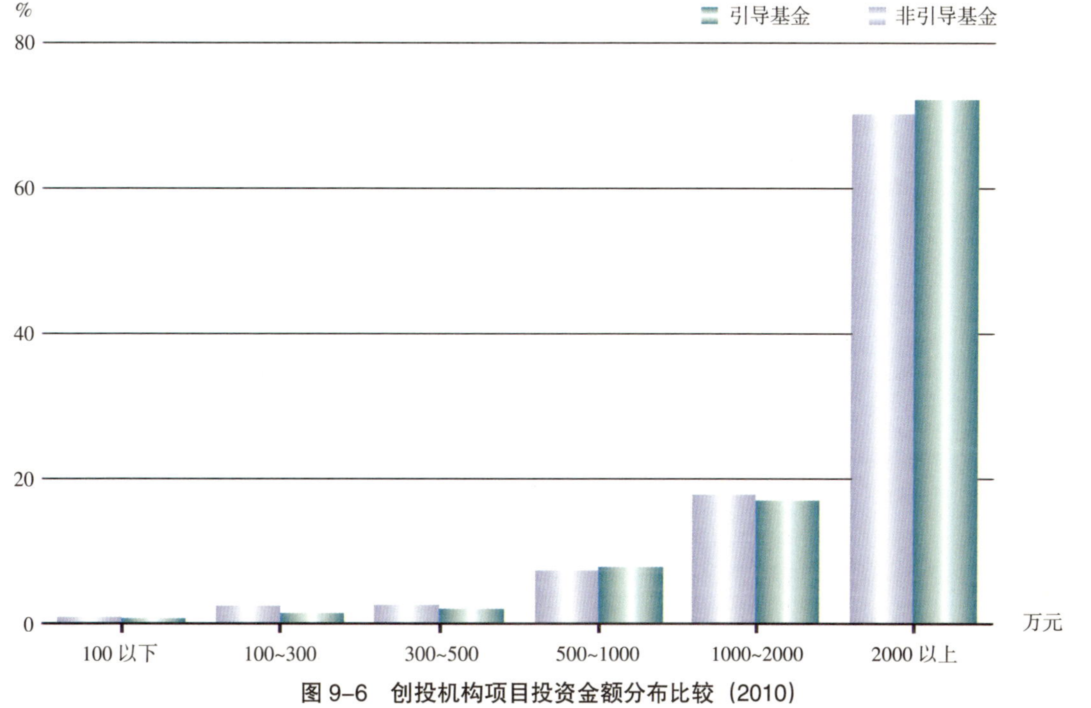

图9-6　创投机构项目投资金额分布比较（2010）

① 有效样本数：获引导基金支持创投764份，非引导基金支持创投1082份。

2010 年调查样本显示：有效样本中，有 138 家获引导基金支持的创投机构披露了投资情况，共计投资了 744 个企业，其中 435 家为高新技术企业；有 366 家非引导基金支持的创投机构披露了投资情况，共计投资了 953 个项目，其中 575 家为高新技术企业（见表 9–5）。

表 9–5　创投机构投资项目中投资高新技术企业的情况（2010）①

企业分类	投资高新技术企业数量（个）	投资高企项目数占比（%）	平均投资高企金额（万元）
非引导基金	575	60.3	1831.6
引导基金	435	58.5	1802.7

2010 年调查样本显示：获引导基金支持的创投机构投资项目中处于准备上市阶段的占比较高。而无引导基金支持的创投机构被境内收购的占比相对较高，为 5.2%，高于有引导基金支持的创投机构投资项目。两类样本均有超过 50%的投资项目仍处于运行阶段（见表 9–6、图 9–7）。

表 9–6　创投机构投资项目运作状况（2010）②　单位：%

运作情况	继续运行	准备境内上市	原股东（创业者）回购	已境内上市	清算	已境外上市	被境内非上市公司或自然人收购	准备境外上市	管理层收购	被境内上市公司收购	被境外收购
引导基金	57.5	18.7	9.5	5.6	2.4	2.3	2.1	1.2	0.4	0.2	0.1
非引导基金	55.4	15.1	11.2	6.0	2.5	1.3	5.2	0.8	1.3	0.8	0.5

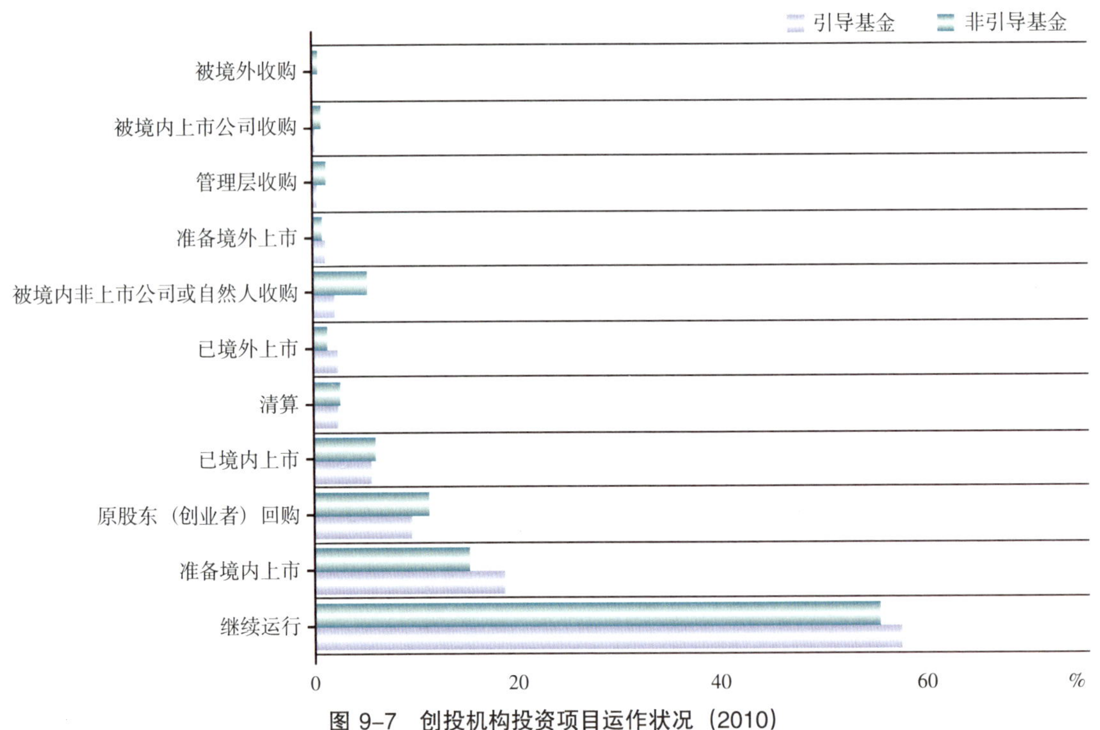

图 9–7　创投机构投资项目运作状况（2010）

① 样本数：获引导基金支持创投 435 份，非引导基金支持创投 575 份。
② 样本数：获引导基金支持创投 145 份，非引导基金支持创投 480 份。

附录 1　2010 年中国香港特别行政区私募股权投资回顾

一、宏观经济环境

随着金融海啸的过去，资金又再次流入亚洲私募股权市场。在整体投资环境复苏背景下，私募股权投资渐趋活跃。在过去一年中，香港特别行政区之本地生产总值（GDP）达到 2250 亿美元，较 2009 年增长 7.6%。香港特别行政区所管理的资本总量为 630 亿美元，较去年 574 亿美元上升了 9.7%，约占亚太区整体资金的 21.3%。香港居于亚洲金融中枢领域，仍然保持亚太区最大的私募股权投资基金管理中心之一。

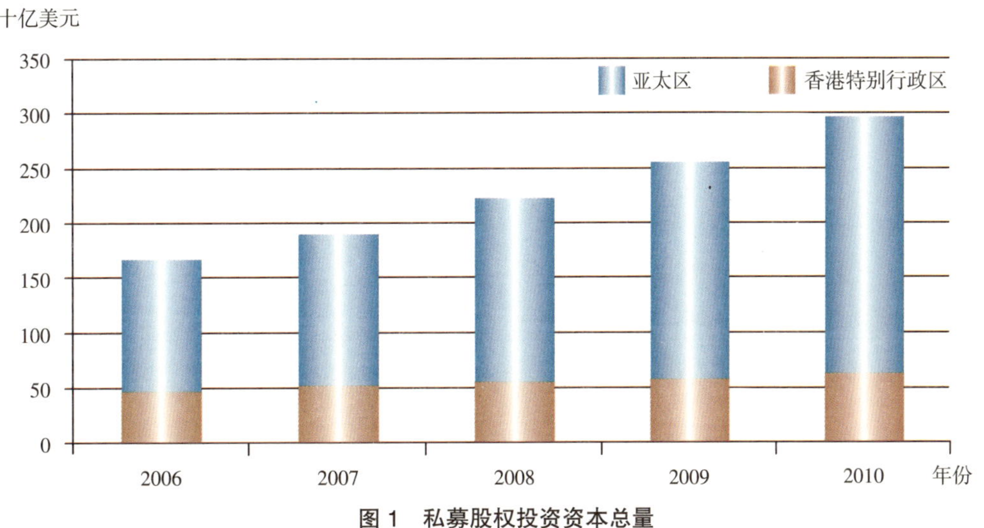

图 1　私募股权投资资本总量

资料来源：《亚洲创业投资期刊》。

二、基金募集

根据亚洲创业投资期刊研究部的调查显示，2010 年亚洲募集的私募股权投资基金额度达 370 亿美元，相比 2009 年 249 亿美元增长了 48.9%。香港特别行政区占亚太区总募集额的 13.5%。而且基金的地域分布是以亚太区基金为主，占了整体的 98%。

凯雷集团继续成为私募资本募集的优胜者。2010 年初，凯雷在私募市场成功募集 25.5 亿美元的凯雷亚洲基金三期，该基金主要用于并购交易。加州公务员退休基金和开发工银海外直接投资都是基金的基初投资者。赛富亚洲投资基金也建立了 25.5 亿美元成长基金—赛富基金四期。摩根大通资产管理—亚洲基础设施投资集团亦在私募市场分了一杯羹，募集了 8.6 亿美元的摩根大通亚洲基础设施和相关资源机会基金。另外 Squadron Capital 兆亚投资集团和翠山基金投资也分别完成 4 亿美元和 3 亿美元基金中的基金募集。这使亚洲私募基金市场更为热闹。

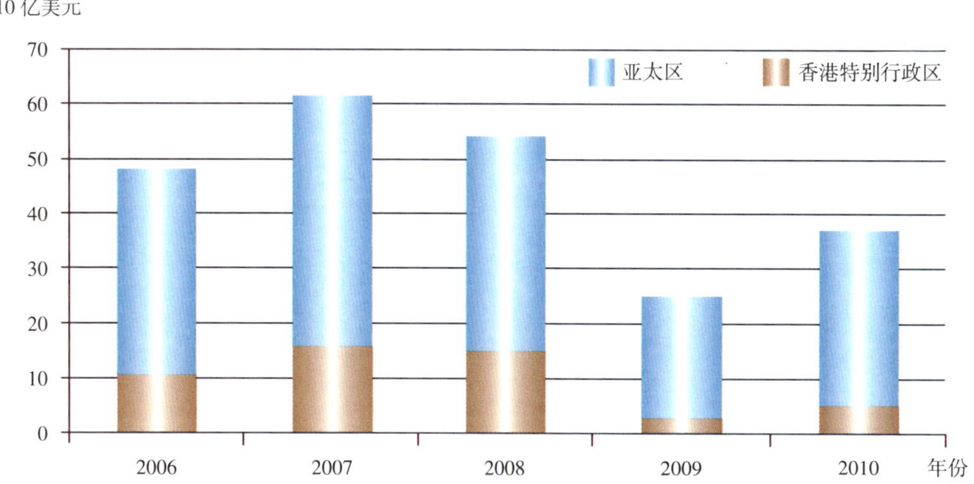

图 2　私募股权投资基金募集金额

资料来源：《亚洲创业投资期刊》。

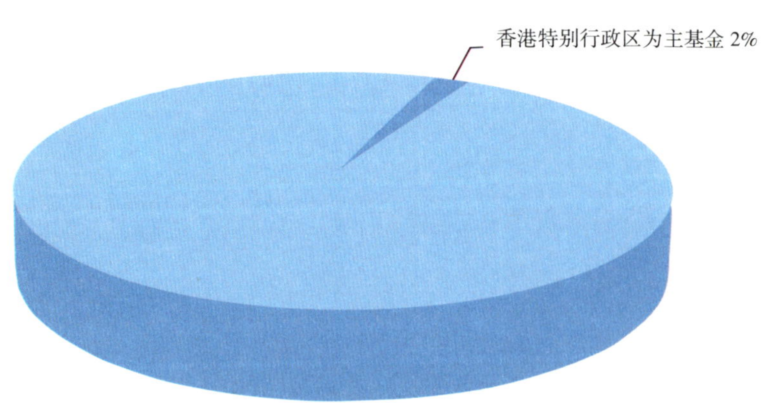

图 3　私募股权投资基金地域分布

资料来源：《亚洲创业投资期刊》。

表 1　　2010 年中国香港特别行政区完成募集的主要私募股权投资基金

基金名称	基金规模（亿美元）	基金种类	基金管理公司
凯雷亚洲基金三期	25.5	并购基金	凯雷集团
赛富基金四期	13.0	成长基金	赛富亚洲投资基金管理公司
摩根大通亚洲基础设施和相关资源机会基金	8.6	基础设施基金	摩根大通资产管理—亚洲基础设施投资集团
Squadron 亚洲基金二期	4.0	基金中的基金	Squadron Capital, 兆亚投资集团
翠山基金投资基金二期	3.0	基金中的基金	翠山基金投资有限公司

资料来源：《亚洲创业投资期刊》。

三、投资活动

在投资活动层面，虽然香港特别行政区在传统上并不是私募股权投资活跃地区，但凭借自身的地理优势，香港特别行政区反而成为荟萃国际资本辐射亚洲投资机会的理想地点。2010 年涉及投资于香港特别行政区本地的金额为 25.2 亿美元，比 2009 年的 3.6 亿美元增加了 21.6 亿美元，相当于上升 7 倍。同时香港特别行政区投资金额也占亚太区总投资额的 3.8%。这反映了投资者对香港特别行政区商机充满信心，而金融服务也是香港特别行政区私募投资最热门的行业。

科威特投资局和 Kumpulan Wang Persaraa 的 12 亿美元友邦保险投资成为香港特别行政区内最大的私募股权交易。友邦保险成功于投资后一个月在特别行政区股票交易所挂牌。

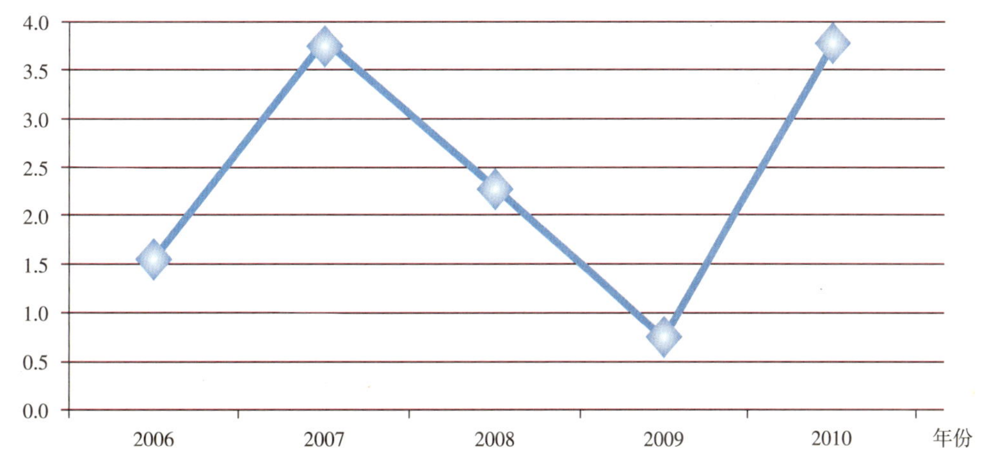

图 4　香港特别行政区私募股权交易占亚太区市场比例

资料来源：《亚洲创业投资期刊》。

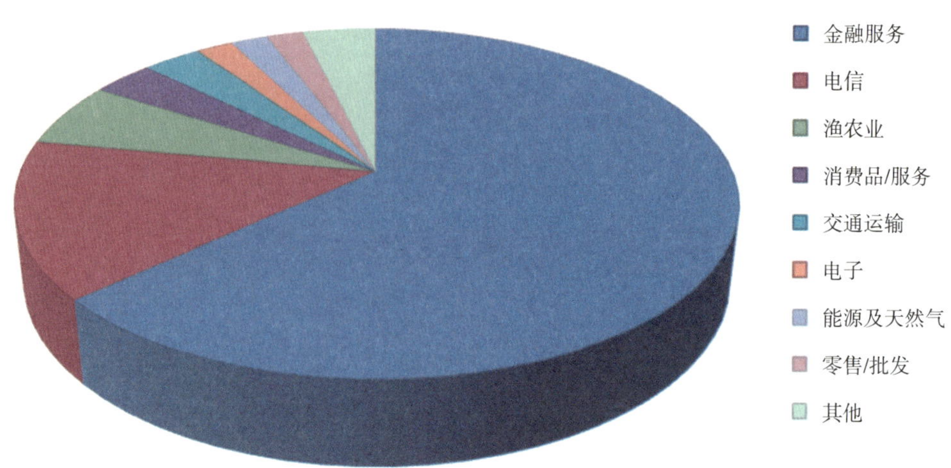

图 5 香港特别行政区私募股权交易行业分布

资料来源：《亚洲创业投资期刊》。

表 2 2010 年中国香港特别行政区主要私募股权交易

投资对象	投资金额（百万美元）	行业	投资方
友邦保险控股有限公司	1200.0	金融服务	科威特投资局，Kumpulan Wang Persaraan
新鸿基有限公司	274.1	金融服务	亚太企业投资管理有限公司
Asia Broadcast Satellite Ltd.	200.0	电信	Permira Advisers
中渔集团有限公司	151.0	渔农业	凯雷集团
新资本国际投资有限公司	98.6	金融服务	国开金融有限责任公司

资料来源：《亚洲创业投资期刊》。

四、首次公开发行股票(IPO)及退出

与投资活动一样，2010 年有 47 家私募基金支持的亚太区企业选择在香港特别行政区上市，总融资额达到 450 亿美元，香港特别行政区仍以多半数全球市场份额蝉联最受亚太区企业（私募基金支持）欢迎的上市地点。随着香港特别行政区股票交易所拥有高股票成交量，香港特别行政区股票交易所亦是中国内地企业融资的最佳平台。这充分印证了香港特别行政区与中国内地在金融合作上互助互利的关系。

2010 年香港特别行政区企业的股权转让及并购退出数量为 7 宗，总交易金额 17.3 亿美元，较 2009 年上升了 16 倍，当中以商业出售最为常见。

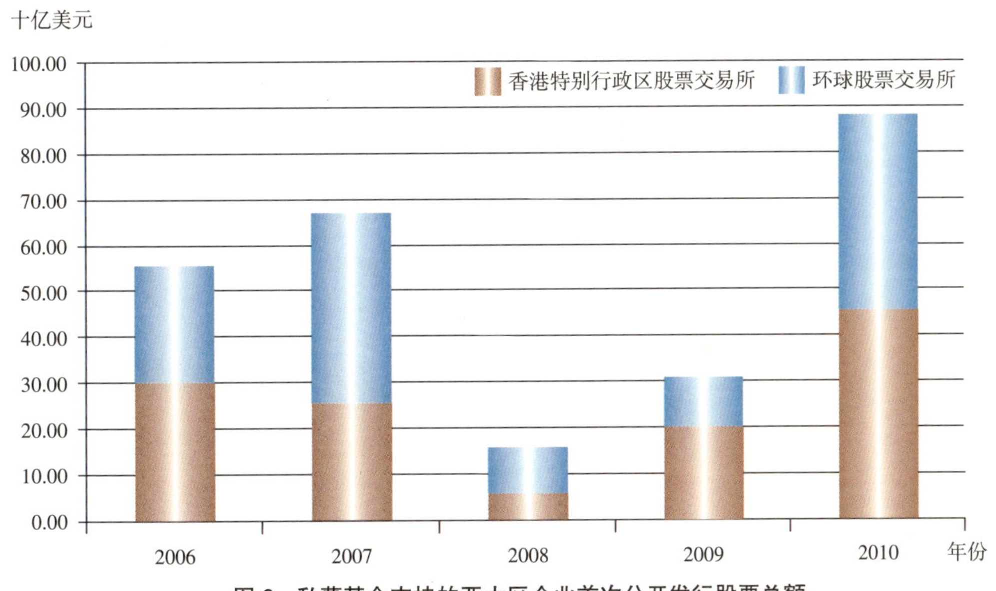

图6 私募基金支持的亚太区企业首次公开发行股票总额

资料来源：《亚洲创业投资期刊》。

表3 2010年香港特别行政区交易所首次公开发行股票金企业（私募基金支持）

发行公司	募集金额（亿美元）	行业	私募基金股东
友邦保险控股有限公司	204.3	金融服务	科威特投资局，Kumpulan Wang Persaraan
中国农业银行股份有限公司	104.4	金融服务	科威特投资局，卡塔尔投资局，全国社会保障基金，淡马锡控股有限公司
中国熔盛重工集团控股有限公司	18.0	交通运输	中银集团投资-企业股权投资，建银国际资产管理有限公司
中联重工科技发展股份有限公司	16.7	制造业-重工	弘毅投资，中科招商投资（基金）管理公司
新疆金风科技股份有限公司	10.5	制造业-重工	中国光大控股深圳创业投资公司，海富产业投资基金管理有限公司，国际金融公司，Vantage Point Venture

资料来源：《亚洲创业投资期刊》。

五、展 望

面对中国政府积极参与私募股权市场，鼓励投资者募集基金，香港特别行政区作为中国内地从事资金募集和企业融资的城市，将会继续担当重要角色，成为中国内地资本市场以外首要的私募基金管理和募集基地。在未来一年内，我们仍然看好这个融资市场。

By: Helen Lee, Research Manager
AVCJ Group Ltd.

李蕙敏，研究部主管
亚洲创业基金期刊集团

附录 2　国外创业风险投资回顾

一、2010 年美国创业风险投资回顾

（一）总体概况

总体来说，2010 年美国创业投资行业仍处于继续阶段，正如之前所预期的，创投机构（基金）的管理资本、从业人员以及募资额都呈下降趋势。2010 年，投资总额比 2009 年略有增长，但仍低于 2008 年水平以及 2002~2008 年的平均水平，全年共有 1000 多家新企业获得创投机构投资。

2010 年，IPO 数量较前两年的最低水平有很大增长，在一定程度上满足了部分成熟企业通过 IPO 获得融资的需求，但对于一个持续发展的创投行业而言，是远远不够的。相当多的企业获得了创投资金的支持，但仍不能满足大量企业的融资需求。

2010 年，由于向行业提供资本的机构投资者减少了资产配置，使得这些专业的创业投资管理人缺少循环到行业中的资金，因此，对于许多创投机构而言，2010 年仍然是募资较为困难的一年。

美国风险投资协会 2011 年年鉴统计报告提供了美国风险投资活动的整体概况，包括 VC 投资情况、管理资本情况、投资企业的价值估值，以及通过 IPO 或是并购退出的情况等，数据收集来源于普华永道以及 Thomson 数据库，该数据库已被美国风险投资协会认定为行业活动的官方数据库。

表 1　2010 年美国风险投资（VC）总体情况摘要

指　　标	1990 年	2000 年	2010 年
现有 VC 企业数量	384	861	791
现有 VC 基金数量	716	1701	1183
VC 专业人员数量	3686	7921	6328
首次设立的 VC 基金数量	13	104	44
当年获得融资的 VC 基金数量	649	454	157
当年 VC 筹集资本增长额（十亿美元）	3.2	104.8	12.3
运营中的 VC 管理资本（十亿美元）	28.3	220.3	176.7
平均每家 VC 企业管理资本规模（百万美元）	73.7	255.9	223.4
截至目前的 VC 基金平均规模（百万美元）	36.5	88.0	107.8
本年度出现的 VC 基金平均规模（百万美元）	37.2	161.5	78.3
截至目前最大规模的 VC 基金筹资（百万美元）	1775.0	5000.0	6300.0

（二）行业资源

截至 2010 年底，美国境内活跃的创业投资机构（基金）管理资本额为 1767 亿美元，比 2009 年略有下滑，与前几年的峰值相比下降了 38%，这也是科技泡沫破裂后的十年里的第四次下滑。尽管行业内活跃的机构数与专业投资人持续下降，但机构总量仍保持着相对稳定（见图 1）。

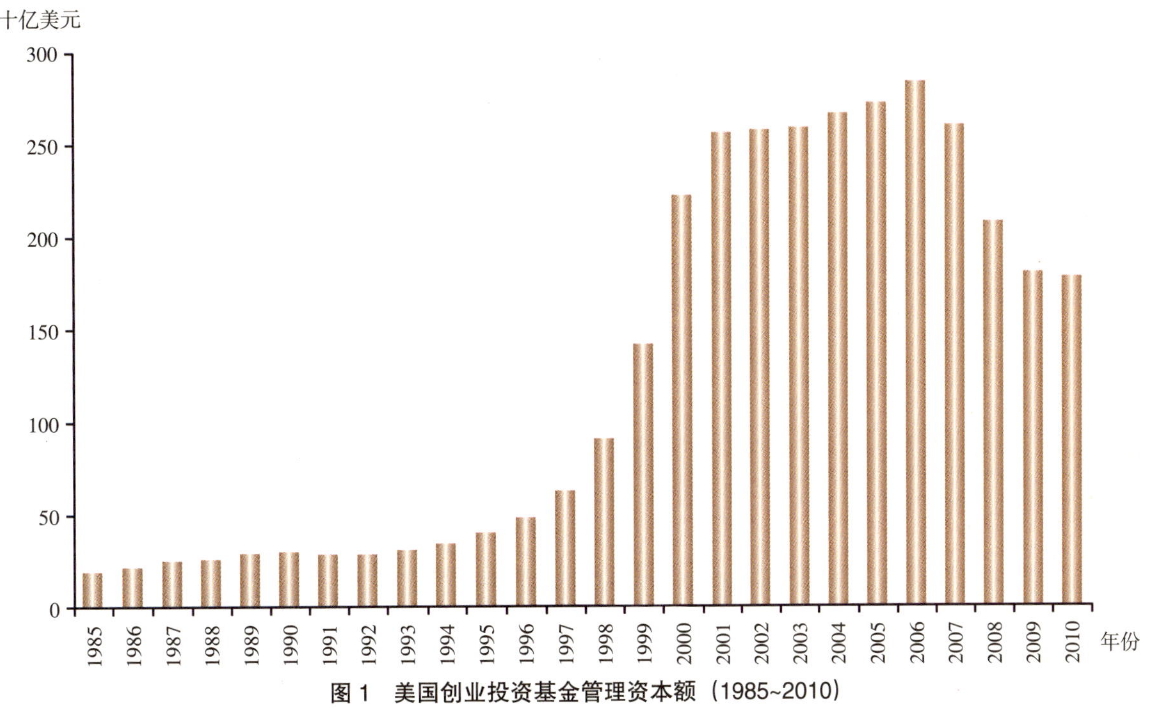

图 1 美国创业投资基金管理资本额（1985~2010）

在现存的 791 家管理企业中，有 45 家的管理资本额超过 10 亿美元，97 家超过 5 亿美元。从区域上看，创投机构的集中度非常高，加利福尼亚拥有全行业 48%的创投机构，前五个地区（加利福尼亚、马萨诸塞、纽约、康涅狄格和宾夕法尼亚州）集中了 81%的创投机构。

由于许多在科技泡沫时期产生的创投机构难以募集到新的资本，无法持续开展投资业务，导致创投管理企业、基金以及从业人员数量都呈下降趋势。随着创投机构业绩的下滑，许多基金经理也离开了创投行业。2010 年，新募集资金额仅比 2000 年增长了 12%，整个行业又回到之前的水平。截止到 2010 年底，活跃的创投企业仅有 462 家，较 2009 年萧条时期而言，仅有小幅上升，但从长期来看仍呈下降趋势。从业人员数量也在持续减少，全行业从业人员仅为 6328 人。

表 2 美国风险投资基金与企业情况（1985~2010）

年份	累计基金数	累计企业数	累计资本（百万美元）	现存基金数	现存企业数	管理资本（十亿美元）	平均基金规模（百万美元）	平均企业规模（百万美元）
1985	629	322	19.9	530	293	17.5	33.0	59.7
1986	705	352	23.3	589	324	20.6	35.0	63.6
1987	808	387	27.3	668	352	23.6	35.3	67.0
1988	888	407	30.8	701	366	24.8	35.4	67.8
1989	980	436	35.8	727	381	27.7	38.1	72.7
1990	1038	452	38.3	716	384	28.3	39.5	73.7
1991	1077	459	40.5	642	363	26.9	41.9	74.1
1992	1149	478	44.1	604	354	27.3	45.2	77.1
1993	1242	508	49.3	613	368	29.4	48.0	79.9
1994	1340	539	56.7	635	382	33.3	52.4	87.2
1995	1497	604	66.2	689	421	39.0	56.6	92.6
1996	1643	665	77.9	755	464	47.1	62.4	101.5
1997	1860	758	97.6	880	537	61.8	70.2	115.1
1998	2096	837	127.8	1058	608	89.5	84.6	147.2
1999	2433	966	181.4	1356	731	140.9	103.9	192.7
2000	2850	1109	264.5	1701	861	220.3	129.5	255.9
2001	3089	1188	304.6	1847	917	255.3	138.2	278.4
2002	3164	1202	313.4	1824	914	256.7	140.7	280.9
2003	3265	1253	323.8	1768	942	257.5	145.6	273.4
2004	3430	1319	342.8	1787	976	264.9	148.2	271.4
2005	3603	1389	368.7	1743	1001	271.1	155.5	270.8
2006	3781	1459	410.5	1685	1006	282.8	167.8	281.1
2007	3989	1545	441	1556	996	259.6	166.8	260.6
2008	4166	1602	471.1	1316	858	206.7	157.1	240.9
2009	4256	1638	483.2	1167	786	178.7	153.1	227.4
2010	4347	1673	490.1	1183	791	176.7	149.4	223.4

（三）新募资金

2010 年，新募资金额再度减少到 123 亿美元，这是自 2006 年后泡沫时期募集资金最高峰值 318 亿美元之后的第四次连续下滑，反映出由于经济复苏的压力，资金募集环境的持续恶化。募资额的大量减少也表明，自 2000 年科技泡沫破裂以后，美国创业投资行业在不断收缩，规模趋于理性。

2010 年，157 支新基金共募集了 123 亿美元，较 2009 年下降了 25%，而 2009 年相比 2008 年又下降了 38%。总体而言，2010 年新募资金与 2006 年的峰值相比，下降了 61%。对大多数企业而言，2010 年募集资金环境困难。回顾前几年的资金募集情况，风险投资机构在 2007 年和 2008 年第一季度募集的资金相当可观。随着 2008 年底经济的恶化，许多机构投资者（如养老计划基金、捐赠基金、基金经理等）投资组合中的公共资本部分减少，他们将资金重新分配给了其他可替代资产，包括风险投资。但这并没有改变现状，新募集资金仍然持续下滑。

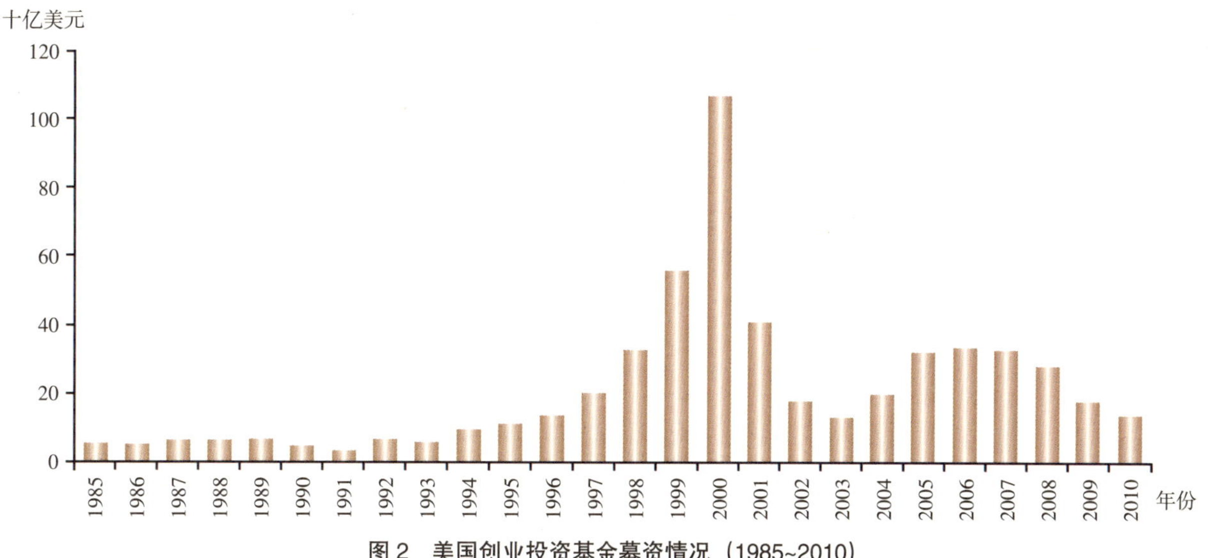

图 2 美国创业投资基金募资情况（1985~2010）

表 3 资金筹集总体情况（1985~2010） 单位：项、百万美元

年份	风险资本	基金数	收购与夹层资本	基金数	私募股权	基金数
1985	3750.7	118	3074.5	23	6825.2	141
1986	3587.4	102	5001.9	31	8589.3	133
1987	4379.1	116	117528.3	45	2907.4	161
1988	4476.7	106	11653.4	54	16130.1	160
1989	4918.8	106	12034.5	78	16953.3	184
1990	3222.7	86	7744.5	62	10967.2	148
1991	1905.7	41	6186.6	28	8092.3	69
1992	5226.8	81	10795.3	57	16022.1	138
1993	4323.2	92	16043.8	79	20367.0	171
1994	7751.6	138	19490.0	98	27241.6	236
1995	9468.9	165	27129.2	104	36598.1	269
1996	12002.6	170	30103.2	99	42105.8	269
1997	18259.9	246	41343.2	131	59603.1	377
1998	30969.8	298	60831.0	158	91800.8	456
1999	54133.6	444	50458.4	155	104592.0	599
2000	104764.3	649	78232.3	161	182996.6	810
2001	38957.8	324	46903.5	126	85861.3	450
2002	16121.4	205	26547.1	93	42668.5	298
2003	11448.9	162	29256.9	104	40705.8	266
2004	18651.9	210	51492.6	137	70144.5	347
2005	30759.6	234	100893.4	181	131653.0	415
2006	31861.9	235	137849.7	177	169711.6	412
2007	31205.0	237	203913.0	217	235118.0	454
2008	26419.2	213	158964.0	190	185383.2	403
2009	16321.5	150	34153.7	113	50475.2	263
2010	12307.9	157	36404.7	131	48712.6	288

（四）投资活动

2010 年，创业风险投资总额从 2009 年的 183 亿美元增长到 220 亿美元，增幅 20%。与前期相比，2010 年的投资额比 2008 年降低 22%，比后泡沫时期的高点 2007 年降低 26%（见图 3）。业界认为，从 2007 年的近 300 亿美元投资额到 2010 年的 200 多亿美元投资额的调整，对整个行业来说也未尝不是好事。由于 2008 年以来的信用危机以及随之而来的世界经济等问题的出现，创投基金投资的时间与速度都在减缓。然而，源于科技泡沫破裂后的规模调整也并非是不可预见的，2010 年的投资规模比上一年增长 12%，但与 2007 年的峰值相比下降了 18%。

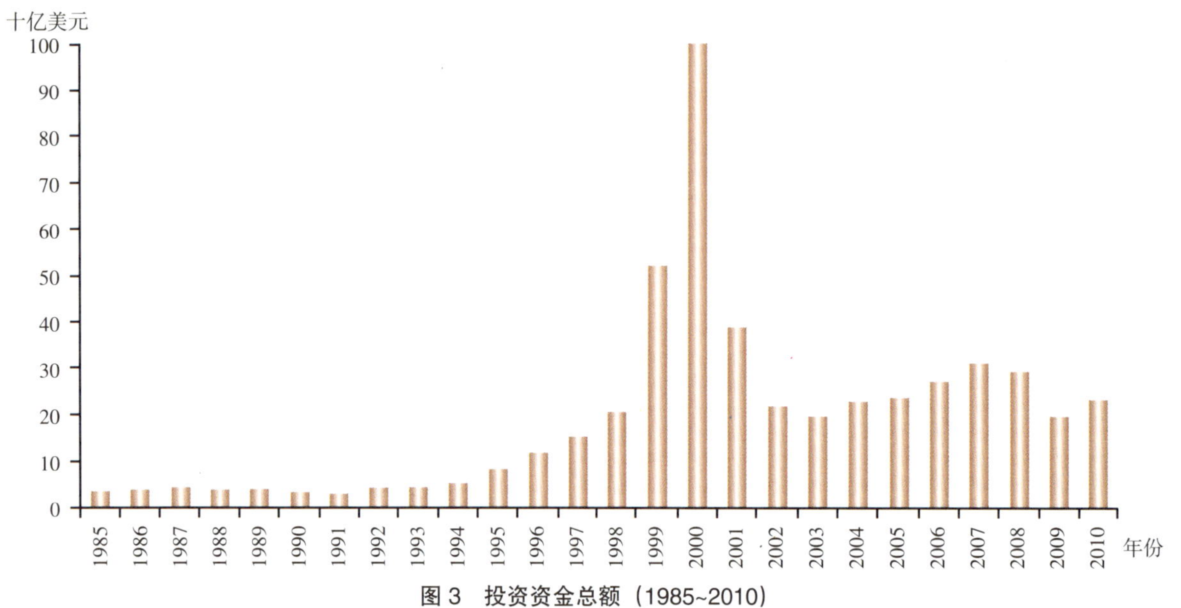

图 3 投资资金总额（1985~2010）

1. 投资行业分布

按行业划分，2010 年，生命科学领域的风险投资有所减少，但仍接近历史最高水平，包括：17%的资本投资于生物技术，10%的资本投资于医疗设备，1%的资本投资于医疗服务。相比而言，2009 年，投资于生物技术公司的资本占 20%，投资于医疗器械和设备的占 14%，投资于医疗保健服务的占 1%（见表 4、图 4）。行业内最明显的新兴领域是清洁技术，2010 年投资额达到 37 亿美元，占总投资额的 17%，较 2009 年增长 61%，但仍低于 2008 年的 40 亿美元水平。

表 4 按行业分类统计的投资情况（2010）

行业分类	全部投资			初始投资		
	企业数（家）	交易数（项）	投资数量（十亿美元）	企业数（家）	交易数（项）	投资数量（十亿美元）
信息技术	1596	1914	10.8	578	578	2.1
医学/健康学/生命科学	679	827	6.3	224	224	1.1
非高科技类	474	553	4.9	199	199	1.1
总数	2749	3294	22.0	1001	1001	4.3

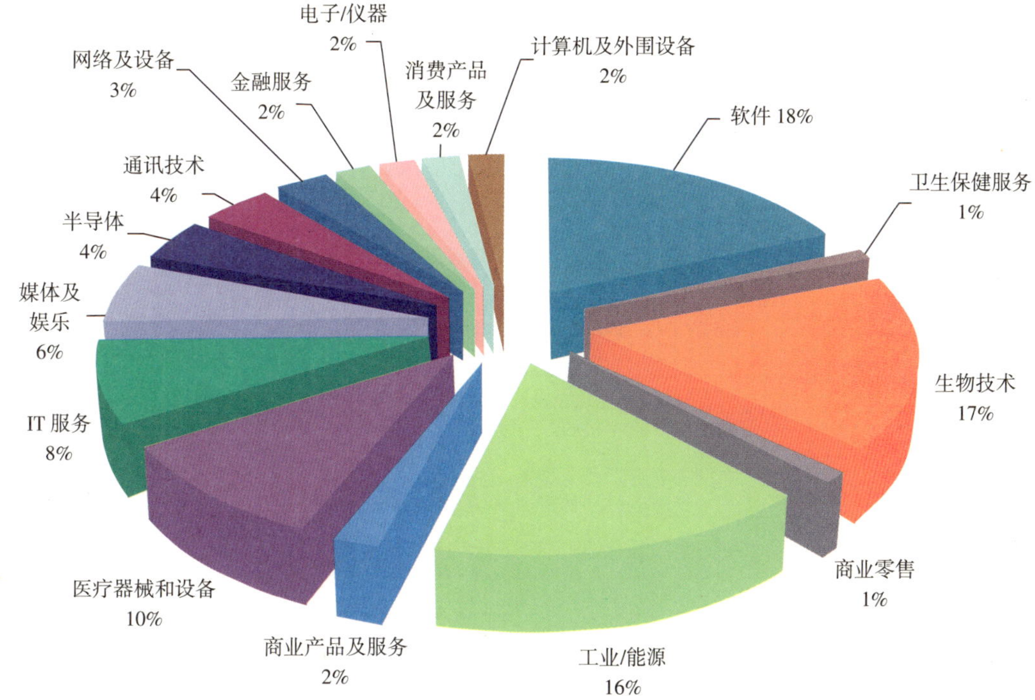

图 4　按行业部门统计的风险资本投资（2010）

2. 投资阶段分布

从投资阶段的分布看，与 2009 年大体相当，2010 年，风险投资家仍然主要关注中后期投资项目，由于 IPO 和并购数量的上升，投资于后期的项目有所减少。投资种子期（Seed）企业的金额仅占总投资额的 8%，投资于早期（Early Stage）项目的金额数占比 24%；投资扩张期（Expansion）项目的金额占比 39%，较 2009 年提高 8 个百分点（2009 年为 31%）；投资成熟后期（Later Stage）项目的占比为 29%，与 2009 年相比，降低 5 个百分点（见图 5）。

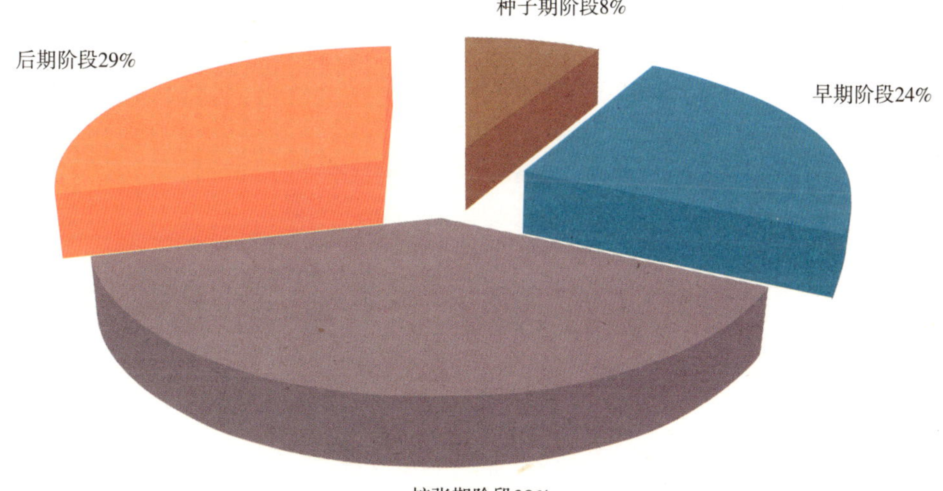

图 5　按投资阶段划分的风险资本投资（2010）

3. 投资地区分布

美国创业风险投资的地区分布集中度很高，仅加利福尼亚州的投资额占总投资的 50%，投资项目数占 39%（见表 5）。

表 5 按地区划分的风险资本投资（2010）

州	公司数量	占总数的比例（%）	投资额（百万美元）	占总数的比例（%）
加利福尼亚	1298	39	11054.9	50
马萨诸塞	353	11	2383.4	11
纽约	264	8	1312.8	6
得克萨斯	144	4	906.4	4
华盛顿	117	4	624.3	3
伊利诺伊州	59	2	575.4	3
宾夕法尼亚	153	5	508.5	2
科罗拉多	77	2	469.0	2
北卡罗来纳州	57	2	456.3	2
新泽西州	71	2	450.8	2
其他各州合计	701	21	3233.0	15
合计	3294	100	21974.8	100

4. 投资轮次分布

美国创业风险投资的首轮投资资金占比为 30%左右，历年分布见表 6、图 6。

表 6 风险投资的首轮投资与后续投资（1985~2010） 单位：百万美元

年份	首轮投资	后续投资	总计
1985	702.0	1873.6	2575.6
1986	835.2	2024.6	2859.8
1987	968.2	2162.0	3130.2
1988	1013.7	2130.4	3144.2
1989	879.9	2221.6	3101.4
1990	770.0	1739.4	2509.4
1991	492.5	1509.8	2002.3
1992	1215.3	2043.1	3258.4
1993	1208.4	2149.4	3357.7
1994	1561.9	2214.3	3776.2
1995	3735.8	3497.2	7233.0
1996	4026.4	6428.5	10454.9
1997	4619.6	9375.4	13995.0
1998	6607.4	12760.2	19367.7
1999	15160.2	35723.1	50883.4
2000	26376.8	72254.9	98631.7
2001	6915.8	30704.9	37620.7
2002	3999.4	16737.7	20737.1
2003	3776.2	15001.2	18777.4
2004	4681.1	17017.6	21698.7
2005	5581.0	16943.2	22524.2

续表

年份	首轮投资	后续投资	总计
2006	6035.8	19976.3	26012.0
2007	7332.4	22541.0	29873.4
2008	6202.5	21904.8	28107.3
2009	3315.0	14954.6	18269.6
2010	4348.9	17625.9	21974.8

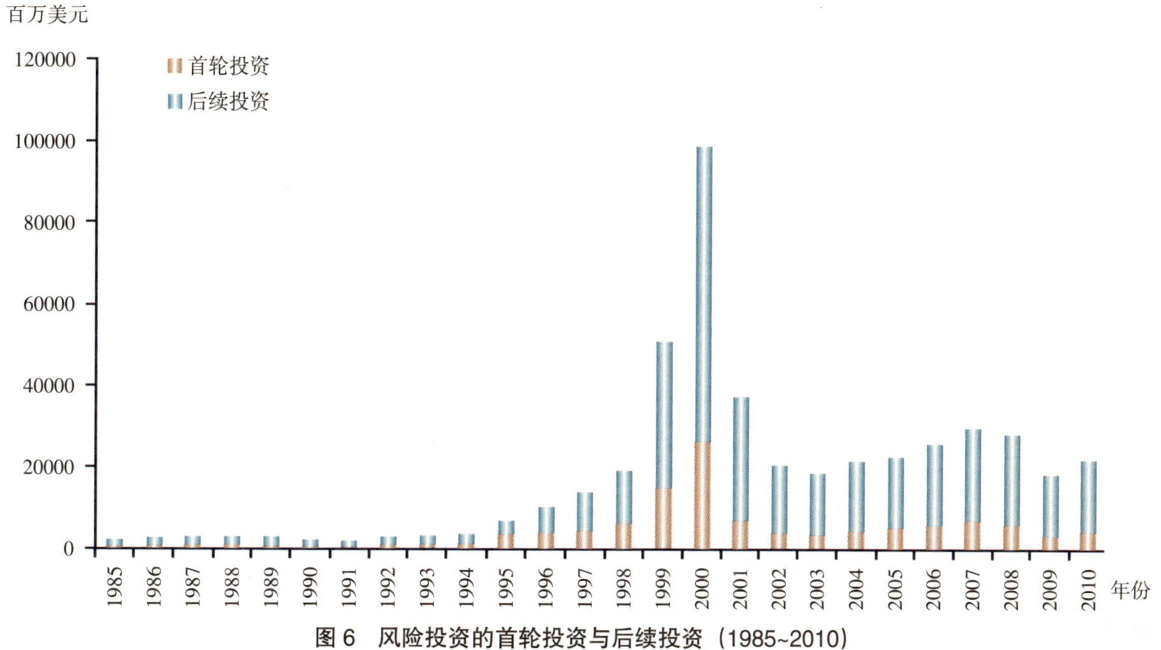

图 6　风险投资的首轮投资与后续投资（1985~2010）

（五）获得投资的企业价值估值

对创业投资基金来说，需要对创业投资企业的价值发展趋势进行估值，不论首轮投资的估值是否合理，仍然成功实现了退出。2010 年，除医疗设备行业以外，首轮投资的企业估值比 2005~2009 年间估值的中位数低很多，其他轮次的投资价值估值与前期相比有高有低，总体上，2010 年的企业估值高于基期。

与 2009 年仅有 12 起 IPO 相比，2010 年创投行业通过 IPO 实现退出的案例数要多很多倍，但估值倍数却没有 2009 年高。2009 年，IPO 的估值中位数为 4283 亿美元，刷新了历史纪录，是 2010 估值的两倍；IPO 企业的投资前估值是创业投资额的 9.7 倍，而 2010 年 IPO 企业的投资前估值仅是创业投资额的 4.4 倍（见表 7）。

表 7　不同行业募集资金的价值估值（2010）　单位：百万美元

行业	平均估值	最大值	上四分位数	中位数	下四分位数	最小值
生物技术	65.4	390.6	64.1	42.0	13.6	1.2
商业产品及服务	13.5	13.5	13.5	13.5	13.5	13.5
计算机及外围产品	46.8	66.3	56.6	46.8	37.0	27.2
消费产品及服务	—	—	—	—	—	—
电子/仪器	12.8	20.1	16.4	12.8	9.1	5.4
金融服务	102.1	102.1	102.1	102.1	102.1	102.1
卫生保健服务	23.1	23.1	23.1	23.1	23.1	23.1
工业/能源	62.6	102.0	99.8	68.6	31.3	11.1
IT 服务	213.3	735.0	286.4	158.3	10.3	6.5
媒体及娱乐	447.6	569.0	86.0	45.7	32.9	3.5
医疗器械和设备	75.1	221.3	99.3	68.2	20.1	6.5
网络及设备	18.3	39.2	27.3	15.0	5.9	3.9
其他	17.5	17.5	17.5	17.5	17.5	17.5
零售/物流	295.3	295.3	295.3	295.3	295.3	295.3
半导体	67.1	88.9	75.7	62.5	56.3	50.0
软件	42.6	161.4	50.6	17.4	7.3	1.7
通讯	10.3	11.0	10.7	10.3	10.0	9.7
合计	115.2	569.0	85.5	38.0	11.7	1.2

（六）投资退出

创投机构投资企业的退出渠道主要为并购（M&A）和首次公开募股（IPO）。2010 年，创业投资企业退出案例数达到 72 例，成为 2007 年以来退出最多的一年；通过并购实现退出的案例数超过 400 项，也是自 20 世纪 70 年代以来退出数量最多的一年。

2008~2010 年，创业风险投资企业实现 IPO 退出的数量从 6 例增长到 12 例，再增加到 72 例，但仍远远低于 1999~2000 年的 IPO 水平（见图 7）。那些在科技泡沫时期发生的投资，尽管有很大的退出需求，但至今仍有许多未实现 IPO 退出（20 世纪 90 年代获得首轮投资的企业中大约有 14%实现了退出）。按照近年来每年获得首轮融资的企业超过 1000 家来推算，每年实现 IPO 的企业数量至少应达到 140 家。

2010 年，通过并购退出的企业数达到 427 家，刷新了历史纪录，相比 2009 年的 272 家而言，出现大幅增长。尽管如此，并购披露的交易金额 185 亿美元，仍远小于后泡沫时期。

总体而言，虽然 2010 年创投通过 IPO 和并购退出的数量与金额都呈快速增长态势，但相对于整个行业的退出需求而言，还存在较大的差距。

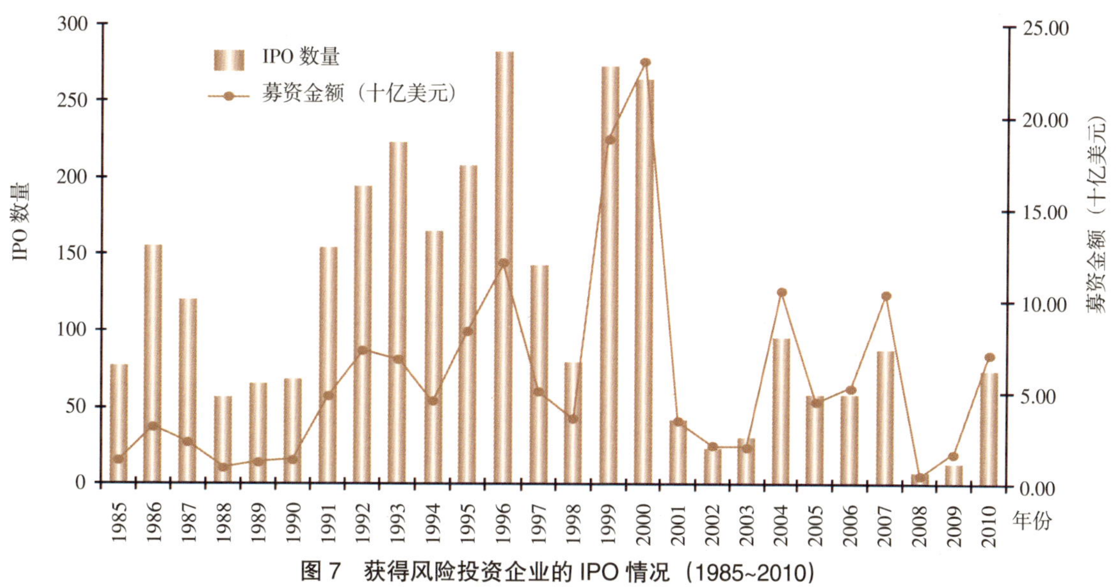

图 7 获得风险投资企业的 IPO 情况（1985~2010）

资料来源：由美国创业风险投资协会 National Venture Capital Association 提供。

二、韩国创业风险投资概况

（一）韩国创业风险投资市场概况

2010 年，韩国政府将韩国产业银行（Korea Development Bank，KDB）的业务分拆为两个独立的实体：KDB 金融集团（KDB Financial Group）和韩国金融公司（Korea Finance Corporation，KoFC）。KDB 金融集团负责提供企业和投资银行业务，而韩国金融公司扮演着国家政策和发展银行角色，负责向能提升国家经济实力的企业和项目提供融资。韩国金融公司、韩国投资基金（Korean Investment Fund，KIF）和高校基金（University Fund）融资规模创下历史新高。

截至 2010 年底，韩国共有 103 家风险投资公司①，393 个风险投资基金②（见表 8、图 8）。其中，风险投资基金的运作主要以有限合伙制的方式进行，一般基金出资 95%左右，负有限责任，风险投资公司出资 5%左右，负无限责任。

表 8 韩国创业风险投资市场概况（2001~2010）

年份	风险投资公司数量（家）	风险投资基金数量（个）
2001	145	396
2002	128	412
2003	117	430
2004	105	424
2005	102	400
2006	105	350
2007	101	332
2008	97	336
2009	100	366
2010	103	393

① 样本数：获引导基金支持创投 435 份，非引导基金支持创投 575 份。
② 样本数：获引导基金支持创投 145 份，非引导基金支持创投 480 份。

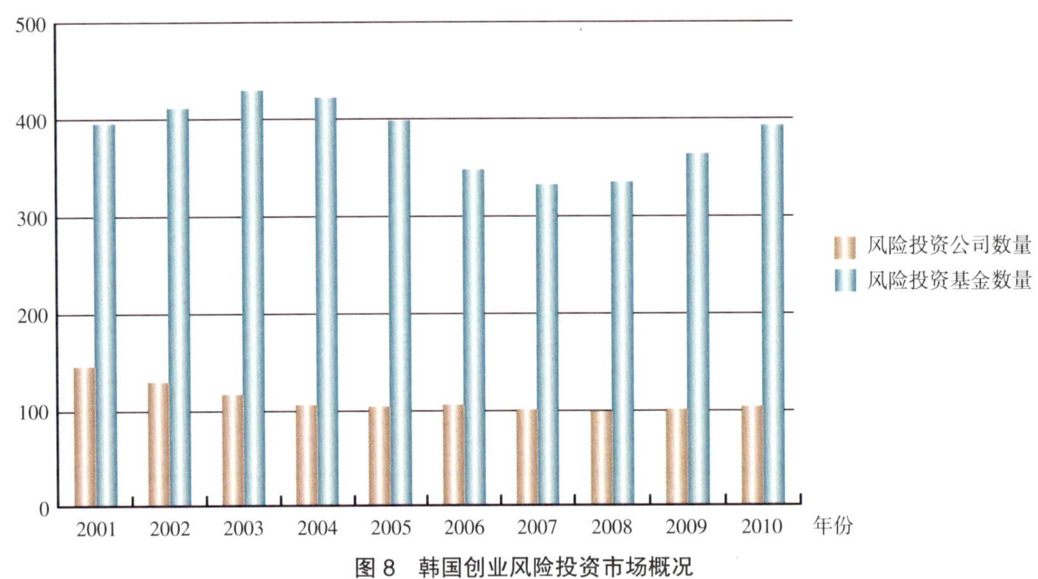

图 8 韩国创业风险投资市场概况

（二）韩国创业风险投资资本

在韩国政府的努力和推动下，韩国风险投资事业得到了蓬勃的发展。2010 年创业风险投资资本总量（由风险投资公司资产[①]与风险投资基金管理的资本组成）达 88585 亿韩元（见表 9、图 9）。

表 9 韩国创业风险投资资本总额（2002~2010） 单位：十亿韩元

年份	2002	2003	2004	2005	2006	2007	2008	2009	2010
风险投资公司资产	3382	2194	1986	1749	1704	1885	1479	1421	1206
风险投资基金管理的资本	3378.9	3890.8	4297.4	4757.6	4919.5	4952.7	5689.9	6609.1	7652.5

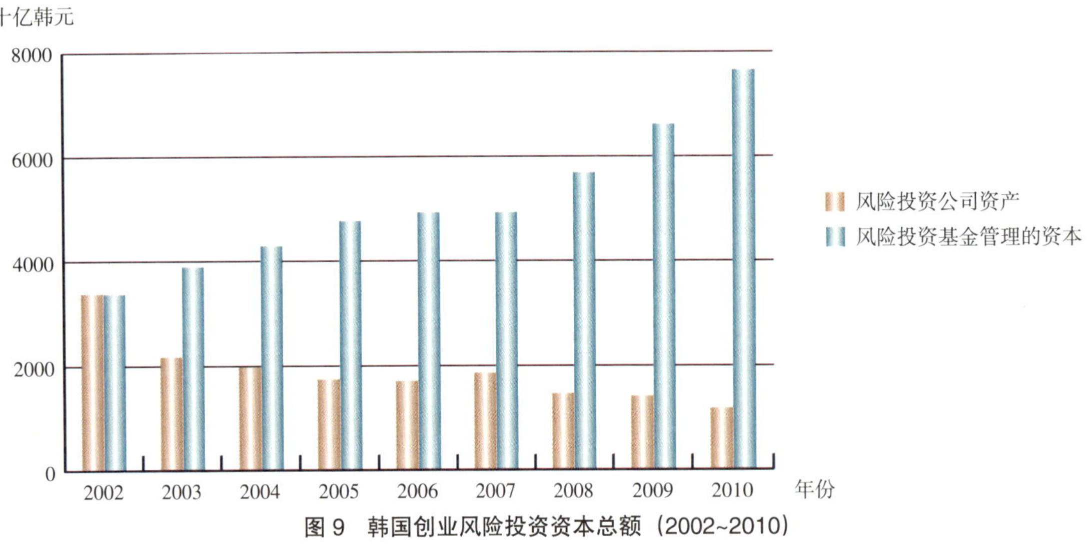

图 9 韩国创业风险投资资本总额（2002~2010）

① 不包括风险投资基金中普通合伙人的实收资本。

2010年新发起设立的风险投资基金中，资本来源主要以金融机构为主，占43.4%（见表10、图10）。

表10 韩国新设立风险投资基金资本来源（2010） 单位：%

资本来源	金融机构	政府部门[①]	企业	风投公司	养老金	个人	外国投资者	其他
比例	43.4	11.5	16.0	16.0	6.9	1.1	3.8	0.3

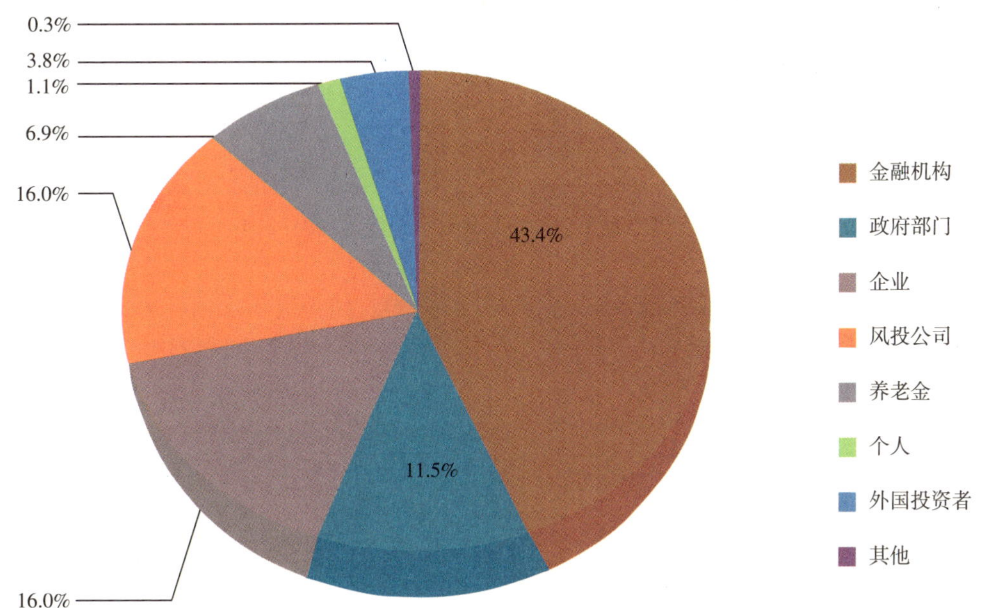

图10 韩国新设立风险投资基金资本来源（2010）

（三）韩国创业风险投资活动

2008~2010年，韩国创业风险投资的新投资项目数总体呈上升趋势，投资强度也不断加大，2010年投资强度大约为19.5亿韩元/项（见表11、图11）。

表11 韩国创业风险投资项目数及金额（2001~2010） 单位：个、十亿韩元/项

年份	2001	2002	2003	2004	2005	2006	2007	2008	2009	2010
新投资项目数	1119	768	630	544	635	617	615	496	524	560
新投资金额数	891.3	617.7	630.6	604.4	757.3	733.3	991.7	724.7	867.1	1091
新投资强度	0.80	0.80	1.00	1.11	1.19	1.19	1.61	1.46	1.65	1.95
累积投资项目数	3085	3090	2881	2668	2414	2093	2179	2165	2093	2171
累积投资金额数	3051.4	3044.8	2762.7	2627.1	2267.5	2195.7	2478.1	2661.3	2762.8	3101
累积投资强度	0.99	0.99	0.96	0.98	0.94	1.05	1.14	1.23	1.32	1.43

① 政府部门包括：韩国风险投资公司、韩国农林水产食品部、教育科技部、文体观光部、知识经济部和地方政府等。

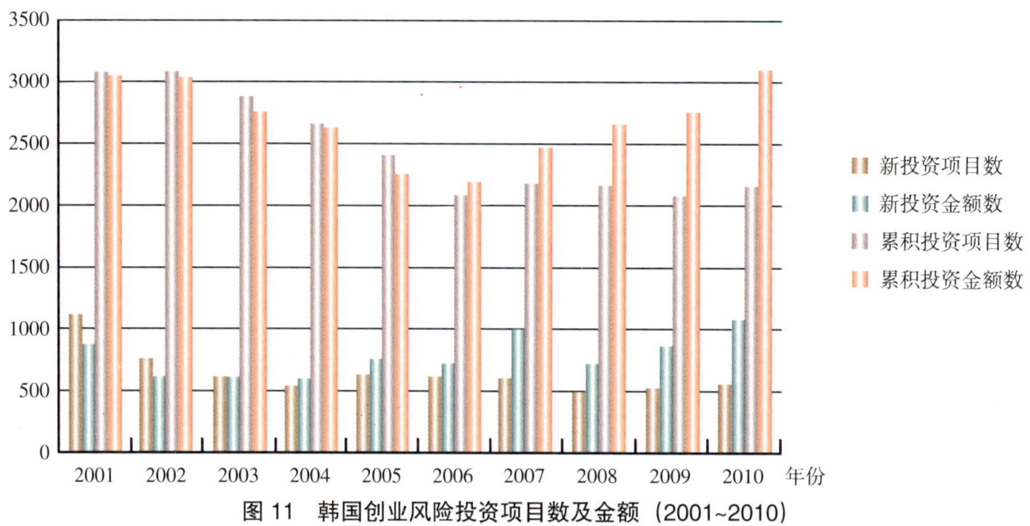

图 11　韩国创业风险投资项目数及金额（2001~2010）

2010 年，根据韩国风险投资协会提供的资料显示，创业风险投资行业主要分布在文化/娱乐业、IT 和制造业，投资项目占比分别为 32.7%、26.5%和 22.8%，投资金额占比分别为 24.5%、27.1%和 28.4%（见表 12、图 12）。

表 12　2010 年韩国创业风险投资行业分布　单位：个、十亿韩元

行业	IT	制造业	文化/娱乐业	生物技术	服务/教育	零售业	资源回收	其他
项目	150	129	185	40	24	17	4	16
金额	295.6	310.2	267.7	84.0	63.3	31.1	6.6	32.6

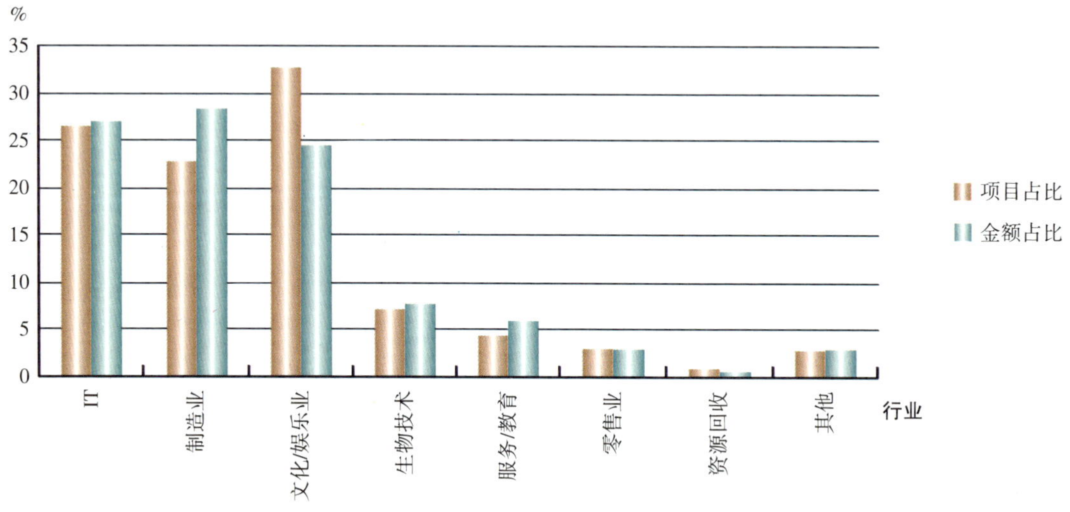

图 12　韩国创业风险投资行业分布（2010）

按照投资工具分类，无论是新投资还是累积投资，优先股和普通股都是其首先的投资工具（见表 13）。

表 13　　2010 年韩国创业风险投资工具分布　　单位：%

投资工具	优先股	普通股	项目融资	可转换公司债券（CB）/附认证股权债券（BW）	其他
新投资	35.0	25.9	16.8	16.0	6.3
累积投资	30.6	37.8	9.5	14.0	8.1

（四）韩国创业风险投资阶段分布

2010 年，从韩国创业风险投资的阶段分布看，扩展期（Later Stage）投资数量和金额最多（见表 14）。

表 14　　2010 年韩国创业风险投资阶段分布　　单位：个、十亿韩元

阶段	早期	创建期	扩展期
项目	207	175	207
金额	319.2	290.4	481.4

（五）韩国创业风险投资的退出情况

韩国风险投资退出渠道较为畅通，2010 年，以股权出售和项目出售的形式为主，分别占 39.1%和 23.7%，通过 IPO 退出占 14.2%（见表 15、图 13）。

表 15　　韩国创业风险投资退出渠道情况（2003~2010）　　单位：%

年份	2003	2004	2005	2006	2007	2008	2009	2010
IPO	19.6	17.7	21.4	23.2	17.2	17.1	15.7	14.2
兼并收购	0.3	2.4	3.3	4.7	2.6	5.9	6.6	4.9
项目出售	18.5	15.1	15.6	16.5	17.7	23.2	16.4	23.7
股权出售	44.8	44.8	46.8	42.8	48.4	40.5	45.8	39.1
债权出售	16.8	19.9	12.9	12.8	14.1	13.3	13.9	17.1
其他	0.0	0.1	0.0	0.0	0.0	0.0	1.6	1.0

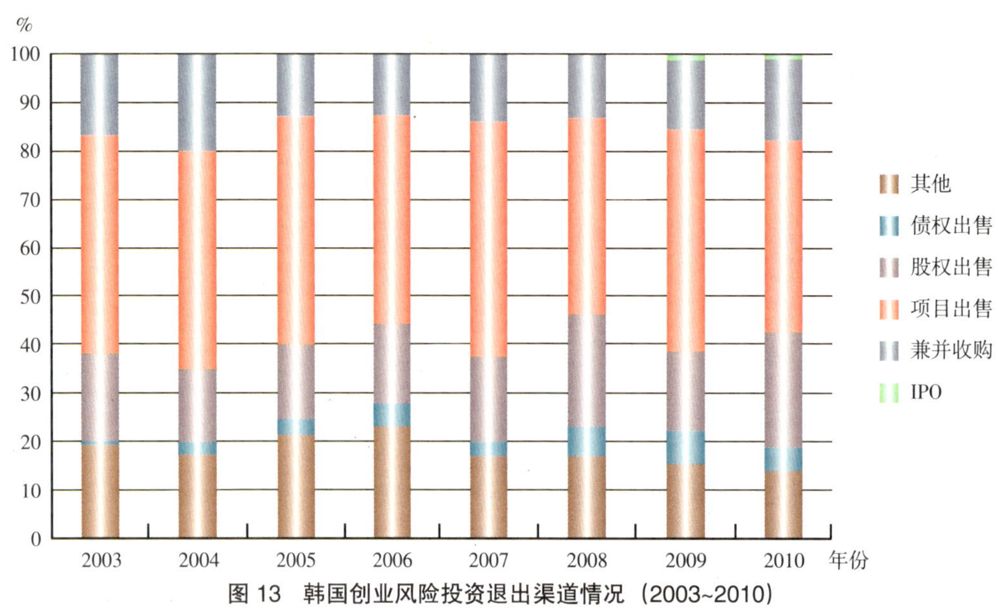

图 13 韩国创业风险投资退出渠道情况（2003~2010）

2010 年，IPO 数量 76 起，其中 34 家为风险企业，26 家风险企业获得过风险投资机构的支持（见表 16）。

表 16 韩国创业风险投资通过 KOSDAQ 市场 IPO 情况（2001~2010）

年份	2001	2002	2003	2004	2005	2006	2007	2008	2009	2010
IPO 数量（家）	171	153	71	52	70	56	67	38	55	76
风险企业 IPO 数量（A）	134	105	58	37	61	43	52	29	29	34
得到 VC 支持的风险企业 IPO 数量（B）	73	53	36	28	49	35	44	25	20	26
B/A（%）	54.5	50.1	62.1	75.7	80.3	81.4	84.6	86.2	69.0	76.4

注：数据由韩国风险投资协会 Korean Venture Capital Association 提供，感谢韩国科技规划评价院 Korean Institute of Science & Technology Evaluation and Planning 的大力帮助。

附录 3　关于豁免国有创业投资机构和国有创业投资引导基金国有股转持义务有关问题的通知

财企〔2010〕278 号

国务院有关部委，有关直属机构，各省、自治区、直辖市、计划单列市财政厅（局）、国资委（局），中国证券登记结算有限责任公司，有关国有创业投资机构、国有创业投资引导基金：

《财政部国资委证监会社保基金会关于印发〈境内证券市场转持部分国有股充实全国社会保障基金实施办法〉的通知》（财企〔2009〕94 号）规定，股权分置改革新老划断后，凡在境内证券市场首次公开发行股票并上市的含国有股的股份有限公司，除国务院另有规定的，均须按首次公开发行时实际发行股份数量的 10%，将股份有限公司部分国有股转由社保基金会持有，国有股东持股数量少于应转持股份数量的，按实际持股数量转持。

为进一步提高国有资本从事创业投资的积极性，鼓励和引导国有创业投资机构加大对中早期项目的投资，促进我国创业投资事业的发展和科技创新目标的实现，经国务院批准，符合条件的国有创业投资机构和国有创业投资引导基金，投资于未上市中小企业形成的国有股，可申请豁免国有股转持义务。现将有关事项通知如下：

一、资质条件

（一）豁免国有股转持义务的国有创业投资机构应当符合下列条件：

1. 经营范围符合《创业投资企业管理暂行办法》（发展改革委等 10 部门令第 39 号，以下简称《办法》）规定，且工商登记名称中注有“创业投资”字样。在 2005 年 11 月 15 日《办法》发布前完成工商登记的，可保留原有工商登记名称，但经营范围须符合《办法》规定。

2. 遵照《办法》规定的条件和程序完成备案，经备案管理部门年度检查核实，投资运作符合《办法》有关规定。

（二）豁免国有股转持义务的国有创业投资引导基金应当为按照《关于创业投资引导基金规范设立与运作的指导意见》（国办发〔2008〕116 号）规定，规范设立并运作的国有创业投资引导基金。

（三）本通知所称未上市中小企业，应当同时符合下列条件：

1. 职工人数不超过 500 人。

2. 年销售（营业额）不超过 2 亿元。

3. 资产总额不超过 2 亿元。

上述条件按照国有创业投资机构和国有创业投资引导基金初始投资行为发生时被投资企业的规模确定。

二、申报资料

国有创业投资机构或国有创业投资引导基金申请豁免国有股转持义务，应当提供以下资料：

（一）申请报告。

（二）国有创业投资机构按照《创业投资企业管理暂行办法》完成备案及年检的证明文件，国有创业投资引导基金按照《关于创业投资引导基金规范设立与运作的指导意见》规范设立并运作的具体说明。

（三）经会计师事务所审计的被投资企业在国有创业投资机构或国有创业投资引导基金初始投资发生时上一年度的会计报表。

（四）由被投资企业所在地劳动和社会保障部门出具的被投资企业在国有创业投资机构或国有创业投资引导基金初始投资发生时上一年度末职工人数的证明。

（五）其他说明材料。

三、办理程序

被投资企业拟首次公开发行股票并上市前，符合条件的国有创业投资机构或国有创业投资引导基金直接向财政部提出豁免国有股转持义务申请。财政部经审核后出具豁免国有股转持义务的批复文件，并抄送国资委、证监会、社保基金会和相关省（自治区、直辖市、计划单列市）国有资产监督管理机构、财政部门。若被投资企业有其他国有股东，需省级或省级以上国有资产管理机构出具国有股转持批复的，已豁免国有股转持额度在应转持总额度中扣除。

已按《境内证券市场转持部分国有股充实全国社会保障基金实施办法》实施国有股转持的，符合条件的国有创业投资机构或国有创业投资引导基金直接向财政部提出国有股回拨申请。财政部会同社保基金会复核后向中国证券登记结算有限责任公司（以下简称中国结算公司）下达国有股回拨通知，并抄送国资委、证监会、社保基金会和相关省（自治区、直辖市、计划单列市）国有资产监督管理机构、财政部门。中国结算公司在收到国有股回拨通知后15个工作日内，将已转持国有股，由社保基金会转持股票账户变更登记到国有创业投资机构或国有创业投资引导基金开设的股票账户。

财政部 国资委 证监会 社保基金会

二〇一〇年十月十三日

附录4 关于印发《科技型中小企业创业投资引导基金股权投资收入收缴暂行办法》的通知

财企 [2010] 361 号

各省、自治区、直辖市、计划单列市财政厅（局）、科技厅（委、局）：

为规范科技型中小企业创业投资引导基金股权投资收入的收缴工作，我们制定了《科技型中小企业创业投资引导基金股权投资收入收缴暂行办法》，现印发给你们，请遵照执行。执行中有何问题，请及时向我们反映。

附件：科技型中小企业创业投资引导基金股权投资收入收缴暂行办法

财政部 科技部

二〇一〇年十二月九日

科技型中小企业创业投资引导基金股权投资收入收缴暂行办法

第一条 为规范科技型中小企业创业投资引导基金（以下简称引导基金）股权投资收入的收缴工作，根据《中华人民共和国预算法》、《财政部科技部关于印发〈科技型中小企业创业投资引导基金管理暂行办法〉的通知》（财企［2007］128 号）及有关财政管理制度，制定本办法。

第二条 本办法适用于引导基金通过阶段参股方式投资于创业投资企业，以及通过跟进投资方式投资于科技型中小企业所产生的各项收入的收缴管理工作。

第三条 引导基金股权投资收入包括：引导基金股权退出应收回的原始投资及应取得的收益；引导基金通过跟进投资方式投资，在持有股权期间应取得的收益；被投资企业清算时，引导基金应取得的剩余财产清偿收入。

第四条 引导基金股权投资收入上缴中央国库，纳入中央一般预算管理，列《政府收支分类科目》103 类“非税收入”06 款“国有资本经营收入”下一般预算收入相关科目。其中：

（一）引导基金股权退出应收回的原始投资及应取得的收益，列“产权转让收入”下“其他产权转让收入”（预算科目编码：103060399）。

（二）引导基金通过跟进投资方式投资，在持有股权期间应取得的收益，列“股利、股息收入”下“其他股利、股息收入”（预算科目编码：103060299）。

（三）被投资企业清算时，引导基金应取得的剩余财产清偿收入，列“其他国有资本经营收入”（预算科目编码：1030699）。

第五条 财政部是引导基金股权投资收入收缴管理职能部门，对引导基金股权投资收入收缴情况进行监督检查。

第六条 科技部负责对所属执收单位及引导基金股权

投资收入收缴工作实施管理和监督。

第七条 科技部科技型中小企业技术创新基金管理中心（以下简称创新基金管理中心）作为执收单位，负责引导基金股权投资收入的收缴管理工作。

第八条 引导基金股权投资收入上缴金额分别依据以下内容确定：

（一）引导基金股权退出应收回的原始投资，按照财政部、科技部有关引导基金立项、拨款文件及引导基金投资企业收到中央财政引导基金拨款收入凭证等确定。

（二）引导基金股权退出应取得的收益，按照引导基金投资企业收到中央财政引导基金拨款收入凭证及引导基金股权转让协议等确定。

（三）引导基金通过跟进投资方式投资，在持有股权期间应取得的收益，按照引导基金投资企业经会计师事务所审计的会计报表、股东会利润分配决议等确定。

（四）引导基金取得的剩余财产清偿收入，根据有关法律程序确定。

第九条 引导基金股权投资收入按以下程序上缴：

（一）创新基金管理中心在监督检查引导基金项目实施情况的基础上，与引导基金投资企业、引导基金股权受让方（或受托管理单位）等商议股权投资退出、收益分配及清算等事宜，并对引导基金投资企业项目实施情况专项审计报告、受让引导基金股权申请以及确认收入所依据的相关资料等进行审核。

（二）创新基金管理中心根据商议及审核结果，提出引导基金股权退出及收入收缴实施方案报科技部、财政部审定。

（三）创新基金管理中心根据科技部、财政部审定意见，办理股权转让、收入收缴等手续，向有关缴款单位发送缴款通知。收取时，使用《非税收入一般缴款书》，并加强对引导基金股权投资收入上缴的监督管理，确保收入按照有关规定及时、足额上缴。

（四）引导基金有关缴款单位在收到缴款通知后的 30 个工作日内，直接将应缴的引导基金股权投资收入，缴入财政部为创新基金管理中心开设的中央财政汇缴专户。

第十条 创新基金管理中心定期向科技部和财政部报告引导基金股权投资收入上缴情况，财政部、科技部不定期组织开展对引导基金股权投资收入上缴情况进行检查。

第十一条 任何单位、个人不得隐瞒、滞留、截留、挤占、挪用引导基金股权投资收入，一经查实，除收回有关资金外，将按照《财政违法行为处罚处分条例》（国务院令第 427 号）的相关规定进行处理。

第十二条 本办法由财政部会同科技部负责解释。

第十三条 本办法自印发之日起施行。

附录5 中国创业风险投资机构名录

安徽国安创业投资有限公司
成立时间：2010-09-15
网址：/
传真：0551-5732843

安徽红土创业投资有限公司
成立时间：2010-08-10
网址：/
传真：0551-5666025

安徽省安庆发展投资有限公司
成立时间：2004-07-19
网址：www.aqfztz.com/
传真：0556-5595212

安徽省创投资本基金有限公司
成立时间：2010-07-27
网址：/
传真：0551-5773880

安徽省创业投资有限公司
成立时间：2008-07-09
网址：/
传真：0551-3677130

安徽省科创投资管理咨询有限责任公司
成立时间：2000-10-31
网址：/
传真：/

安徽省科技产业投资有限公司
Anhui High Technology Industry Investment Co.,Ltd.
成立时间：1999-07
网址：www.ahkjtz.com.cn
传真：0551-5170070

安徽新天柱投资集团有限公司
成立时间：2010-01-15
网址：www.newtianzhu.com
传真：0556-8978759

安徽兴皖创业投资有限公司
成立时间：2010-08-20
网址：/
传真：0551-3677130

蚌埠市科技创业投资有限公司
成立时间：2008-06-26
网址：/
传真：0552-3186802

蚌埠中城创业投资有限公司
Bengbu Insight Venture Capital Co., Ltd.
成立时间：2009-03-16
网址：/
传真：0552-3183878

合肥高特佳创业投资有限责任公司
Hefei Gtja Venture Capital Investment Co.,Ltd.
成立时间：2010-04-12
网址：www.szgig.com
传真：0551-5310817

合肥世纪创新投资有限公司

成立时间：2002-09-11
网址：/
传真：0551-5170065

合肥市创新科技风险投资有限公司

Hefei Innovation and Technology Venture Capital Co., Ltd.
成立时间：2000-08-28
网址：www.hfgk.com
传真：0551-2675471

合肥市高科技风险投资有限公司

Hefei High-tech Venture Capital Co.,Ltd.
成立时间：2000-04-18
网址：/
传真：/

汇智创业投资有限公司

Wisdom Venture Capital Co., Ltd.
成立时间：2009-04-29
网址：/
传真： 0551-5321476

太湖县企业公有资产经营管理有限公司

成立时间：2005-12-01
网址：thzcgs5506@sina.com
传真：0556-4162643

铜陵天源高技术创业投资有限责任公司

成立时间：2007-02-01
网址：/
传真：0562-2880070

芜湖奇瑞科技有限公司

Wuhu Chery Technology Co.,Ltd.
成立时间：2001-11-21
网址：www.mychery.com
传真：0553-5922267

芜湖瑞建汽车产业创业投资有限公司

成立时间：2010-07-01
网址：/
传真：0553-3823318

芜湖瑞业股权投资基金

成立时间：2009-12-21
网址：/
传真：/

芜湖江东世纪创业投资中心

Wuhu Jiangdong Century Venture Capital L.P.
成立时间：2009-08-18
网址：www.jd-capital.cn
传真：0553-5772022

芜湖市科技创业投资有限公司

成立时间：2004-05-28
网址：www.whkctz.com
传真：0553-5845990

芜湖远大创业投资有限公司

成立时间：2009-04-23
网址：/
传真：0553-5992133

银川铸龙投资有限公司

成立时间：2008-10
网址：www.yczlvc.com
传真：0951-6981991

IDG 资本投资顾问（北京）有限公司上海分公司

IDG Capital Investment Consultancy （Beijing） Co., Ltd. Shanghai Branch
成立时间：2006-04-29
网址：www.idgvc.com.cn
传真：021-62375899

北京博大环球创业投资有限公司
Beijing Broad Global Venture Capital Co.,Ltd.
成立时间： 2008-07-29
网址： www.broadglobalcapital.com
传真：010-62680457

北京晨光创业投资有限公司
Beijing Chenguang Changsheng Investment Guarantee Co.,Ltd.
成立时间：2000-12-25
网址：www.chgvc.com
传真：010-69709488

北京丰图投资有限责任公司
Beijing Fengtu Capital Co.,Ltd.
成立时间：2007-07
网址：www.fundturn.com
传真：010-82604065

北京硅谷天使创业投资有限公司
成立时间： 2010-06-12
网址：/
传真：/

北京海琴瀚元投资管理有限公司
Beijing Hai-Qin Han Yuan Investment Co.,Ltd.
成立时间：2009-06-15
网址：www.hqhyinvest.com
传真：010-85803967

北京核心动力投资管理有限公司
成立时间：2010-04-29
网址：www.hxvc.com.cn
传真：010-68317742

北京金源鸿基创业投资有限公司
Beijing Gold Fount Venture Capital Co.,Ltd.
成立时间：2006-07-06
网址：www.gfvc.cn
传真：010-66226889

北京科技风险投资股份有限公司
Beijing Technology Venture Capital Co.,Ltd.
成立时间：1998-10-28
网址：www.bvcc.com.cn
传真：010-68943779

北京勤益科技投资管理有限公司
Beijing Cheeryard Technology Investment & Management Co.,Ltd.
成立时间：1993-12-16
网址：www.cheeryardvc.com
传真：010-51727192

北京新安财富创业投资有限责任公司
成立时间：2000-08-02
网址：www.acvc.com.cn
传真：010-63972281

北京星光时代投资有限公司
成立时间：2010
网址：/
传真：/

北京中关村青年科技创业投资有限公司
Beijing Centek Venture Capital Co.,Ltd.
成立时间：2000-01
网址：www.bjcvc.com.cn
传真：010-62140033

裨益丰（北京）投资管理顾问有限公司
PEF (Beijing) Investment Consultation Limited
成立时间：2007-11-30
网址：www.pefchina.com/
传真：010-62751105

东长安集团
East Changan Group
成立时间：1982-01-01
网址：/
传真：010-65072515

泛亚国际投资有限公司
Pan Asia International Investment Co.,Ltd.
成立时间：2000-12-05
网址：www.cpana.com.cn
传真：010-59712776

富汇创业投资管理有限公司
Fuho Capital Management Co.,Ltd.
成立时间：2008-05-05
网址：www.fuhocapital.com
传真：010-82656666-666

联想投资有限公司
Legend Capital Co.,Ltd.
成立时间：2001-04
网址：www.legendcapital.com.cn
传真：010-62509128

启迪创业投资管理（北京）有限公司
Tuspark Ventures
成立时间：2001-03
网址：www.tsinghua-vc.com
传真：010-62705209

首一创业投资有限公司
Sone Venture Capital Co.,Ltd.
成立时间：2006-09
网址：www.sonevc.com
传真：010-64939855

中发君盛（北京）投资管理有限公司
成立时间：2009-10-28
网址：www.junsancapital.com
传真：0755-82571198

中富创业投资（北京）有限公司
成立时间：2007-09-21
网址：www.zfinvest.com
传真：010-65518503

中国风险投资有限公司
China Venture Capital Co., Ltd.
成立时间：2000-04
网址：www.c-vc.com.cn
传真：010-85698023

中国科招高技术有限公司
China Kz High Technology Co.,Ltd.
成立时间：1989-06-27
网址：www.ckz.com.cn
传真：010-88415730

中金高技术资产管理有限公司
China Finance High Technology Asset Management Co., Ltd.
成立时间：2000
网址：www.chinapioneer.com
传真：010-65242367

中金联合控股有限公司
China Finance United Holding Co.,Ltd.
成立时间：2000
网址：www.chinapioneer.com
传真：86-010-65242367

中世鹏投资有限公司
Zhongshipeng Investment Co.,Ltd.
成立时间：2008-09
网址：/
传真：010-84862723

福建红桥创业投资管理有限公司
Fujian Red Bridge Capital Management Co.,Ltd.
成立时间：2007-08-29
网址：www.hqcapital.com.cn/
传真：0592-2278628

福建华兴创业投资有限公司
Fujian Huaxing Venture Investment Co.,Ltd.
成立时间：2000-12-26
网址：www.fjhxvc.com/
传真： 0591-87858275

福建迅成创业投资有限公司
成立时间：2007-07-31
网址：www.chancevc.com
传真：0591-22855397

福建中保创业投资股份有限公司
成立时间：2008-11-05
网址：/
传真：0591-87868871

世盈（厦门）创业投资有限公司
成立时间：2007-09-10
网址：/
传真：0592-8068537

厦门高新技术创业中心
Xiamen Hi-Tech Innovation Centre
成立时间：1996-12
网址：www.xmibi.com
传真：0592-3923999

厦门高新技术风险投资有限公司
Xiamen Hi-Tech Venture Capital Co.,Ltd.
成立时间：1998-12-28
网址：/
传真：0592-2102861

厦门弘信创业投资股份有限公司
Xiamen Hongxin Investment Co.,Ltd.
成立时间：1996
网址：www.xmhx.com
传真：0592-5627310

厦门火炬集团创业投资有限公司
Xiamen Torch Group Venture Capital Co.,Ltd.
成立时间：2004-04
网址：www.xmhjtz.com
传真：0592-5711818

厦门软件产业投资发展有限公司
Xiamen Software Industry Investment Development Co., Ltd.
成立时间：1998-12-02
网址：www.xsoft.com.cn
传真：0592-3929888

厦门市纽新投资集团有限公司
Xiamen Newsun Investment Group Company
成立时间：2007
网址：www.纽新.cn
传真：0592-5063691

厦门松涛风险投资股份有限公司
Xiamen Songtao Venture Capital Co.,Ltd.
成立时间：2000-04-28
网址：www.songtao.com.cn
传真：0592-6093926

厦门永红创业投资有限公司
成立时间：2006-12-19
网址：/
传真：0592-5058092

中汇融（福建）创业投资有限公司
成立时间：2007-11-07
网址：zhrcapital.com/
传真：0592-3732666

甘肃兰天创业投资有限公司
成立时间：2010
网址：/
传真：/

甘肃省科技风险投资有限公司
成立时间：2001-08
网址：/
传真：0931-8537887

甘肃实现投资管理有限公司
成立时间：2010
网址：/
传真：/

甘肃中凌创业投资有限公司
成立时间：2010
网址：/
传真：/

兰州高科创业投资担保有限公司
成立时间：2003
网址：/
传真：0931-8552921

兰州佳悦投资有限公司
成立时间：2007
网址：/
传真：/

兰州润佳投资有限公司
成立时间：2010
网址：/
传真：/

兰州天健投资咨询服务有限公司
成立时间：2006
网址：/
传真：/

佛山市科技风险投资有限公司
成立时间：2010-09-10
网址：/
传真：0757-82583539

广东科创投资管理有限公司
Guangdong Venture Capital Management Co.,Ltd.
成立时间：2006-04
网址：www.gvcgc.com
传真：020-87683211

广东省科技创业投资公司
Guangdong Technology Venture Investment Corporation
成立时间：1992-05-12
网址：www.gdtvic.com
传真：020-87682766

广东省科技风险投资有限公司
Guangdong Technology Venture Capital Co.,Ltd.
成立时间：1998
网址：www.gtvc.com
传真：020-87684955

广东省粤科风险投资集团有限公司
Guangdong Technology Venture Capital Group Co.,Ltd.
成立时间：2000-09
网址：www.gvcgc.com
传真：020-87682766

广东太平洋技术创业有限公司
Guangdong Pacific Technology Venture Fund Co.,Ltd.
成立时间：1994-09-02
网址：www.idgvc.com
传真：020-84120490

广东银达担保投资集团有限公司
Guangdong Yinda Guaranty Investment Group Co.,Ltd.
成立时间：2000-10-26
网址：www.yddb.net
传真：020-28620011

广州德同凯得投资管理有限公司
Dt Capital Management Co.,Ltd.
成立时间：2010-05-19
网址：www.dtcap.com
传真：020-32290780

广州凯得科技创业投资有限公司
Get Capital Co.,Ltd.
成立时间：2008-11-06
网址：www.getcapitalgz.com/
传真：020-32211146

广州科技风险投资有限公司
Canton Venture Capital Co.,Ltd.
成立时间：1999-11-25
网址：www.c-vcc.com
传真：020-87556023

广州市粤丰创业投资有限公司
成立时间：2002-09-28
网址：/
传真：020-87680509

国信弘盛投资有限公司
成立时间：2008-08-08
网址：www.guosen.com.cn/gshs
传真：0755-25472615

融石创业投资管理（深圳）有限公司
Rockstead Venture Capital Management (Shenzhen) Co., Ltd.
成立时间：2008-02-04
网址：www.rockstead.com
传真： 0755-83023006

深圳创富成长创业投资有限公司
成立时间：2009-05-20
网址：/
传真：0755-26994531

深圳国成世纪创业投资有限公司
Shenzhen Guocheng Century Venture Capital Co.,Ltd.
成立时间：2003-04-16
网址：www.ciamvc.com
传真：0755-82967097

深圳晶略创业投资合伙企业
Jing Lue Capital
成立时间：2009-09-22
网址：www.jinglueziben.com
传真：0755-83842543

深圳兰石创业投资有限公司
Shenzhen Bluestone Investment Co.,Ltd.
成立时间：2007-03-30
网址：/
传真：86-0755-26807917

深圳力合创业投资有限公司
Shenzhen Leaguer Venture Captital Co.,Ltd.
成立时间：1999-08-31
网址：www.leaguer.com.cn
传真：0755-26551372

深圳领威科技有限公司
Shenzhen Leadwell Technology Co.,Ltd.
成立时间：2001-11-30
网址：www.lklw.com.cn
传真：0755-28123320

深圳世裕创业投资有限公司
Shenzhen Poly Venture Capital Co.,Ltd.
成立时间：2009-07-28
网址：www.poly888.com
传真：0755-33355723

深圳市保中太创业投资有限公司
成立时间：2007-04-06
网址：/
传真：0755-83264501

深圳市博叡创业投资有限公司
Shenzhen Bori Venture Investment Co.,Ltd.
成立时间：2010-03-18
网址：www.boricapital.com
传真：0755-83562711

深圳市长园盈佳投资有限公司
Shenzhen Changyuan Winner Investment Co.,Ltd.
成立时间：2000-04-06
网址：/
传真：0755-26630603

深圳市创东方投资有限公司
Shenzhen CDF Investment Co.,Ltd.
成立时间：2007-08-21
网址：www.cdf-capital.com
传真：0755-88316231

深圳市创新投资集团有限公司
Shenzhen Capital Group Co.,Ltd.
成立时间：1999-08-26
网址：www.szvc.com.cn
传真：0755-8291880

深圳市达晨创业投资有限公司
Shenzhen Fortune Venture Capital Co.,Ltd.
成立时间：2000-04
网址：www.fortunevc.com
传真：0755-83515115

深圳市东方富海投资管理有限公司
Shenzhen Oriental Fortune Investment Management Co., Ltd.
成立时间：2006-10-10
网址：www.ofcapital.com
传真：0755-83475799

深圳市泛友创业投资有限公司
Shenzhen Fanyou Venture Capital Co.,Ltd.
成立时间：1996-06-05
网址：www.fanyou.com.cn
传真：0755-82352789

深圳市分享投资合伙企业（有限合伙）
成立时间：2007-08-27
网址：/
传真：0755-86331909

深圳市孚威创业投资有限公司
成立时间：2007-10-15
网址：/
传真：0755-25771505

深圳市福田投资发展公司
Shenzhen Futian Investment Development Company
成立时间：1983-11-29
网址：www.ftid.com.cn
传真：0755-82078378

深圳市高特佳投资集团有限公司
Shenzhen Gtja Investment Group Co.,Ltd.
成立时间：2001-03-02
网址：www.szgig.com
传真：0755-86332710

深圳市高新技术投资担保有限公司
Shenzhen High-tech Investment Guaranty Co.,Ltd.
成立时间：1994-12-29
网址：www.szhti.com.cn
传真：0755-82852555

深圳市国成科技投资有限公司
Shenzhen Guocheng Venture Capital.,Ltd
成立时间：1997-09-08
网址：www.szgcvc.com
传真：0755-83516944

深圳市禾之禾创业投资有限公司
Shenzhen Harvest Venture Capital Development Co., Ltd.
成立时间：2002-12
网址：/
传真：/

深圳市佳利泰创业投资有限公司
成立时间：2009-07-20
网址：www.jialitai.com
传真：0755-25312056

深圳市金立创新投资有限公司
成立时间：2008-03-18
网址：/
传真：0755-88267120

深圳市君丰创业投资基金管理有限公司
Shenzhen Joint Fortune Capital Co.,Ltd.
成立时间：2009-09-30
网址：www.jfamc.com/
传真：0755-82823397

深圳市南山区科技创业服务中心
Shenzhen Nanshan Hi-tech Incubator
成立时间：1999-09-01
网址：www.szns.gov.cn/cyfwzx
传真：0755-33609646

深圳市年利达创业投资有限公司
成立时间：2007-10
网址：/
传真：/

深圳市山海创业投资管理有限公司
Shenzhen Sunhigh Investment,Inc
成立时间：2005-08-29
网址：www.sunhighvc.com
传真：0755-26077778

深圳市深港产学研创业投资有限公司
Shenzhen IER Venture Capital Co.,Ltd.
成立时间：1996-09
网址：www.iervc.com.cn
传真：0755-83290622

深圳市盛金创业投资发展有限公司
成立时间：1999
网址：/
传真：0755-83027635

深圳市松禾资本管理有限公司
Shenzhen Green Pine Capital Partners Co.,Ltd.
成立时间：2007-04-26
网址：www.pinevc.com.cn
传真：0755-83290622

深圳市天富锦创业投资有限责任公司
成立时间：2000-05-23
网址：/
传真：/

深圳市天图创业投资有限公司
成立时间：2002-04-11
网址：www.tiantu.com.cn
传真：0755-83586102

深圳市同创伟业创业投资有限公司
Shenzhen Cowin Venture Capital Co.,Ltd.
成立时间：2000-06-26
网址：www.cowincapital.com.cn
传真：0755-82879025

深圳市同威创业投资有限公司
Shenzhen Co-Power Venture Capital Co,Ltd.
成立时间：2008-03-02
网址：www.copowerpe.com
传真：0755-26935161

深圳市倚锋创业投资有限公司
Shenzhen Efung Venture Capital Co.,Ltd.
成立时间：2007-08-22
网址：www.2619.cc
传真：0755-33992621

深圳市知本投资集团有限公司
Shenzhen Intelligence Investment Group Co.,Ltd.
成立时间：1997-04-08
网址：/
传真：0755-82998212

深圳市中科宏易创业投资管理集团

成立时间：2008-03-20
网址：/
传真：0755-82876542

深圳市舟仁创业投资有限公司

成立时间：2001-04-18
网址：/
传真：0755-25771505

深圳市卓佳汇智创业投资有限公司

Shenzhen Converging Wisdom Venture Capital Co.,Ltd.
成立时间：2006-09-25
网址：www.zhuojiavc.net
传真：0755-82033216

深圳市纵之横创业投资管理有限公司

Shenzhen Go-wide Venture Capital Management Co., Ltd.
成立时间：2007
网址：/
传真：0755-86219383

深圳信科创业投资管理有限公司

Shenzhen Scinfo Venture Capital Management Co.,Ltd.
成立时间：1994-11-28
网址：www.sivc.com.cn
传真：0755-83187067

深圳中新创业投资管理有限公司

Szvc Uob Venture Capital Management Co.,Ltd.
成立时间：2001-12-19
网址：www.szvc.com.cn www.uobgroup.com
传真：0755-82904093

盈富泰克创业投资有限公司

Infotech Ventures
成立时间：2000-04-20
网址：www.infovc.com
传真：0755-82966479

招商局科技集团有限公司

China Merchants Technology Holdings Co.,Ltd.
成立时间：1999
网址：www.cmtech.net
传真：0755-26892899

中海创业投资（深圳）有限公司

China Overseas Industrial Holdings Co.,Ltd.
成立时间：2001
网址：www.cohl.com
传真：0755-26980111

珠海高新技术创业服务中心

Zhuhai Hi-tech Business Incubator
成立时间：2004-08-25
网址：www.zhhbi.com
传真：0756-3629900

珠海红杉资本股权投资中心（有限合伙）

成立时间：2010-03-26
网址：/
传真：0756-3629900

珠海清华科技园创业投资有限公司

Zhuhai Tsinghua Science Park Venture Capital Co.,Ltd.
成立时间：2001-07
网址：www.tspz.com
传真：0756-3612000

广西海东科技创业投资有限公司

成立时间：2010-04-14
网址：/
传真：0226-2002050

鼎信博成创业投资有限公司

成立时间：2010-08-26
网址：/
传真：0851-5806514

贵阳高科创业投资有限责任公司
成立时间：2009-09-03
网址：www.guiyanggk.com/
传真：0851-7992873

贵州鼎信博成投资管理有限公司
成立时间：2009-09-16
网址：www.gztvc.net
传真：0851-5806514

贵州省科技风险投资有限公司
Guizhou Technology Venture Capital Co.,Ltd.
成立时间：1998-12
网址：www.gztvc.net
传真：0851-5806514

贵州中鼎投资管理有限公司
成立时间：2004-09
网址：www.gzzd.cn
传真：0851-6824648

遵义科技风险投资有限公司
成立时间：2010-11-05
网址：/
传真：0852-8928000

海口市创新产业投资有限公司
Haikou Creative Venture Capital Co.,Ltd.
成立时间：2008-03-18
网址：www.haikouvc.com
传真：0898-66738612

海南恒星创业投资管理有限公司
成立时间：2007-09-24
网址：/
传真：0898-66831555

海南宣辰科技创业投资管理有限公司
成立时间：2008-09-25
网址：/
传真：0898-66829922

保定高新技术创业服务中心
Baoding New & High-tech Innovation Service Center
成立时间：1994-03-01
传真：0312-3326988

邯郸高新技术创业服务中心
Handan New & High-tech Innovation Service Center
成立时间：2001-01
网址：www.hdcyzx.com
传真：0310-8067891

河北科技风险投资有限公司
Hebei Technology Venture Capital Co.,Ltd.
成立时间：2001-02-15
网址：www.hebvc.com
传真：0311-85961613

河北天冀创业投资有限公司
成立时间：2010-08-19
网址：/
传真：022-28408686

廊坊市高科创新创业投资有限公司
成立时间：2006-10-19
网址：/
传真：0316-2235613

秦皇岛燕大产业集团有限公司
Qinhuangdao Yanshan University Industry Group Co., Ltd.
成立时间：1996-12-23
网址：www.ysusp.com.cn
传真：0335-8500962

石家庄高新建设投资有限公司
Shijiazhuang High Construction Investment Co.,Ltd.
成立时间：2010-03-11
网址：/
传真：0311-66685155

石家庄高新区科发投资有限公司
成立时间：2010-03-23
网址：/
传真：0311-66699013

石家庄高新区蓝狐投资有限公司
成立时间：2009-06-26
网址：sjzchenhuiasd.163.com
传真：0311-66685159

石家庄科技创业投资有限公司
Shijiazhuang Technology Venture Capital Co.,Ltd.
成立时间：2002-09-19
网址：/
传真：0311-66685160

石家庄鑫汇金投资有限公司
成立时间：2003-04-23
网址：/
传真：0311-87180977

河南长源创业投资股份有限公司
Henan Changyuan Venture Capital Co.,Ltd.
成立时间：2009-09-02
网址：/
传真：0373-8820888

河南创业投资股份有限公司
Henan Venture Capital Co.,Ltd.
成立时间：2002-08
网址：www.hnvc.cn
传真：0371-67897012

河南高科技创业投资股份有限公司
Henan Hi-Tech Venture Capital Co.,Ltd.
成立时间：2001-04
网址：www.hnvc.com.cn
传真：0371-67895090

河南金犁风险投资管理有限公司
Henan Jinli Venture Capital Management Co.,Ltd.
成立时间：2000
网址：www.hnjlvc.com.cn
传真：0371-66781683

河南联创投资股份有限公司
Henan Lianchuang Investment Co., Ltd.
成立时间：2003-09
网址：www.lcvc.net
传真：0371-65718835

郑州百瑞创新资本创业投资有限公司
Zhengzhou Bridge Innovation Capital Venture Capital Co.,Ltd.
成立时间：2007-07
网址：www.szvc.com.cn
传真：0371-69177638

哈尔滨创新投资有限公司
成立时间：2002-06-28
网址：/
传真：0451-84686552

哈尔滨创业投资管理有限公司
成立时间：2009-02-26
网址：www.hrbvc.com.cn
传真：0451-84858002

哈尔滨巨邦科技风险投资基金管理有限公司
成立时间：2001-05
网址：/
传真：0451-82688801

哈尔滨市科技风险投资中心
成立时间：1998-05
网址：/
传真：0451-84686552

黑龙江辰能哈工大高科技风险投资有限公司

Heilongjiang Chenergy-HIT Hi-Tech Venture Capital Co.,Ltd.

成立时间：2001-08-28

网址：www.hlj-cvc.com

传真：0451-82285700

黑龙江科力高科技产业投资有限公司

Heilongjiang KeLi High-tech Industry Investment Co., Ltd.

成立时间：2003-06-25

网址：www.hljkl.com

传真：0451-82262600

北京百富贝祥投资顾问有限公司武汉分公司

Canaccord Asia Wuhan Office

成立时间：2007-02-01

网址：www.加通贝祥.com

传真：027-85267541

成长企业创新投资有限公司

Growth Enterprise Inovation Investment Co.,Ltd.

成立时间：2002-05-16

网址：www.czqy.net/

传真：027-51352979

湖北奥信创业投资有限公司

Hubei Aoxin Venture Capital Co.,Ltd.

成立时间：2008-09-08

网址：voc.aoxin-wh.com

传真：027-85550876

湖北博森投资有限责任公司

Hubei Bosen Investment Development Co.,Ltd.

成立时间：2007-06-06

网址：/

传真：027-87775097

湖北楚鼎创业投资管理有限公司

Hubei Chuding Venture Investment Management Co., Ltd.

成立时间：2011-01-14

传真：027-83609055

湖北高和创业投资企业

成立时间：2009-12-08

网址：/

传真：027-86659549

湖北红土创业投资有限公司

成立时间：2009-12

网址：www.szvc.com.cn

传真：027-87339809

湖北九派创业投资有限公司

成立时间：2010-09-09

网址：/

传真：027-59339178

湖北联丰投资有限公司

成立时间：2010-04-15

网址：/

传真：027-85743173

湖北量科高投创业投资有限公司

成立时间：2010-11-26

网址：/

传真：027-87440849

湖北钱源中小企业信用担保投资有限公司

Hubei Qianyuan Investment & Guaranty Co., Ltd.

成立时间：2005-03-07

网址：www.xgqianyuan.com

传真：0712-2856815

湖北省高新技术产业投资有限公司
Hubei Provincial New & High-tech Industry Investment Co.,Ltd.
成立时间：2005-10-25
网址：www.cnhbgt.com
传真：027-87440849

华人创新集团有限公司
Chinese Inovation Group Co.,Ltd.
成立时间：2000-03-03
网址：www.hrjt.net.cn/
传真：027-87138855

荆州高新技术产业开发区创业服务中心
成立时间：2001-10-28
网址：www.jing-chuang.gov.cn/jj/jj.htm
传真：0716-8123550

凯信联合资本管理武汉有限公司
Wuhan Kaixin United Capital Management Co.,Ltd.
成立时间：2010-11-08
网址：www.bankkaixin.com
传真：027-65608484

科华银赛创业投资有限公司
Hubei Kehua Insight Venture Capital Investment Co., Ltd.
成立时间：2009-07-30
网址：www.khysct.com/index.aspx
传真：86-027-59817377

上海博润投资管理有限公司武汉分公司
成立时间：2010-09-19
网址：www.broadresources.com
传真：027-87205929

武汉东湖创新科技投资有限公司
Wihan Eastlake Venture Capital Co.,Ltd.
成立时间：1999-12
网址：www.whvcc.com
传真：027-87655876

武汉东湖创业投资发展有限公司
成立时间：2009-11-24
网址：/
传真：027-83495582

武汉东湖新技术创业中心有限公司
Wuhan Eastlake High-tech Innovation Center Co.,Ltd.
成立时间：1992-01-23
网址：www.whibi.com
传真：027-87401357

武汉高科农业集团有限公司
Wuhan Hi-tech Agri.Group Co.,Ltd.
成立时间：2001-10-31
网址：www.whgn.org.cn
传真：027-52237599

武汉高农生物创业投资有限公司
Wuhan High-tech Bio-Ag Venture Investment Co.,Ltd.
成立时间：2010-08-04
网址：/
传真：027-87397836

武汉光谷博润生物医药投资中心（有限合伙）
成立时间：2010-10-13
网址：/
传真：027-87205929

武汉光谷创投基金管理有限公司
Optics Valley Venture Capital Co. Ltd.
成立时间：2008-05-09
网址：www.chinaovvc.com
传真：027-87618808

武汉光谷创业投资有限公司
Wuhan Optics-Valley Venture Capital Co.,Ltd.
成立时间：2000-07
网址：www.ovvc.com.cn
传真：027-87640836

武汉光谷风险投资基金有限公司

成立时间：2006-12-31

网址：/

传真：027-67880580

武汉硅谷天堂阳光创业投资有限公司

成立时间：2009-03-18

网址：/

传真：027-84842228

武汉华工创业投资有限责任公司

Wuhan Huagong Venture Capital Co., Ltd.

成立时间：2000-09-11

网址：www.hustvc.com.cn

传真：027-81338733

武汉华工科技企业孵化器有限责任公司

Wuhan Huagong Technology Business Incubator Co., Ltd.

成立时间： 2003-04-09

网址： www.whbi.com.cn

传真： 027-87522800

武汉火炬科技投资有限公司

Wuhan S & T Investment Co.,Ltd.

成立时间：2000-12-01

网址：/

传真：027-85766665

武汉开元科技创业投资有限公司

Wuhan KeyWin Technology Venture Capital Co.,Ltd.

成立时间：2000-05-30

网址：www.keywin.com.cn

传真：027-82441130

武汉科技创新投资有限公司

Wuhan Technology Venture Capital Co.Ltd.

成立时间：2005-03-31

网址：/

传真：027-65692470

武汉科技投资有限公司

成立时间：1992-05-06

网址：/

传真： 027-65692503

武汉昆仑投资有限公司

Wuhan Kunlun Venture Co.,Ltd.

成立时间：2007-07-26

网址：www.kunlun.com

传真：027-87778775

武汉普罗顿创投基金管理有限公司

Wuhan Proton Private Equity Fund Management Co.Ltd.

成立时间：2010-04-16

网址：www.proton-fund.com

传真：027-84958861

武汉融众投资管理有限公司

Wuhan Rongzhong Investment Management Limited

成立时间：2008-05-19

网址：www.rongzhong.cn

传真：027-85558190

武汉市洪山科技创业种子资金管理有限公司

成立时间：2002-10-16

网址：/

传真：027-87526590

武汉武大创新投资有限公司

Wuhan Wuda Venture Capital Co.,Ltd.

成立时间：2002-02-09

网址：www.wusp.com.cn

传真：027-87055289

武汉武大科技园有限公司

Wuhan University National Science Park Co.,Ltd.

成立时间：2000-06

网址：www.wusp.com.cn

传真：027-87196109

武汉一道创业投资有限公司
Wuhan 1 Dao Private Equity Co.,Ltd.
成立时间：2009-03-16
网址：/
传真：027-8745-6667

武汉涌金科技投资管理有限责任公司
Wuhan Yongjin Technology Investment Management Ltd.,Com.
成立时间：2004-12-07
网址：/
传真：/

武汉中部发展创业投资中心（普通合伙）
Wuhan Central Developing Venture Capital Center
成立时间：2008-09
网址：www.c-capital.cn
传真：027-83313367

襄樊高新技术产业开发区风险投资中心
Center of Venture Investment in Xiangfan High-tech Zone
成立时间：2001-09
网址：www.xfbi.cn
传真：0710-3756055

孝感市政和中小企业信用担保投资有限公司
成立时间：2009-08-31
网址：www.xgzhdb.com
传真：0712-2845681

长沙高新技术创业投资管理有限公司
Changsha High-tech Venture Capital Co.,Ltd.
成立时间：2000-09-09
网址：www.cshvc.com
传真：0731-8286898

长沙麓谷创业投资管理有限公司
成立时间：2007-12-18
网址：/
传真：0731-88820100

长沙市科技风险投资管理有限公司
Changsha Science & Technology Venture Capital Co., Ltd.
成立时间：2000-05-18
网址：www.csvcc.cn
传真：0731-8286892

长沙先导创业投资有限公司
Changsha Pilot Venture Capital Co.,Ltd.
成立时间：2009-05-15
网址：www.cpih.cn
传真：0731-88991311

长沙先导硅谷天堂创业投资有限公司
成立时间：2010-04-21
网址：www.ggttvc.com
传真：010-62109199

长沙兴创投资管理合伙企业（有限合伙）
成立时间：2007-11-13
网址：/
传真：0731-82953007

湖南安迅投资发展有限公司
Hunan Anxun Investment & Development Co.,Ltd.
成立时间：2000-10-10
网址：www.xdtz.net
传真：0731-82231937

湖南博宇创业投资有限公司
成立时间：2009-12-12
网址：www.byct.net
传真：0731-82826585

湖南财富同超创业投资有限公司
成立时间：2010-10-10
网址：/
传真：0731-82567348

湖南财信创业投资有限责任公司
Hunan Commercial Trust Venture Capital Co.,Ltd.
成立时间：2001-01-017
网址：www.hncxvc.com
传真：0731-5196822

湖南德源创业投资有限公司
成立时间：2010-12-31
网址：/
传真：/

湖南高新创业投资有限责任公司
Hunan High-tech Venture Capital Co.,Ltd.
成立时间：2007-06-28
网址：www.hhtvc.com
传真：0731-85165403

湖南浩华投资管理有限公司
Hunan Haohua Investstment & Management Co.,Ltd.
成立时间：2009-08-24
网址：www.gzccrbj.com
传真：0731-84377066

湖南红马智信投资管理有限公司
成立时间：2010-04-08
网址：/
传真：0731-82587081

湖南华益投资担保股份有限公司
Hunan Huayi Investment & Guaranty Corporation
成立时间：2007-07-11
网址：www.hygf.cc
传真：0737-2269899

湖南美雅资产管理有限公司
成立时间：2008-08-21
网址：/
传真：0731-82226297

湖南瑞驰丰和创业投资管理有限公司
Hunan Rich Fund Venture Capital Management Co., Ltd.
成立时间：2008-02-28
网址：/
传真：0731-82768320

湖南天晨创业投资有限公司
Hunan Tianchen Venture Capital Investment Co.,Ltd.
成立时间：2010-08-06
网址：/
传真：0731-84225381

湖南同超投资股份有限公司
成立时间：2008-01-23
网址：/
传真：0731-82567348

湖南湘投高科技创业投资有限公司
Hunan Xiangtou High-tech Venture Capital Co.,Ltd.
成立时间：2000-02-23
网址：www.hnhvc.com
传真：0731-85188649

湖南兴湘投资有限公司
Hunan Xingxiang Investment Co.,Ltd.
成立时间：2008-12-18
网址：www.hnxxtz.com
传真：0731-84815981

湖南永安信股权投资管理有限公司
成立时间：2010-01-08
网址：www.everassion.com
传真：0731-89823028

湖南浙商恒硕创业投资有限公司
成立时间：2010-08-06
网址：/
传真：0731-82835656

华菱津杉（湖南）信息产业创业投资基金企业（有限合伙）

成立时间：2010-12-09
网址：/
传真：0731-82587081

招商湘江产业投资管理有限公司

CMS Xiangjiang Industrial Investment & Management Co.,Ltd.
成立时间：2008-03
网址：www.xjinvestment.com
传真：0731-88711088

株洲南车时代高新投资担保有限责任公司

Zhuzhou CSR Times Investment Co.,Ltd.
成立时间：2003-05-21
网址：www.timesinvest.cn
传真：0731-28498055

株洲市世富投资有限公司

成立时间：2009-12-14
网址：/
传真：0731-22727013

株洲兆富成长企业创业投资有限公司

成立时间：2010-10-13
网址：/
传真：0733-22857751

株洲兆富投资咨询有限公司

Zhuzhou First Foundation Investment & Consulting Co., Ltd.
成立时间：2009-08-24
网址：www.zaffer.cn
传真：0731-822857751-8008

长春经开科技风险投资有限公司

成立时间：2000-11-20
网址：www.jlsme.com
传真：0431-84681709

长春科技风险投资有限公司

Changchun Science & Technology Venture Capital Co., Ltd.
成立时间：2000-04-10
网址：www.chinacvc.com
传真：0431-85188007

长春市科技发展中心

成立时间：1997-06-06
网址：www.ccfengxian.com
传真：0431-88777258

博辰创业投资管理（苏州）有限公司

SBCVC Capital Management Co., Ltd.
成立时间：2007-11-26
网址：/
传真：0512-66969661

长-汉共同合作基金

Chang-Han Cooperation Fund L.P.
成立时间：2007-09-18
网址：/
传真： 025-66009900（南京），008225933272

长三角创业投资企业

Delta Venture Capital Enterprise
成立时间：2008-01-07
网址：/
传真：0512-66969677

常熟博瀚创业投资有限公司

成立时间：2009-11-23
网址：/
传真：0512-52351556

常熟市中科东南创业投资有限公司

成立时间：2010-02-08
网址：/
传真：0512-52833666

常州鼎蓝创业投资有限公司
成立时间：2003-11
网址：/
传真：0519-82620662

常州高睿创业投资管理有限公司
Changzhou Gov-Rich Venture Gapital Management Co., Ltd.
成立时间：2007-09-24
网址：/
传真：0519-85150557

常州高投创业投资有限公司
成立时间：2008-07-22
网址：/
传真：0519-85150557

常州高新技术风险投资有限公司
Changzhou New & High-tech Venture Capital Co.,Ltd.
成立时间：2000-12-22
网址：www.cz-vc.com
传真：0519-85150557

常州力合创业投资有限公司
Changzhou Leaguer Venture Capital Co.Ltd.
成立时间：2009-10-10
网址：www.leaguer.com.cn
传真：0519-86220118

常州武进红土创业投资有限公司
成立时间：2008-08-19
网址：www.szvc.com.cn
传真：0519-86318682

常州信辉创业投资有限公司
成立时间：2007-05-11
网址：/
传真：0519-88129306

德丰杰（无锡）创业投资企业
DFJ（Wuxi） Venture Capital Investment Enterprise
成立时间：2010-05-23
网址：www.dfj.com
传真：/

高投名力成长创业投资有限公司
Govtor Mingly Growth Venture Capital Co.,Ltd.
成立时间：2007-04-29
网址：www.mcgf.com.cn
传真：021-62889166

国科瑞祺物联网创业投资有限公司
CASRICH FUND
成立时间：2010-07-22
网址：www.casim.cn
传真：010-82607629 转 802

红塔创新（昆山）创业投资有限公司
成立时间：2008-07
网址：/
传真： 0512-57118186

江苏艾利克斯投资有限公司
成立时间：2006-01-19
网址：/
传真：0511-86900801

江苏佰诚创业投资有限公司
成立时间：2006-05
网址：/
传真：0512-58133060

江苏昌盛阜创业投资有限公司
成立时间：2008-08-22
网址：/
传真：0512-69560268

江苏澄辉创业投资有限公司
成立时间：2008-12-30
网址：/
传真：0512-66183052

江苏丹昇创业投资有限公司
Jiangsu Danshing Venture Capital Co.,Ltd.
成立时间：2008-10-28
网址：/
传真：0511-86929333

江苏鼎信咨询有限公司
Jiangsu Do&Think Consulting Co.,Ltd.
成立时间：1998-04-27
网址：www.do-think.com
传真：025-86586939

江苏东昊创业投资有限责任公司
成立时间：2006-06
网址：/
传真：025-83123179

江苏高成创业投资有限公司
成立时间：2010-08-09
网址：/
传真：0512-56793680

江苏高达创业投资有限公司
Jiangsu GOOD Venture Capital Co.,Ltd.
成立时间：1998-08-03
网址：www.goodvc.cn
传真：025-83153546

江苏高鼎科技创业投资有限公司
Jiangsu Gaoding Venture Investment Co., Ltd.
成立时间：2007-08-31
网址：www.js-vc.com
传真：0514-82985836

江苏高弘投资管理有限公司
成立时间：2006-09
网址：/
传真：025-52313062

江苏高晋创业投资有限公司
成立时间：2008-06-12
网址：/
传真：0519-85150557

江苏高科技投资集团有限公司
Jiangsu High-Tech Investment Group Co.,Ltd.
成立时间：1992-07
网址：www.js-vc.com
传真：025-66009900

江苏高胜科技创业投资有限公司
Jiangsu Govsun Venture Capital Investment Co., Ltd.
成立时间：2006-12-27
网址：www.js-vc.com
传真：025-51889757

江苏高投成长创业投资有限公司
成立时间：2008-01
网址：/
传真：025-66009900

江苏高投创业投资管理有限公司
Jiangsu Govtor Venture Capital Management Co.,Ltd.
成立时间：1999-01-29
网址：/
传真：025-66009900

江苏高投发展创业投资有限公司
成立时间：2010-07-16
网址：/
传真：025-66009900

江苏高投中小企业创业投资有限公司

成立时间：2009-05

网址：/

传真：025-66009900

江苏高新创业投资管理有限公司

Jiangsu Hi-Tech Venture Capital Management Co.,Ltd.

成立时间：2005-01-14

网址：www.js-vc.com

传真： 025-51889757

江苏高新创业投资有限公司

Jiangsu Hi-Tech Venture Capital Co., Ltd.

成立时间：2005-08-15

网址：www.js-vc.com

传真：025-51889757

江苏海为创业投资有限公司

成立时间：2010-12-03

网址：/

传真：0523-86083868

江苏弘瑞科技创业投资有限公司

Jiangsu Hongrui Venture Capital Co.,Ltd.

成立时间：2002-09

网址：www.hollyinvest.com

传真：025-52313062

江苏华控创业投资有限公司

Jiangsu Huakong Venture Capital Co.,Ltd.

成立时间：2008-07

网址：www.huakongpe.com

传真：025-86988282

江苏华控投资管理有限公司

Jiangsu Huakong Capital Management Co.,Ltd.

成立时间：2008-01

网址：/

传真：025-86988282

江苏华厦创业投资有限公司

Jiangsu Huaxia Venture Capital Co.,Ltd.

成立时间：2006-09-30

网址：/

传真：0514-86569000

江苏津通创业投资有限公司

成立时间：2007-06

网址：www.jinton.com

传真：0519-86226016

江苏津通高科创业投资管理有限公司

Jiangsu Leaguer Venture Capital Management Co.,Ltd.

成立时间：2007-10-23

传真：0519-86226016

江苏九洲投资集团创业投资有限公司

成立时间：2007-09-19

网址：www.jiuzhouinvest.com/info/wygl.asp

传真：0519-85228850

江苏开元创业投资有限公司

Jiangsu Skyrun Venture Capital Co.,Ltd.

成立时间：2004-07

网址：/

传真：025-84267465

江苏旷达创业投资有限公司

成立时间：2007-06

网址：/

传真：0519-86546893

江苏昆山高特佳创业投资有限公司

Jiangsu Kunshan Gtja Venture Capital Co.,Ltd.

成立时间：2007-05-16

网址：www.ksgig.com

传真：0512-57118196

江苏蓝色动力投资管理有限公司
成立时间：2010-09-26
网址：/
传真：0517-80850098

江苏隆鑫创业投资有限公司
Jiangsu Long Shine Venture Capital Co.,Ltd.
成立时间：2006-06
网址：/
传真：025-84401201

江苏乾融集团有限公司
成立时间：2008-06-05
网址：www.jsqr.com.cn
传真：0512-62998656

江苏瑞明创业投资管理有限公司
Jiangsu Ruiming Venture Capital Management Co.,Ltd.
成立时间：2009-12-30
网址：/
传真：025-83172132

江苏高科技产业投资有限公司
Jiangsu Venture Capital Co.,Ltd.
成立时间：1997
网址：www.jsvc.com.cn
传真：025-83317551

江苏高新技术创业服务中心
Jiangsu Provincial New & High-tech Innovation Center
成立时间：1996-10
网址：www.fortunestart.com
传真：025-83309498

江苏苏州高新风险投资股份有限公司
Jiangsu Suzhou New & High-tech Venture Investment Co.,Ltd.
成立时间：2000-03-31
网址：www.sz-vc.com
传真：0512-68243439

江苏盛泉创业投资有限公司
成立时间：2007-06
网址：/
传真：025-58071508

江苏苏大投资有限公司
成立时间：2001-02
网址：/
传真：0512-67504016

江苏通顺创业投资有限公司
成立时间：2009-08-25
传真：0512-69560268

江苏鑫澳创业投资有限公司
成立时间：2009-02-17
网址：/
传真：0512-58165929

江苏信泉创业投资管理有限公司
Jiangsu Xinquan Venture Capital Management Co.,Ltd.
成立时间：2006-12-30
网址：/
传真：025-58071508

江苏兴科创业投资有限公司
Jiangsu High-tech Innovation Fund Co.,Ltd.
成立时间：2007
网址：www.jsxinkect.com
传真：0591-86302628

江苏鹰能创业投资有限公司
Jiangsu Yingneng Venture Cpaital Co.,Ltd.
成立时间：2007-08-28
网址：/
传真：025-66009900

江苏中科物联网科技发展有限公司
Jiangsu CAS Internet-of-Things Technology Development Co.,Ltd.
成立时间：2010-07-14
网址：www.casiot.com
传真：/

江苏中联智盈创业投资有限公司
China Wisdom Wealth United Venture Capital Co.,Ltd.
成立时间：2009-08
网址：/
传真：021-51901119

江苏中欧投资股份有限公司
成立时间：2009-12
网址：www.js-central.com
传真：0512-68073338

江苏紫金文化产业发展基金（有限合伙）
成立时间：2010-03-15
网址：/
传真：025-66009900

江阴市高新技术创业投资有限公司
成立时间：2007-02-06
网址：/
传真：0510-81602090

姜堰市高新实业投资有限公司
成立时间：2010-12-23
网址：/
传真：0523-88279301

靖江市高新技术创业投资有限公司
成立时间：/
网址：/
传真：/

凯风创业投资有限公司
成立时间：2006-10-30
网址：/
传真：0512-66969533

昆山高特佳创业投资管理有限公司
成立时间：2007-06-27
网址：www.ksgig.com
传真：0512-57118196

昆山市国科创业投资有限公司
成立时间：2001-08-31
网址：/
传真：0512-57305458

连云港高科投资发展有限公司
成立时间：2003-06-05
传真：0518-82340604

连云港金海创业投资有限公司
Lianyungang Jinhai Venture Capital. Co.,Ltd.
成立时间：2006-07-19
网址：www.lygjhvc.com
传真：0518-85523512

连云港中科黄海创业投资有限公司
Lianyungang China Science Yellow Seaventure Capital Co.,Ltd.
成立时间：2010-03-22
网址：www.csm-inv.com
传真：0518-82340070

南京创业投资管理有限公司
Nanjing Venture Capital Investment & Management Co.,Ltd.
成立时间：2008-11-26
网址：www.nj-vc.com
传真：025-86579660

南京鼎业生物医药产业集团有限公司
成立时间：2006-09
网址：www.btcrchina.com
传真：025-58619013

南京高新创业投资管理有限公司
成立时间：2007-01-26
网址：/
传真：025-58641130

南京国信金智创业投资中心（有限合伙）
Nanjing Guoxin Wiscom Venture Capital Center（L.P.）
成立时间：2008-02-27
网址：/
传真：025-52762339

南京金智创业投资有限公司
Wisdom Venture Capital Co.,Ltd.
成立时间：2005-04-21
网址：/
传真： 025-52762339

南京科建创业投资有限公司
成立时间：2007-02
网址：/
传真：/

南京市高新技术风险投资股份有限公司
Nanjing High-tech Venture Capital Co.,Ltd.
成立时间：2001-02-24
网址：www.nj-vc.com
传真：025-86599660

南京市栖霞区科技创业投资有限公司
成立时间：2009-07-31
网址：/
传真：025-85562044

南通高胜成长创业投资有限公司
Nantong Govsun Venture Capital Investment Co., Ltd.
成立时间：2008-09-10
网址：www.js-vc.com
传真：0513-51889757

南通红土创新资本创业投资有限公司
成立时间：2007-09
网址：/
传真：0513-83562508

日亚创业投资企业
成立时间：2009-01-06
网址：/
传真：0512-32528677

软库博辰创业投资企业
SBCVC Venture Capital
成立时间：2008-03-03
网址：/
传真：0512-66969661

三角洲创业投资管理（苏州）有限公司
Delta Venture Capital Management（Suzhou） Co.,Ltd.
成立时间：2007-10-16
网址：/
传真：0512-66969677

苏州安固创业投资有限公司
Suzhou Angu Venture Capital Co., Ltd.
成立时间： 2007-09-30
网址：/
传真：0512-62925311

苏州创东方富诚投资企业（有限合伙）
Suzhou CDF-FC Vemture Capital（L.P.）
成立时间： 2010-09-20
网址：/
传真： 0512-68322281

苏州创业投资集团有限公司
Suzhou Ventures Group Co.,Ltd.
成立时间：2007-09
网址：www.csvc.com.cn
传真：0512-66969998

苏州创元高投创业投资管理有限公司
成立时间：2010-08-27
网址：/
传真：0512-68322738

苏州创元高新创业投资有限公司
成立时间：2010-11-15
网址：/
传真：0512-68322738

苏州德睿亨风创业投资有限公司
Suzhou Harvest Venture Capital Co., Ltd.
成立时间： 2010-04-21
网址：/
传真： 0512-66969533

苏州鼎融投资管理有限公司
成立时间：2009-12-10
网址：/
传真：0512-62998656

苏州富丽高新投资企业（有限合伙）
成立时间：2010-11-10
网址：/
传真： 0512-68322281

苏州富丽泰泓投资企业（有限合伙）
成立时间：2010-11-10
网址：/
传真：0512-68322281

苏州富丽投资有限公司
Suzhou Fuli Capital Company Limited
成立时间：2010-07-29
网址：/
传真： 0512-68322281

苏州高华创业投资管理有限公司
Suzhou Gaohua Venture Capital Investment & Management Ltd.
成立时间：2009-09-08
网址：/
传真：0512-68077873

苏州高锦创业投资有限公司
成立时间：2009-03-27
网址：/
传真：0512-68243439

苏州高投创业投资管理有限公司
成立时间：2007-01
网址：/
传真：0512-68059096

苏州高新创业投资集团有限公司
Suzhou High-tech Venture Capital Group Co.,Ltd.
成立时间：2008-07-30
网址：www.sndvc.com
传真：0512-68311200

苏州高新风投创业投资管理有限公司
成立时间：2009-02-23
网址：/
传真：0512-68243439

苏州高新国发创业投资有限公司
Suzhou International Development（SND） Venture Capital Co.,Ltd.
成立时间：2009-05-22
网址：/
传真：0512-65126380

苏州高新华富创业投资企业

成立时间：2010-01-08
网址：/
传真：0512-68077873

苏州高新明鑫创业投资管理有限公司

成立时间：2010-12-29
网址：/
传真：0512-68311200

苏州高新区创业科技投资管理有限公司

Suzhou New District Technology Innovation Investment Management Co.,Ltd.
成立时间：2003-03-03
网址：/
传真：0512-68323009

苏州高新新联创业投资管理有限公司

成立时间：2009-06-24
网址：/
传真：0512-68313585

苏州高新信缘投资管理有限公司

Suzhou Gaoxin Xinyuan Investment & Management Co., Ltd.
成立时间：2008-12-04
网址：/
传真：0512-68762955

苏州高新友利创业投资有限公司

成立时间：2010-04-28
网址：/
传真：0512-68313585

苏州高远创业投资有限公司

Suzhou Gaoyuan Venture Capital Co.,Ltd.
成立时间：2007-03
网址：/
传真：0512-68059096

苏州工业园区辰融创业投资有限公司

成立时间：2008-05-14
网址：www.jsqr.com.cn
传真：0512-62998656

苏州工业园区国创创业投资有限公司

成立时间：2006-09-22
网址：/
传真：0512-66969998

苏州工业园区科技发展有限公司

Suzhou International Science Park SIP Sci-tech Development Co.,Ltd.
成立时间：2000
网址：/
传真：86-0512-62529777

苏州工业园区融风投资管理有限公司

成立时间：2007-03-28
网址：/
传真：0512-66969595

苏州工业园区易联投资基金有限责任公司

成立时间：2010-03-12
网址：/
传真：0512-66969938

苏州工业园区银杏投资管理有限公司

成立时间：2007-04-23
网址：/
传真：0512-66969998

苏州工业园区原点创业投资有限公司

成立时间：2008-03-26
网址：/
传真：0512-62956061

苏州国发创富创业投资企业（有限合伙）
Suzhou International Development & Create Wealth Venture Capital（L.P.）
成立时间：2010-07-14
网址：/
传真：0512-65126380

苏州国发创新资本管理有限公司
Suzhou Guofa Venture Capital Management Co.Ltd.
成立时间：2007-01-16
网址：www.szvc.com.cn
传真：0512-65168830

苏州国发创业投资控股有限公司
Suzhou Internatonal Development Uenture Capital Holding Co.,Ltd.
成立时间：2008-05-08
网址：www.sidvc.com
传真：0512-65126380

苏州国发东方创业投资管理有限公司
Suzhou International Development Orient Venture Capital Management Co.,Ltd.
成立时间：2008-11-14
网址：/
传真：0512-65126380

苏州国发高新创业投资管理有限公司
成立时间：2008-12-17
网址：/
传真：0512-65126380

苏州国发建富创业投资企业（有限合伙）
Suzhou International Development & Construction Wealth Venture Capital（L.P.）
成立时间：2010-06-30
网址：/
传真：0512-65126380

苏州国发聚富创业投资有限公司
Suzhou International Development Treasure Venture Capital Co.,Ltd.
成立时间：2010-03-25
网址：/
传真：0512-65126380

苏州国发黎曼创业投资有限公司
Suzhou International Development & Riemann Venture Capital Co.,Ltd.
成立时间：2010-06-30
网址：/
传真：0512-65126380

苏州国发融富创业投资管理企业（有限合伙）
Suzhou Guofa & Rongfu Venture Capital Management（L.P.）
成立时间：2009-12-28
网址：/
传真：0512-65126380

苏州国发融富创业投资企业（有限合伙）
Suzhou International Development & Finance Wealth Venture Capital（L.P.）
成立时间：2010-01-20
网址：/
传真：0512-65125380

苏州国发众富创业投资企业（有限合伙）
Suzhou International Development & Public Wealth Venture Capital（L.P.）
成立时间：2010-03-17
网址：/
传真：0512-65126380

苏州国嘉创业投资有限公司
成立时间：2008-01-25
网址：/
传真：0512-62938015

苏州国润创业投资发展有限公司
成立时间：2008-07
网址：/
传真：0512-62998663

苏州合融创新资本管理有限公司
成立时间：2007-11
网址：www.jsqr.com.cn
传真：0512-62998656

苏州恒融创业投资有限公司
成立时间：2007-12
网址：www.jsqr.com.cn
传真：0512-62998656

苏州华亿投资中心（有限合伙）
Suzhou Infinity I-China Fund （L.P.）
成立时间：2008-12
网址：/
传真： 0512-66969503

苏州汇川创业投资中心（有限合伙）
成立时间：2010-06-08
网址：/
传真：0512-62535689

苏州汇利华创业投资有限公司
成立时间： 2010-08-27
网址：/
传真：0512-68073338

苏州金林创业投资中心
成立时间：2009-01-05
网址：www.jolmo.net
传真：025-84730211

苏州金茂投资管理有限公司
成立时间：2007-12-27
网址：www.jolmo.net
传真：025-84730211

苏州凯风进取创业投资有限公司
Suzhou Cowin Growth Venture Capital Co.,Ltd.
成立时间：2009-07-02
网址：www.cowinvc.com
传真：0512-66969533

苏州科技城创业投资有限公司
Suzhou Science & Technology Town Venture Capital Co.,Ltd.
成立时间：2007-12
网址：/
传真：0512-66899465

苏州科技创业投资公司
Suzhou Sci-tech Venture Capital Corporation
成立时间：1993
网址：/
传真：0512-69330076

苏州坤融创业投资有限公司
成立时间：2010-03-15
网址：/
传真：0512-62998656

苏州蓝贰创业投资有限公司
成立时间：2010-01
网址：/
传真：0512-52725933

苏州蓝壹创业投资有限公司
Suzhou Lanyi Venture Capital Co.,Ltd.
成立时间：2008-03
网址：/
传真：0512-62725933

苏州镁天创业投资有限公司
成立时间：2009
网址：/
传真：0521-62993881

苏州瑞璟创业投资企业（有限合伙）
Suzhou Riches Venture Investment Enterprises (L.P.)
成立时间：2010-11-17
网址：/
传真：0512-68326637

苏州瑞曼投资管理有限公司
Suzhou Richman Investment Management Co.,Ltd.
成立时间：2010-03-17
网址：/
传真：0512-68326637

苏州深蓝创业投资有限公司
Suzhou Deep Blue Capital Co.,Ltd.
成立时间：2007-09-04
网址：/
传真：0512-69172767

苏州盛融创业投资有限公司
成立时间：2010-03-16
网址：/
传真：0512-62998656

苏州市澄和创业投资有限公司
Suzhou Chenghe Venture Capital Co.,Ltd.
成立时间：2008-08
网址：/
传真：0512-66183052

苏州市苏园创业投资有限公司
成立时间：2008-05-13
网址：/
传真：0512-65855918-804

苏州市吴中创业投资有限公司
Suzhou Wuzhong Venture Capital Co.,Ltd.
成立时间：2007-01-12
网址：/
传真：0512-65855866

苏州蔚蓝投资管理有限公司
Suzhou Weilan Investment & Management Co.,Ltd.
成立时间：2008-03-07
网址：/
传真：0512-62725933

苏州吴中国发创业投资管理有限公司
Suzhou Wuzhong International Development Venture Capital Management Co.,Ltd.
成立时间：2008-08-28
网址：/
传真：0512-65126380

苏州吴中国发创业投资有限公司
Suzhou Wuzhong International Development Venture
成立时间：2008-08-28
网址：/
传真：0512-65126381

苏州羲融创业投资有限公司
成立时间：2010-02-01
网址：/
传真：0512-62998656

苏州新麟创业投资有限公司
Suzhou Xinlin Venture Capital Co.,Ltd.
成立时间：2009-01-22
网址：/
传真：0512-68762955

苏州新协创业投资有限公司
Suzhou Xinxie Venture Capital Co.,Ltd.
成立时间：2006
网址：/
传真：0512-62620019

苏州亿和创业投资有限公司
Suzhou Yihe Venture Capital Co.,Ltd.
成立时间：2009-12-29
网址：/
传真：0512-68635705

苏州亿文创新资本管理有限公司
Suzhou Even Venture Capital Management Co.,Ltd.
成立时间：2007-12-03
网址：/
传真：0512-68635705

苏州亿文创业投资有限公司
Suzhou Even Venture Capital Co.,Ltd.
成立时间：2007-12-17
网址：/
传真：0512-68635705

苏州银基创业投资有限公司
Yinji Venture Capital Co.,Ltd.
成立时间：2006-05-10
网址： www.chengtai.net
传真：0512-67156968

苏州银杏凯风创业投资管理有限公司
成立时间：2009-06
网址：/
传真：0512-66969998

苏州元风创业投资有限公司
成立时间：2007-04
网址：/
传真：0512-66969533

苏州紫光创新科技发展有限公司
成立时间：2005-09-08
网址：/
传真：0512-69331270

苏州紫光创业投资管理有限公司
成立时间：2005-10
网址：www.unisvc.cn
传真：0512-69331270

太仓市科技创业投资有限公司
成立时间：2008-08
网址：/
传真：0512-53522296

泰州华健创业投资有限公司
Taizhou HuaJian Venture Capital Company Limited
成立时间：2007-06-08
网址：/
传真：0523-86200146

泰州市创业风险投资有限公司
Taizhou Pionering Venture Capital Co.,Ltd.
成立时间：2001-08
网址：/
传真：0523-86196199

泰州市高科创业投资有限公司
成立时间：2010-08-25
网址：/
传真：0523-86966047

天泉创业投资企业（有限合伙）
成立时间：2010-02-01
网址：/
传真：/

同利创业投资有限公司
CTC Capital Partners Co.,Ltd.
成立时间：2007-12
网址：/
传真：0512-66969657

无锡滨湖科技创业投资有限责任公司
成立时间：2007-09-05
网址：/
传真：0510-81178538

无锡创业投资集团有限公司
成立时间：2000-10-26
网址：www.wxvcg.com
传真：0510-82700936

无锡高德创业投资管理有限公司
Wuxi Gold Venture Capital Investment Management Limited
成立时间：2006-09-30
网址：/
传真：0510-81813011

无锡高德创业投资有限公司
Wuxi Gold Venture Capital Investment Limited
成立时间：2006-09-06
网址：/
传真：0510-66112088

无锡高新技术风险投资股份有限公司
Wuxi New & High-tech Venture Investment Co.,Ltd.
成立时间：2000-08
网址：www.wxvc.com.cn
传真：0510-85226431

无锡国联创业投资有限公司
Wuxi Guolian Wenture Capital Co.,Ltd.
成立时间：2006-09-21
网址：www.glgc.com.cn
传真：0510-82835099

无锡国联浚源创业投资中心（有限合伙）
成立时间：2010-04-16
网址：www.jcmchina.cn
传真：0510-82700340

无锡凯石尚理投资管理有限公司
成立时间：2010-03-19
网址：/
传真：0510-85213378

无锡领峰创业投资有限公司
成立时间：2009-12-11
网址：/
传真：0510-85213378

无锡市锡山创业投资有限公司
成立时间：2007-08
网址：/
传真：0510-88705868

无锡市欣旺创业投资有限公司
成立时间：2008-08-05
网址：/
传真：0510-85219155

无锡新区创新创业投资集团有限公司
成立时间：2008-01-31
网址：www.wxvc.com.cn
传真：0510-85226431

无锡新区领航创业投资有限公司
成立时间：2009-08-03
网址：/
传真：0510-85226431

吴江东方国发创业投资有限公司
Wujiang Orient International Development Venture Capital Co.,Ltd.
成立时间：2008-11-11
网址：/
传真：0512-65126380

吴江东运创业投资有限公司
Wujiang Dongyun Venture Capital
成立时间：2008-06-24
网址：www.dyvc.net
传真：0512-63960764

吴江海博科技创业投资有限公司
Wujiang Haibo Technology Venture Capital Co., Ltd.
成立时间：2010-08-20
网址：/
传真：/

吴江市创业投资有限公司
成立时间：2008-09-16
网址：/
传真：0512-63011430

吴江市金盛创业投资有限公司
Wujiang Jinsheng Venture Capital Co.,Ltd.
成立时间：2007-12-05
网址：www.szlongxi.cn/jinsheng
传真：0512-63207952

翔智创业投资企业
IPC1-SIP FUND
成立时间：2008-02-28
网址：www.idtvc.com.cn
传真：021-63868709

兴化市高新投资有限公司
成立时间：2010-07-16
网址：/
传真：0523-83242633

徐州高新创业投资有限公司
成立时间：2010-02-24
网址：/
传真：025-66009900

亚太基金
成立时间：2007-05-09
网址：www.gvcmc.com
传真：0510-85228930

盐城高投创业投资有限公司
成立时间：2010-08
网址：/
传真：025-66009900

盐城市恒利风险投资有限公司
成立时间：2002-08-06
网址：/
传真：0515-88580802

宜兴市科技创业投资有限公司
成立时间：2006-12
网址：/
传真：0510-87929030

浙江东翰高投长三角股权投资合伙企业（有限合伙）
成立时间：2010-09-20
网址：/
传真：025-66009900

镇江高投创业投资有限公司
成立时间：2008-07
网址：/
传真：025-66009900

镇江市创业风险投资有限责任公司
成立时间：2001-11
网址：/
传真：0511-85015808

镇江新区高新技术产业投资有限公司
Zhenjiang New Area New & High-tech Industrial Investment Co.,Ltd.
成立时间：2009-07
网址：www.zjxqjf.com/
传真：0511-83175331

智龙（苏州）创业投资管理有限公司
成立时间：2008-01
网址：/
传真：021-63868709

中新苏州工业园区创业投资有限公司

China-Singapore Suzhou Industrial Park Venture Capital Co.,Ltd.

成立时间：2001-11-28

网址：/

传真：0512-66969533

中宇创业投资管理顾问（无锡）有限公司

Global Venture Capital Management Consultants (Wuxi) Inc.

成立时间：2007-05-09

网址：www.gvcmc.com

传真：0510-85228930

江西高技术产业投资股份有限公司

Jiangxi High-tech Industry Investment Co.,Ltd.

成立时间：2002-03

网址：investment@jxvc.com.cn

传真：0791-8110252

南昌创业投资有限公司

Nanchang Venture Capital Co.,Ltd.

成立时间：2005-12

网址：www.ncct.com.cn

传真：0791-8193130

南昌新世纪创业投资有限责任公司

Nanchang Xinshiji Venture Capital Co.,Ltd.

成立时间：2009-02-24

网址：/

传真：0791-3868310

鞍山科技创业投资有限责任公司

Anshan Technology Venture Capital Co.,Ltd.

成立时间：2001-03-22

网址：www.happycase.com.cn

传真：0412-5218915

大连科技风险投资基金有限公司

Dalian Sci-tech Venture Capital Fund Co.,Ltd.

成立时间：2000-02

网址：www.dstvc.com.cn

传真：0411-82781352-11

大连隆海创业投资有限公司

成立时间：2005-12-07

网址：/

传真：0411-83673691

大连市科技创业投资有限公司

Dalian Sci-tech Venture Capital Co.,Ltd.

成立时间：2005-01-28

网址：/

传真：0411-84754733

大连天使创业投资有限公司

Dalian Angel Venture Capital Co.,Ltd.

成立时间：2006-04-14

网址：/

传真：0411-84753186

大连万融天使投资有限公司

成立时间：2010-11-30

网址：/

传真：0411-84821325

大连银信创业投资有限公司

成立时间：2006-09-13

网址：/

传真：0411-84802259-8001

辽宁东软创业投资有限公司

Liaoning Neusoft Venture Capital Limited

成立时间：2000-04-08

网址：www.neusoft.com

传真：0411-84835058

辽宁科技创业投资有限责任公司
Liaoning Technology Venture Capital Co.,Ltd.
成立时间：2000-02-28
网址：www.lnvc.com.cn
传真：024-23244922

沈阳创业投资基金有限公司
成立时间：2007-09-19
网址：/
传真：024-22791108

沈阳科技风险投资有限公司
Shenyang Science and Technology Venture Capital Co., Ltd.
成立时间：1998-07-14
网址：/
传真：024-22791108

内蒙古科技风险基金管理办公室
成立时间：1998
网址：www.fengxianjijin.com
传真：0471-6280827

宁夏大学科技风险投资基金
成立时间：
网址：www.nxu.edu.cn
传真：0951-2061862

宁夏高新技术创业服务中心
Ningxia Hi-Business Innovation Service Center
成立时间：1992
网址：www.nxcyzx.org.cn
传真：0951-5032946

宁夏恒大中小企业信用担保有限责任公司
Ningxia Heng Da Small & Medium Enterprises Credit Guarantee Co.,Ltd.
成立时间：2004-03-24
网址：/
传真：0951-6199340

宁夏银控科技创业投资有限公司
成立时间：2002
网址：/
传真：0951-6017646

济南科技风险投资有限公司
成立时间：2001-04
网址：www.jnvc.com.cn
传真：0531-88879277

青岛安芙兰创业投资有限公司
成立时间：2006-01-12
网址：www.vcpe.hk
传真：0532-88018557

青岛厚土创业投资有限公司
Qingdao Houtu Venture Capital Co.,Ltd.
成立时间：2005-08
网址：/
传真：0532-83881337

青岛市科技风险投资有限公司
Qingdao S&T Venture Capital Co.,Ltd.
成立时间：2000-08-17
网址：www.qdstvc.com
传真：0532-85063780

青岛市崂山区创业投资有限公司
成立时间：2008-12
网址：/
传真：0532-88996579

山东昌润创业投资有限公司
Shandong Changrun Venture Capital Co.,Ltd.
成立时间：2008-08-22
网址：www.crtz.com
传真：0635-2119000

山东省高新技术投资有限公司
Shandong High-Tech Investment Corporation
成立时间：2000-06
网址：www.sdvc.com.cn
传真：0531-86969598

威海创新投资有限公司
成立时间：2003-07-16
网址：/
传真：0631-5231709

潍坊创业投资有限公司
Weifang Venture Capital Co.,Ltd.
成立时间：2001
网址：/
传真：0536-8865276

淄博高新技术风险投资股份有限公司
Zibo New & High-Tech Venture Capital Co.,Ltd.
成立时间：2003-07
网址：www.zbvc.net
传真：0533-3586969

山西省高新技术创业中心
Shanxi New & Hi-Tech Business
成立时间：1992-07
网址：www.sxbi.net
传真：0351-7039500

山西省科技基金发展总公司（山西省风险投资协会）
Shanxi Science & Technology Fund Development Corp.
成立时间：1993-07
网址：www.sxstfdc.com
传真：0351-2026370

宝鸡宏泰投资担保有限公司
成立时间：2005-04-27
网址：/
传真：/

宝鸡市中小企业信用担保有限公司
成立时间：2006-05-17
网址：/
传真：0917-3305038

顶华通路价值创业投资（西安）企业
Grand China Networks Value Venture Capital（Xi' An)
成立时间：2009-03-23
网址：/
传真：029-88319611

陕西创业投资管理有限公司
成立时间：2004-02
网址：www.westfvc.com
传真：029-87999017

陕西大唐创业投资有限公司
Shanxi Datang Business & Investment Co.,Ltd.
成立时间：2010-07
网址：www.datangvc.com
传真：029-87342811

陕西富晨创业投资管理有限公司
Shanxi Fortune Venture Capital Mangement Co.,Ltd.
成立时间：2006-02-28
网址：www.sxfvc.com
传真：029-88377568 转 94

陕西金泰创业投资有限公司
Shanxi Kingtek Investment Co.,Ltd.
成立时间：2006-09
网址：www.sxkingtek.com
传真：029-88453165

陕西省高新技术产业投资有限公司
Shanxi Provincial High-tech Industry Investment Co., Ltd.
成立时间：1999-09-03
网址：www.china-hics.com
传真：029-68688235

陕西杨凌沙苑科技投资有限公司
成立时间：2003-06
网址：/
传真：029-87035515

陕西中盛创业投资股份有限公司
Shanxi Zenisun Venture Capital Co.,Ltd.
成立时间：2006-12-18
网址：www.21-vc.com
传真：029-88255097

西安创新技术投资担保有限公司
成立时间：2002-05-28
网址：www.capitech.com.cn
传真：029-68596833

西安道生创业投资股份有限公司
成立时间：2005-09-26
网址：www.daoshengct.cn
传真：029-87340935

西安高新技术产业风险投资有限责任公司
Xi'an Capitech Venture Capital Co.,Ltd.
成立时间：1999-02-01
网址：www.capitech.com.cn
传真：029-88356636

西安红土创新投资有限公司
成立时间：2008-06-24
网址：/
传真：/

西安迈朴投资发展有限公司
成立时间：2002
网址：/
传真：/

西安曲江文化产业风险投资有限公司
Xi'an Qujiang Cultural Industry Venture Capital Investment Co., Ltd.
成立时间：2009-12-01
网址：www.xaqjvc.com
传真：029-85427802

西安泰丰科技创业投资有限公司
成立时间：2001-05-18
网址：/
传真：029-88318303

西安信实投资有限公司
成立时间：2003-12-26
网址：/
传真：029-88351275

杨凌创业投资有限责任公司
成立时间：2006-05-26
网址：/
传真：029-87035398

杨凌大众高科技投资有限公司
成立时间：2001-11
网址：/
传真：/

杨凌农业高新技术风险投资有限公司
成立时间：2002-03
网址：/
传真：029-87035832

杨凌盛德投资管理有限公司
成立时间：2001-06
网址：/
传真：029-87073640

中大兴业投资有限公司
成立时间：2009
网址：/
传真：/

翰辰创业投资管理（上海）有限公司
Sino-First Investment Management Co.,Ltd.
成立时间：2003-01-28
网址：/
传真：021-62133731

上海漕河泾创业投资有限公司
成立时间：2002-05-22
网址：/
传真：021-64951721

上海创业投资有限公司
Shanghai Venture Capital Co., Ltd.
成立时间：1999-08
网址：www.shvc.com.cn
传真：86-021-64336311

上海德汇集团有限公司
Shanghai Dehui Group Co.,Ltd.
成立时间：2001-04-23
网址：/
传真：021-50372229

上海电科创业投资有限公司
成立时间：2004-08
网址：/
传真：/

上海鼎嘉创业投资管理有限公司
Shanghai Dingjia Ventures Co.,Ltd.
成立时间：2003-10-30
网址：www.dj-vc.com
传真：021-50801918

上海东方惠金文化产业投资有限公司
Shanghai Dongfang Huijin Creative Industry Investment Co.,Ltd.
成立时间：2006-12-29
网址：www.shdfhj.com
传真：021-51370778

上海福汇投资有限公司
Shanghai Fuhui Investment Co.,Ltd.
成立时间：2006-03-08
网址：/
传真：021-50581717

上海复旦复华科技创业有限公司
Shanghai Fudan Forward Technology Innocation Co., Ltd.
成立时间：2000-10-25
网址：/
传真：021-63869700

上海国鑫投资发展有限公司
成立时间：2000-10-09
网址：/
传真：021-63010405

上海汉世纪投资管理有限公司
Shanghai Sino-Century Assets Management Co.,Ltd.
成立时间：2005-02-02
网址：/
传真：021-50275527

上海华东理工科技园有限公司
Shanghai Science & Technology Park of Ecost Co.,Ltd.
成立时间：2003.12
网址：www.ecustpark.com
传真：021-64960431

上海慧立创业投资有限公司
Shanghai JTU Venture Capital Co.,Ltd.
成立时间：2000-06-01
网址：www.sjtu-vc.com
传真：021-52989041

上海慧盛创业投资有限公司
Shanghai JTU Information Investment Co.,Ltd.
成立时间：2001-12-28
网址：www.sjii.com.cn
传真：021-52989391

上海科技创业有限公司

成立时间：1999-08-09

网址：/

传真：021-64083607

上海科技投资公司

Shanghai Science & Technology Investment Corporation

成立时间：1992

网址：www.shsti.com.cn

传真：021-64312336

上海科技投资股份有限公司

Shanghai Science & Technology Investment Co.,Ltd.

成立时间：1993-06-30

网址：www.sstic.com.cn

传真：021-64330776

上海浦东创业投资有限公司

Shanghai Pudong Venture Capital Co.,Ltd.

成立时间：1997-01-09

网址：www.pdvc.com

传真：021-50801728

上海浦东科技投资有限公司

Shanghai Pudong Science and Technology Investment Co.,Ltd.

成立时间：1999-06

网址：www.pdsti.com

传真：021-50276385

上海千骥创业投资管理有限公司

Cenova Ventures

成立时间：2010-01-07

网址：www.cenovaventures.com

传真：021-64375623

上海商投创业投资有限公司

成立时间：2001-06-05

网址：/

传真：021-65650916

上海上创信德投资管理有限公司

成立时间：2007-11-23

网址：www.shcapital.com.cn

传真：021-60932618

上海燊乾投资有限公司

Shanghai Shenqian Investment Co.,Ltd.

成立时间：2008-05-09

网址：/

传真：021-63939299

上海生明创业投资有限公司

成立时间：2003-01-23

网址：/

传真：021-54920145

上海顺和通创业投资有限公司

成立时间：2003-08

网址：/

传真：021-62498448

上海先驱创业投资管理有限责任公司

Shanghai Pioneer Venture Capital Management Co.,Ltd.

成立时间：2001-06-29

网址：/

传真：021-54920145

上海新中欧创业投资管理有限公司

成立时间：2008-11-27

网址：www.nceventures.com

传真：021-55238533

上海徐汇科技投资有限公司

Shanghai Xuhui Venture Capital Co.,Ltd.

成立时间：1998-12-02

网址：www.xhvc.net

传真：021-33680013

上海寅福创业投资有限公司
成立时间：2010-05-06
网址：/
传真：021-65650817

上海寅嘉创业投资管理有限公司
成立时间：2010-06-22
网址：www.incufortune.com
传真：021-65650817

上海张江科技创业投资有限公司
成立时间：2004-10
网址：/
传真：021-50128827

上海中新技术创业投资有限公司
Shanghai ZhongXin Technology Venture Capital Co., Ltd.
成立时间：1996-12-09
网址：/
传真：021-64318478

橡子园创业投资管理（上海）有限公司
Acorn Campus Shanghai Management Co., Ltd.
成立时间：2002-08-16
网址：www.acorncampus.com.cn
传真：021-50803862

新开发创业投资管理有限公司
Sinovo Growth Capital Management Co.,Ltd.
成立时间：2008-06-10
网址：www.sinovovc.com
传真：021-58765060

成都成创汇智创业投资有限公司
Chengdu Cchz Venture Capital Co.,Ltd.
成立时间：2009-12-16
网址：/
传真：028-85337115

成都创新风险投资有限公司
Chengdu Venture Capital Co.,Ltd.
成立时间：2001-06-08
网址：www.cd-vc.com.cn
传真：028-85337115

成都创业加速器投资有限公司
成立时间：2010-07
网址：/
传真：028-85987158

成都德同银科创业投资合伙企业
成立时间：2010-03-03
网址：www.dtcap.com
传真：028-85231897

成都高投创业投资有限公司
成立时间：2004-05-17
网址：www.cdhtgroup.com
传真：028-85335111

成都硅谷天堂通威银科创业投资有限公司
成立时间：2010-12-22
网址：/
传真：/

成都红土银科创新投资管理有限公司
成立时间：2010-03
网址：www.szvc.com.cn
传真：028-85336922

成都科技创业投资有限公司
Chengdu Technology Venture Capital Co.,Ltd.
成立时间：2001-06-15
网址：/
传真：028-65575920

成都麦肯锡管理顾问有限公司
成立时间：2005
网址：www.cdmkx.cn
传真：400-6358835-00483

成都蓉乐创业投资合伙企业（有限合伙）
成立时间：2011-03-10
网址：/
传真：028-65335981

成都晟唐银科创业投资企业
成立时间：2011-01-20
网址：/
传真：028-85987150

成都市科技风险开发事业中心
Chengdu Venture Technology Development Center
成立时间：1997-07
网址：www.cdppc.cn
传真：028-65575920

成都市蓉兴创业投资有限公司
成立时间：2007-12-06
网址：www.cd-tk.com.cn
传真：028-61886690

成都新科孵化投资有限公司
Chengdu Xinke technology Incubator & Investment Co., Ltd.
成立时间：2002-05-30
网址：/
传真：028-85150844

成都新兴创业投资股份公司
成立时间：2000-10
网址：/
传真：028-85156741

成都新兴创业投资有限责任公司
Chengdu Sunring Venture Capital Co.,Ltd.
成立时间：2000-10
网址：www.cnwintech.com
传真：028-85156741

成都盈创动力创业投资有限公司
成立时间：2010-03-18
网址：/
传真：028-65938909-8016

成都招商银科创业投资有限公司
成立时间：2010-12-31
网址：/
传真：/

成都纵任创业投资有限公司
成立时间：2010-08-16
网址：/
传真：028-65938919

开销银科创业投资企业
成立时间：2010-12-06
网址：/
传真：028-65938829

双流英飞尼迪聚源创业投资中心
成立时间：2010-07
网址：/
传真：028-67066685

四川恒硕投资股份有限公司
成立时间：2008-06-24
网址：www.hstz.com.cn
传真：028-87421551-801

维梧（成都）生物技术创业投资有限公司
成立时间：2010-08-30
网址：/
传真：/

光大金控（天津）创业投资有限公司
成立时间：2010-02-09
网址：/
传真：022-66290155

赛富成长（天津）创业投资管理有限公司
成立时间：2005-01-24
网址：www.sbaif.com
传真：022-65630252

赛富成长基金（天津）创业投资企业
成立时间：2005-01-21
网址：www.sbaiftj.com
传真：022-65630252

深圳市中安信业创业投资有限公司天津分公司
成立时间：2009-11-30
网址：/
传真：022-59621408

圣金达投资有限公司
CECIC Capital
成立时间：2007-05-25
网址：/
传真：022-28301100

天津滨海财富股权投资基金有限公司
Tianjin Binhai Wealth Capital Co.,Ltd.
成立时间：2007-08-21
网址：www.binhaicaifu.cn/
传真：022-23374077

天津滨海海胜股权投资基金管理有限公司
成立时间：2009-11-01
网址：www.haishengpe.com
传真：022-28301133

天津滨海天创众鑫股权投资基金有限公司
成立时间：2010-02-04
网址：/
传真：022-28408686

天津滨海天使创业投资有限公司
成立时间：2006-09-11
网址：/
传真：022-28408686

天津滨海投资集团股份有限公司
Tianjin Binhai Investment Group Co.,Ltd.
成立时间：1988-11-11
网址：www.tj-big.com
传真：022-25891001

天津滨海新区创业风险投资引导基金有限公司
China Bin Hai New Area Venture Capital Guiding Fund Co.,Ltd.
成立时间：2008-02-04
网址：binhaifof.cn
传真：022-66370386

天津创业投资管理有限公司
Tianjin Venture Capital Management Co.,Ltd.
成立时间：2003-03-28
传真：022-28408686

天津创业投资有限公司
Tianjin Venture Capital Co.,Ltd.
成立时间：2001-03-30
网址：www.tjvc.com.cn
传真：022-28408606

天津海达创业投资管理有限公司
Hidea（Tianjin）Investment Management Co.,Ltd.
成立时间：2007-11-29
网址：/
传真：022-62002050

天津海泰创新投资基金有限公司
Tianjing Hi-Tech Capital Investment Fund Co.,Ltd.
成立时间：2008-05-28
网址：/
传真：022-23707220-8009

天津海泰科技投资管理有限公司
Tianjin Hi-Tech Investment Management Co.,Ltd.
成立时间：1997-05-08
网址：www.hitech-investment.com
传真：022-83715773

天津海泰优点创业投资管理有限公司
Tianjin VantagePoint Hi-Tech Management Co., Ltd.
成立时间：2010-06-30
网址：/
传真：022-83715773

天津海泰优点创业投资企业
Tianjin High-tech VantagePoint China FIVCE
成立时间：2010-06-30
网址：/
传真：022-83715773

天津虹桥科技投资集团有限公司
Tianjin Rainbow Bridge Sci-tech Investment group Co., Ltd.
成立时间：2002-12-26
传真：022-86516966

天津景民基金管理有限公司
Tianjin Jasmine Fund Managment Co.,Ltd.
成立时间：2008-06-10
网址：/
传真：86-10-85870338-656

天津开明创业投资发展有限公司
成立时间：2004-04-16
网址：www.ttkama.com
传真：022-58792370

天津科创天使投资有限公司
Kechuang Angel Capital Co.,Ltd.
成立时间：2006-06
网址：/
传真：022-87890535

天津科技成果转化投资服务有限公司
Tianjin Transfer of Scienific and Technological Acievements Investment Co.,Ltd.
成立时间：2007-08-28
网址：/
传真：022-58792799

天津科技发展投资总公司
Tianjin Science & Technology Investment General Corp.
成立时间：1997-12
网址：www.stic.com.cn
传真：022-28455801-8004

天津锟桥创业投资有限公司
Tianjingortune Bridge Venture Capital Co.,Ltd.
成立时间：2003-08
网址：www.kqvc.com
传真：022-87893441

天津联合创业投资担保有限公司
Tianjin United Venture Investment and Guarantee Company Limted
成立时间：2008-05-29
网址：www.ucf.cn
传真：022-58371305

天津纳米创业投资有限公司
Tianjin Nano Technology Venture Capital Co.,Ltd.
成立时间：2002-09-18
网址：www.nibc.com.cn
传真：022-62002902

天津市金泓达投资有限公司
成立时间：2001-12-28
网址：/
传真：022-23033996

天津市津房科技投资发展有限公司
TianJin Jinfang Science & Technology Investment Development Co.,Ltd.
成立时间：2001
网址：www.jftech.com.cn
传真：022-23034555

天津水星创业投资有限责任公司
成立时间：2010-05-10
网址：/
传真：/

天津泰达科技风险投资股份有限公司
TEDA Venture Capital Corporation Limited
成立时间：2000–10
网址：www.tedavc.com.cn
传真：022–2266297288

天津天保成长创业投资有限公司
成立时间：2007–03–06
网址：/
传真：022–28408686

天津天富创业投资有限公司
成立时间：2007–12–04
网址：/
传真：022–28408686

天津天以生物医药股权投资基金有限公司
成立时间：2010–11–25
网址：/
传真：022–28408686

天津新华投资集团有限公司
Tianjin Xinhua Investment Group Co.,Ltd.
成立时间：2004–02–27
网址：www.jeho.cn
传真：022–24828033

乌鲁木齐高新技术产业开发区国有资产投资管理公司
成立时间：2007–08–27
网址：/
传真：0991–3678337

乌鲁木齐高新技术投资担保有限公司
Urumqi New & High–tech Investment & Guaranty Co., Ltd.
成立时间：2007–05–09
网址：www.uhdz.gov.cn
传真：0991–3834189

新疆创投资本管理有限责任公司
Xinjiang Deploitation & Investment Management Corporation Limited
成立时间：2010–07–15
网址：www.xjvc.net
传真：0991–3682878

新疆创新投资有限公司
Xinjiang Venture Capital Co.,Ltd.
成立时间：2002–04
网址：www.xjvc.com
传真：0991–2306822

新疆赛科森投资咨询有限责任公司
成立时间：2002–03
网址：/
传真：0991–6611966

新疆维吾尔自治区国有资产投资经营有限责任公司
State–owned Assets Investment and Management Co., Ltd. of Xinjiang Uygur Autonomous Region
成立时间：1998–04–23
网址：/
传真：0991–2810861

新疆新科源科技风险投资管理有限公司
成立时间：2004–08
网址：/
传真：0991–3680756

新疆永安股权投资管理有限公司
成立时间：2009–07–23
网址：/
传真：0991–6991398

新疆中企股权投资管理有限公司
Xinjiang Enterprise Equity Investment and Management Co.,Ltd.
成立时间：2010–11–02
网址：www.xjinvest.com
传真：0991–3827299

云南博泰创业投资有限公司
Yunnan Botai Venture Capital Co.,Ltd.
成立时间：2007-10-30
网址：www.ynbtvc.com
传真：86-0871-6332532

云南华宝创业投资有限公司
HBVC
成立时间：2008-01-22
网址：www.hbvc.net
传真：0871-3828066

云南科技创业投资有限公司
Yunnan Scicence & Technology Venture Capital Co., Ltd.
成立时间：2007-12-19
网址：/
传真：0871-3113399-618

电联创业投资有限公司
DY-LINK Capital Co.,Ltd.
成立时间：2005-10-12
网址：/
传真：0571-86795519

东方星空创业投资有限公司
成立时间：2008
网址：/
传真：0571-85310949

杭州安丰众盈创业投资合伙企业
成立时间：2010-04-27
网址：/
传真：0571-87633580

杭州长江创业投资有限公司
Hangzhou Changjiang Venture Investment Co.,Ltd.
成立时间：1996-06-05
网址：www.cjvc.cc
传真：0571-86624323

杭州诚和创业投资有限公司
Hangzhou Accord Investments Co.,Ltd.
成立时间：2006-06-01
网址：/
传真：0571-88219849

杭州东部科技投资有限公司
Hangzhou East Technology Investment Co.,Ltd.
成立时间：2006-08
网址：www.cneti.cn
传真：0571-88473250

杭州飞来投资管理有限公司
Hangzhou Fly Vc Co.,Ltd.
成立时间：2007-06-28
网址：www.flyvc.com
传真：0571-88868827

杭州枫惠投资管理有限公司
Hangzhou Fenghui Investment Management Co.,Ltd.
成立时间：2006-07-14
网址：www.fenghuizixun.com
传真：0571-89939631

杭州高新风险投资有限公司
成立时间：2005-12-29
网址：/
传真：0571-88212247

杭州海邦投资管理有限公司
Haibang Venture Capital Co.,Ltd.
成立时间：2010-12-10
网址：www.hbvc.com.cn
传真：0571-81022997

杭州海泰创新资本管理有限公司
Hightech Venture Capital Chinal Management Co.,Ltd.
成立时间：2008-01
网址：www.htcxvc.com
传真：0571-56692222

杭州海泰丰赢创业投资有限公司

成立时间：2007-12-04

网址：/

传真：0571-87832895

杭州海泰精英创业投资有限公司

成立时间：2008-07-07

网址：/

传真：/

杭州海泰龙翔创业投资有限公司

成立时间：2008-04-14

网址：/

传真：/

杭州杭康创业投资有限公司

成立时间：2009-03-31

网址：/

传真：0571-87985250

杭州合全投资管理有限公司

Hangzhou Hequan Investment Co.,Ltd.

成立时间：2006-11-20

网址：www.hequangroup.com

传真：0571-85300782

杭州宏创电子商务有限公司

Hangzhou Hongchuang Electronic Business Co.,Ltd.

成立时间：2004-09-01

网址：www.wjw.cn

传真：0571-88938911

杭州华软投资管理有限公司

CSIC

成立时间：2009-11-24

网址：/

传真：0571-28290600

杭州华时投资有限公司

Hangzhou Huashi Investment company

成立时间：2008-02

网址：/

传真：0571-85153769

杭州华天投资有限公司

成立时间：2003-10

网址：/

传真：0571-86611582

杭州吉成创业投资有限公司

成立时间：2010-04-02

网址：/

传真：0571-87988858

杭州金色未来创业投资有限公司

Hangzhou Golden Future Venture Capital Co.,Ltd.

成立时间：2009-11-25

网址：www.jswlzj.com

传真：0571-87923723

杭州经济技术开发区创业投资有限公司

成立时间：2008-10-09

网址：/

传真：0571-56638083

杭州立元创业投资有限公司

Hangzhou Liyuan Venture Capital Co.,Ltd.

成立时间：2006-12-08

网址：www.cnlyjt.com

传真：0571-87971082

杭州量子投资管理有限公司

成立时间：2007-11

网址：/

传真：0571-56889650

杭州七弦股权投资管理有限公司
Hangzhou Seven String Investment Management Co., Ltd.
成立时间：2010-05-18
网址：www.china-qixian.com
传真：0571-89980500

杭州钱江浙商创业投资合伙企业（有限合伙）
成立时间：2009-06-03
网址：/
传真：0571-89922221

杭州如山创业投资有限公司
Hangzhou Rushan Venture Capital Co., Ltd.
成立时间：2007-08
网址：/
传真：0571-87896213

杭州瑞辰投资管理有限公司
Hangzhou Rigen Venture Capital Co.,Ltd.
成立时间：2007-07-19
网址：www.rigenvc.com
传真：0571-56893768

杭州赛伯乐晨星投资合伙企业
成立时间：2010-09-21
网址：/
传真：0571-88085123

杭州赛伯乐投资管理咨询有限公司
Cybernaru (China) Investment
成立时间：2006-08
网址：www.cybernaut.com.cn
传真：0571-89939834

杭州赛智创业投资有限公司
成立时间：2009-03-13
网址：/
传真：0571-88085123

杭州士兰创业投资有限公司
Hangzhou Shilan Venture Capital Co.,Ltd.
成立时间：2007-09
网址：/
传真：0571-87174996

杭州市高科技投资有限公司
Hangzhou High-tech Venture Capital Co.,Ltd.
成立时间：2000-08
网址：/
传真：0571-87060199

杭州通达创业投资有限公司
Hangzhou Tongda Venture Capital Co.,Ltd.
成立时间：2006-09
网址：/
传真：0571-87248828

杭州通汇创业投资有限公司
Hangzhou Tonghui Venture Capital Co.,Ltd.
成立时间：2008-04
网址：/
传真：0571-87248828

杭州万豪创业投资有限公司
Hangzhou Harvest Consulting Co., Ltd.
成立时间：2006-01-09
网址：/
传真：0571-87701437

杭州下城区创业投资有限公司
成立时间：2008-06
网址：www.hzxcgt.com
传真：0571-85383218

杭州寻智勤实创业投资有限公司
成立时间：2009-06-29
网址：/
传真：0571-88050898

杭州盈开投资管理有限公司
Hangzhou Incapital Investment Managent Co., Ltd.
成立时间：2009-06-23
网址：www.incapital.cn
传真：0571-87960022

杭州中瓯创业投资有限公司
成立时间：2009-01-05
网址：www.zovc.net
传真：0571-86600729

杭州中小企业创业投资有限公司
Hangzhou SME Venture Capital Investment Co.,Ltd.
成立时间：2010-08-13
网址：www.smevc.cn
传真：0571-81023760

湖州市创业投资有限责任公司
Huzhou Entrepreneurship & Investment Co.,Ltd.
成立时间：2008-09
网址：/
传真：0572-2212918

嘉兴市秀洲区创业创新风险投资有限公司
成立时间：2008-08
网址：/
传真：0573-82720812

蓝山投资有限公司
Lanson Investment Co.,Ltd.
成立时间：2007-08-31
网址：www.lanson-china.com
传真：0571-87981916

宁波北远创业投资中心（有限合伙）
成立时间：2010-08-27
网址：/
传真：0574-27706565

宁波博润创投股份有限公司
成立时间：2007-09-26
网址：/
传真：0574-63041948

宁波创业加速器投资有限公司
Venture Accelerator（Ningbo）
成立时间：2010-12-10
网址：/
传真：0574-89017292

宁波东元创业投资有限公司
Ningbo Dongyuan Venture Capital Co.,Ltd.
成立时间：2005-05-12
网址：www.nbvc.com.cn
传真：0574-87292158

宁波高新创业资产经营管理有限公司
成立时间：1999-06-25
网址：/
传真：0755-26935156

宁波凯普特创业投资有限公司
Ningbo Kaipute Venture Capital Co.,Ltd.
成立时间：2008-01
网址：www.nbvc.com.cn
传真：0574-28528968

宁波杉杉创业投资有限公司
Ningbo Shanshan Venture Captial Co.,Ltd.
成立时间：2007-02
网址：www.firs.com.cn
传真：0574-88323795

宁波杉杉望新科技创业投资有限公司
Ningbo Shanshan Wangxin Venture Capital Co.,Ltd.
成立时间：2009-12-14
网址：/
传真：0574-28833666

宁波舜宇创业投资有限公司
成立时间：2007-11-19
网址：www.sunnyoptical.com
传真：0574-62538111

宁波新以创业投资合伙企业（有限合伙）
Ningbo Xinyi Capital （L.P.）
成立时间：2010-01-29
网址：www.infinity-equity.com
传真：0574-87993884

宁波新自然创业投资有限公司
Ningboxinziranchuangyetouziyouxiangongsi
成立时间：2007-07-09
网址：/
传真：0574-63486513

宁波中融盛投资中心（有限合伙）
成立时间：2010-05-04
网址：/
传真：0574-88205277

衢州赛伯乐创业投资有限公司
成立时间：2010-04-06
网址：/
传真：0574-88085123

绍兴龙山赛伯乐创业投资有限公司
成立时间：2008-09-03
网址：/
传真：0575-85156989

绍兴市创业投资有限公司
成立时间：2004-12
网址：/
传真：/

通联创业投资股份有限公司
Tonglian Venture Capital，Co.Ltd.
成立时间：2000-11
网址：www.tonglianvc.com
传真：0571-87153792

浙江安丰创业投资有限公司
Zhejiang Safe & Tich Venture Capital Co.,Ltd.
成立时间：2008
网址：/
传真：0571-87633580

浙江安丰进取创业投资有限公司
成立时间：2009-03-25
网址：/
传真：/

浙江安丰稳健创业投资有限公司
成立时间：2009-07-08
网址：/
传真：/

浙江安琪创业投资合伙企业（有限合伙）
成立时间：2010-12-22
网址：www.tongdaovc.com/
传真：0571-87870563

浙江博通创业投资有限公司
Zhejiang Bossto Venture Capital Co.,Ltd.
成立时间：2007-07
网址：/
传真：0571-87087820

浙江春晖坤元创业投资有限公司
成立时间：2007-10-17
网址：/
传真：0575-82150888

浙江大学创业投资有限公司
Zhejiang University Venture Capital Co.,Ltd.
成立时间：2001-01-03
网址：/
传真：0571-87382889

浙江大学科技园创业投资有限公司
Zhejiang University National Science Park Venture Capital Co.,Ltd.
成立时间：2008-10-29
网址：/
传真：0571-87397929

浙江德清科技创业投资有限公司
成立时间：2007-04-03
网址：/
传真：0572-8068538

浙江方向投资有限公司
Fortune Capital Fimds
成立时间：2010-03-03
网址：/
传真：0571-81023322

浙江富康创业投资有限公司
Zhejiang Fukang Venture Capital Co.,Ltd.
成立时间：2009-06-24
网址：/
传真：0571-85268560

浙江富鑫创业投资有限公司
Zhejiang Fuxin Investment Co.,Ltd.
成立时间：2008-02
网址：www.zfinvest.com
传真：0571-88352033

浙江国信创业投资有限公司
Zhejiang Goldsun Venture Capital Investment Corp.
成立时间：2003-03
网址：/
传真：0571-85069267

浙江海泰丰瑞创业投资有限公司
成立时间：2008-01-16
网址：/
传真：0571-87832895

浙江浩誉创业投资有限公司
成立时间：2010
网址：/
传真：0571-5689322

浙江红石创业投资有限公司
成立时间：2007-11-27
网址：/
传真：/

浙江红土创业投资有限公司
成立时间：2010-04-21
网址：/
传真：0573-83710180

浙江华瓯创业投资有限公司
Zhejiang Huaou Venture Capital Co.,Ltd.
成立时间：2007-11-16
网址：www.hovc.cn
传真：0571-87988858

浙江华睿德银创业投资有限公司
成立时间：2011-01-24
网址：/
传真：0571-88163180

浙江华睿点金矿业投资有限公司
成立时间：2009-08-10
网址：/
传真：/

浙江华睿海越光电产业创业投资有限公司
成立时间：2009-12-23
网址：/
传真：/

浙江华睿海越现代服务业创业投资有限公司
成立时间：2010-01-28
网址：/
传真：0571-88163180

浙江华睿弘源智能产业创业投资有限公司
成立时间：2010-03-22
网址：/
传真：0571-88163180

浙江华睿互联投资有限公司
成立时间：2010-10-20
网址：/
传真：0571-88163180

浙江华睿如山创业投资有限公司
成立时间：2010-12-07
网址：/
传真：0571-88163180

浙江华睿如山装备投资有限公司
成立时间：2009-10-13
网址：/
传真：/

浙江华睿睿银创业投资有限公司
成立时间：2007-03-28
网址：/
传真：/

浙江华睿盛银创业投资有限公司
成立时间：2009-07-20
网址：/
传真：/

浙江华睿泰信创业投资有限公司
成立时间：2008-07-21
网址：/
传真：/

浙江华睿投资管理有限公司
Zhejiang Sinowisdom Asset Management Co.,Ltd.
成立时间：2002-08
网址：www.sinowisdom.cn
传真：0571-88163180

浙江华睿祥生环境产业创业投资有限公司
成立时间：2010-11-15
网址：/
传真：0571-88163180

浙江华睿医疗创业投资有限公司
成立时间：/
网址：/
传真：0571-88163180

浙江华睿中科创业投资有限公司
成立时间：2010-07-05
网址：/
传真：0571-88163180

浙江嘉海创业投资有限公司
成立时间：2010-01-13
网址：/
传真：0571-89922221

浙江嘉庆投资有限公司
成立时间：2010-06-29
网址：/
传真：0571-87984660

浙江嘉银投资有限公司
成立时间：2006-05-24
网址：/
传真：0571-88163180

浙江金桥创业投资有限公司
Zhejiang JinQiao Venture Capital Co.,Ltd.
成立时间：2007-08
网址：www.jinqiaodb.com
传真：0571-89183577

浙江金永信投资管理有限公司
成立时间：2005-03-24
网址：/
传真：0571-85279925

浙江莱沃创业投资有限公司
成立时间：2009-07-08
网址：www.uslever.com
传真：0574-82815775

浙江蓝石创业投资有限公司
成立时间：2008-05-15
网址：/
传真：/

浙江美林创业投资有限公司
成立时间：2008-07-11
网址：www.merrillcapital.cn
传真：0571-85455412

浙江瓯联创业投资有限公司
成立时间：2009-05-12
网址：/
传真：0571-87988858

浙江瓯盛创业投资有限公司
成立时间：2008-06-03
网址：/
传真：0571-87988858

浙江瓯信创业投资有限公司
成立时间：2009-04-02
网址：/
传真：0571-87988858

浙江普发科技开发中心
Zhejiang Pufa Science & Technology Development Centre
成立时间：1991-08
网址：/
传真：0571-88911708

浙江如山成长创业投资有限公司
成立时间：2008-08-18
网址：www.chinadunan.com/
传真：0571-87896213

浙江如山高新创业投资有限公司
成立时间：2010-11-10
网址：www.chinadunan.com/
传真：0571-87896213

浙江如山投资管理有限公司
Zhejiang Rushan Investment Management Co.,Ltd.
成立时间：2010-09-26
网址：www.chinadunan.com/
传真：0571-87896213

浙江赛伯乐投资管理有限公司
Zhejiang Cybernaut Investment Management Co.,Ltd.
成立时间：2008-06-16
网址：www.zjcybernaut.com
传真：0571-88085123

浙江省创业投资集团有限公司
Zhejiang Venture Capital Group Co.,Ltd.
成立时间：2000-09-30
网址：www.zjvc.cn
传真：0571-88259222

浙江省杭嘉湖技术开发公司
HJH Technology Development Company of Zhejiang Province
成立时间：1988-07
网址：www.uec.com.cn
传真：0571-87993178

浙江省科技风险投资有限公司
Zhejiang Venture Capital
成立时间：1993-06
网址：www.zvc-zj.com
传真：0571-88869550

浙江泰银创业投资有限公司
成立时间：2007-10-26
网址：/
传真：/

浙江天堂硅谷朝阳创业投资有限公司
成立时间：2007-04-16
网址：/
传真：0571-87089718

浙江天堂硅谷晨曦创业投资有限公司
成立时间：2007-10-16
网址：/
传真：0571-87089718

浙江天堂硅谷创业集团有限公司
Zhejiang Silicon Paradise Venture Group Co.,Ltd.
成立时间：2000-11-11
网址：www.ttgg.com.cn
传真：0571-87089718

浙江天堂硅谷合丰创业投资有限公司
成立时间：2009-10-13
网址：/
传真：0571-87089718

浙江天堂硅谷合胜创业投资有限公司
成立时间：2009-10-20
网址：/
传真：0571-87089718

浙江天堂硅谷合众创业投资有限公司
成立时间：2007-10-24
网址：/
传真：0571-87089718

浙江天堂硅谷恒通创业投资有限公司
成立时间：2008-05-26
网址：/
传真：0571-87089718

浙江天堂硅谷恒裕创业投资有限公司
成立时间：2008-01-03
网址：/
传真：0571-87089718

浙江天堂硅谷鲲诚创业投资有限公司
成立时间：2006-12-01
网址：/
传真：0571-87089718

浙江天堂硅谷鲲鹏创业投资有限公司
成立时间：2009-06-26
网址：/
传真：0571-87089718

浙江天堂硅谷鹏诚创业投资有限公司
成立时间：2007-10-13
网址：/
传真：0571-87089718

浙江天堂硅谷阳光创业投资有限公司
成立时间：2006-06-20
网址：/
传真：0571-87089718

浙江天堂硅谷盈通创业投资有限公司
成立时间：2010-06-01
网址：/
传真：0571-87089718

浙江图原创业投资管理有限公司
Zhejiang Toenjoy VC Management Co.,Ltd.
成立时间：2009-04-01
网址：www.team-china.com
传真：0571-87750989

浙江维科创业投资有限公司
Veken Capital Investment Co.,Ltd.
成立时间：2008-02-28
网址：/
传真：0571-87207613

浙江信德丰创业投资有限公司

成立时间：2010-05-27

网址：/

传真：0571-87215866

浙江兴科科技发展投资有限公司

成立时间：2003-12-29

网址：/

传真：0573-82570088

浙江亚欧创业投资有限公司

成立时间：2010-12-27

网址：/

传真：0571-89880002

浙江亿都创业投资有限公司

成立时间：2007-11

网址：/

传真：0571-85310949

浙江银泰睿祺创业投资有限公司

Zhejiang IntimeRich Investment Co., Ltd.

成立时间：2009-11-09

网址：/

传真：0574-87093878

浙江盈瓯创业投资有限公司

成立时间：2010-11-05

网址：/

传真：0571-87988858

浙江涌富股权投资合伙企业（有限合伙）

成立时间：2010-08-19

网址：/

传真：0571-88326115

浙江涌金中富投资有限公司

Zhejiang Yongjingzhongfu Investment Co.,Ltd.

成立时间：2007-10-17

网址：/

传真：0571-88326115

浙江浙科汇丰创业投资有限公司

成立时间：2010

网址：/

传真：/

浙江浙科汇利创业投资有限公司

成立时间：2010-03

网址：/

传真：/

浙江浙科汇盈创业投资有限公司

成立时间：2009-08

网址：/

传真：/

浙江浙科升华创业投资有限公司

成立时间：2010-10

网址：/

传真：/

浙江浙科银江创业投资有限公司

成立时间：2010-02

网址：/

传真：/

浙江浙商长海创业投资合伙企业（有限合伙）

成立时间：2010-12-14

网址：/

传真：0571-89922221

浙江浙商海鹏创业投资合伙企业（有限合伙）

成立时间：2008-06-03

网址：/

传真：0571-89922221

浙江浙商诺海创业投资合伙企业（有限合伙）

成立时间：2010-04-14

网址：/

传真：0571-89922221

浙江正茂创业投资有限公司
成立时间：2010-06-07
网址：/
传真：0575-87064595

浙江中富资产管理有限公司
Zhejiang Zhong Fu Asset Management Co.,Ltd.
成立时间：2007-09-04
网址：www.zfinvest.com
传真：0571-88326115

浙江中宇科技风险投资有限公司
成立时间：2003-10-10
网址：/
传真：0571-88217703

浙江卓景创业投资有限公司
成立时间：2010-08-27
网址：www.capitalhl.net/
传真：0575-87064595

重庆德同创业投资中心（有限合伙）
成立时间：2010-04-01
网址：/
传真：023-67889905

重庆东方高圣股权投资管理有限公司
Hollyhigh (Chongqing) Capital Management Co.,Ltd.
成立时间：2010-06-17
网址：www.hollyhigh.cn
传真：023-67003702

重庆富坤创业投资中心（有限合伙）
成立时间：2009-09-22
网址：www.rlequities.com
传真：023-67030600

重庆高新创业投资有限公司
成立时间：2007-08
网址：/
传真：023-63218530

重庆华犇创业投资管理有限公司
ChinaRun Capital Partners (Chongqing) Limited
成立时间：2010-04-16
网址：www.chinarunvc.com
传真：023-63318955

重庆汇鸥股权投资基金管理有限公司
Chongqing Huiou Equity Investment Fund Management Co.,Ltd.
成立时间：2009-10-22
网址：www.huioufund.com
传真：/

重庆开创高新技术创业投资有限公司
成立时间：2005-03-25
网址：/
传真：023-68693271

重庆软银投资管理有限公司
Chongqing SBCVC Capital Management Company
成立时间：2008-11-25
网址：/
传真：/

重庆星光投资有限公司
Chongqing Starlight Investment Co.,Ltd.
成立时间：2007-11-14
网址：www.fucn.com.cn
传真：023-63107366